蔡昌◎著

数字时代的
税收筹划实战

Tax
Planning

机械工业出版社
CHINA MACHINE PRESS

本书紧扣时代脉搏，与时俱进，理论联系实际，以数字时代的特征及数字经济发展为抓手，在探索数字时代的税收与产业演变的基础上，分析了数字时代的税收筹划原理，研究了数字时代的税收筹划新方法，形成了关于数字时代的税收筹划方法论及其应用模式。基于方法论的理论框架，从案例视角诠释和解读了互联网平台企业的税收筹划真谛，以及数字企业特殊业务的税收筹划实战技术与综合案例，让读者深入领会数字时代的税收筹划实战规则与蕴含规律。

全书语言风格清新隽永，大数据融入税收筹划，体现了专业与技术的双轮驱动，向读者展示了数字时代税收筹划的深邃性与哲思性，昭示着大数据治税的数字化、规范化、智能化发展方向。

图书在版编目（CIP）数据

数字时代的税收筹划实战 / 蔡昌著. — 北京：机械工业出版社，2022.8
ISBN 978-7-111-71669-3

Ⅰ.①数… Ⅱ.①蔡… Ⅲ.①企业管理–税收筹划 Ⅳ.①F810.423

中国版本图书馆CIP数据核字（2022）第179104号

机械工业出版社（北京市百万庄大街22号 邮政编码100037）
策划编辑：曹雅君　　　　　责任编辑：曹雅君
责任校对：史静怡　李　婷　责任印制：张　博
保定市中画美凯印刷有限公司印刷

2023年1月第1版第1次印刷
170mm×230mm·26.25印张·1插页·319千字
标准书号：ISBN 978-7-111-71669-3
定价：128.00元

电话服务　　　　　　　　　网络服务
客服电话：010-88361066　　机 工 官 网：www.cmpbook.com
　　　　　010-88379833　　机 工 官 博：weibo.com/cmp1952
　　　　　010-68326294　　金 书 网：www.golden-book.com
封底无防伪标均为盗版　　　机工教育服务网：www.cmpedu.com

Preface
前　言

1. 数字时代的变革

数字时代是一个新时代。数字经济是继农业经济、工业经济之后的新经济、新业态、新模式，数据要素参与收入分配，大数据驱动数字经济的发展，也推动数字时代的税收变革，凸显"专业+技术"的双轮驱动效应。因此，大数据时代的到来代表着作为生产要素的数据的价值不断被认知并挖掘出来，成了衡量品牌价值、企业形象的重要指标。以数据驱动的互联网企业代表着新产业、新业态、新模式的最新发展，也体现着数字经济以产业数字化和数字产业化为双引擎的产业演变进程。

从税收演变进化的过程可以看出，在大数据时代，企业要想不被时代淘汰，就必须与时俱进，创新理念，改变行动，从领域和地域两个方面去扩展税收数据。只有加强对数据的采集、挖掘与分析，在数据治理基础上充分利用税收大数据的价值，才能对企业的生产经营和税收筹划决策做出合理、科学的改善和调整。互联网企业只有加强对税收大数据的分析与应用，才能构筑智能化、个性化的税收筹划模式，推动税收筹划的发展进入一个新阶段。

2. 数字技术推动税收筹划发展

在数字经济时代，不仅税收呈现出不同的时代特点，税收筹划也呈现出不同的运作方式。互联网、大数据技术的迅猛发展，包括区块链、云计算、神经网络、人工智能等在内的信息技术推动产业发展和管理方式变革，作为财务管理组成内容的税收筹划，也呈现出更加多彩的一面，其战略规划、运作模式的新颖性、技术性都远超以往。

大数据技术既推动着信息系统建设，也推动着税收筹划向纵深发展。互联网企业应当建立起数字化、智能化的税收筹划大数据信息系统，不断增强自身的信息化建设能力，保证数据的质量，保证良好的财税大数据信息整合效果，不断将原始数据转化为高质量决策，而这对税收筹划方案设计及落地提出了更高的要求。当然，得益于互联网企业是接触互联网和大数据技术最密切的微观市场主体，其信息化建设能力和数据分析能力也远高出其他行业的微观市场主体，因此，在未来的数字时代，互联网企业的税收筹划必将迎来崭新的春天。

3. 科学节税的思想与技术源泉

科学节税的思想要求改变现有思维方式，从"我需要做什么"到"我需要知道什么"。传统做法中税收数据的收集侧重于事后观察，处理已经发生的交易数据，用于评价商业计划及其合规性。虽然事后观察仍然很重要，但税务机构希望更多地使用数据来获得洞察力，甚至是增强对未来的预见性。通过使用更复杂的查询来深入钻研数据，有助于识别不合规行为，剖析业务层面的变化如何影响税收结果，掌握哪些行为与哪些结果相关，使税务机关更容易开展监督活动，为纳税人提供更便捷的纳税服务，更利于达到最佳的纳税效果。利用财税大数据，可以创建一个算法模型来预测未来，使数据达到预见性的效果。

随着"以数治税"观念的提出，对于纳税人来说，如果认为"税收筹划"是通过隐瞒资料或者依靠信息不对称来达到逃避税收的目的,那么在大数据和互联网的监控下,其必定要面临更大的查处风险和承担法律责任的后果。可以预见,未来的数字税收必定会以更加严格的监管和智能的识别制度来帮助税务机关识别税收风险同时提高税收征管效率。有鉴于此,互联网企业可以将现代化财税理念和会计理论与互联网信息技术相结合,利用大数据、云计算等现代信息技术对企业经营、投资和筹资等数据进行深入挖掘和应用处理,通过数据可视化为企业税收筹划决策提供智能化支撑。互联网企业要充分利用财税服务云平台,将税收筹划渗透到采购、生产和销售等多个环节,打通不同部门和不同系统之间的数据壁垒,实现信息的高效共享,进行数据集中处理,以形成切实可行的税收筹划方案,助力互联网企业的精准税收筹划。互联网企业要利用自身的研发能力,加强网络和系统安全建设,保证数据资源的安全性,不断地完善税收筹划方案,有效地推进税收筹划实践操作。互联网企业应当及时对采购、生产和销售等财务信息和非财务信息进行预警跟踪,以便更好地进行税收筹划决策。互联网企业也要有效地利用外部税收筹划机构的智慧和力量助力税收决策,并做好信息的安全、保密工作。

4. 聚焦于数字时代的税收筹划创新

本书聚焦于数字时代的企业税收筹划方法、规律与案例,特色在于从数据视角分析数字时代的税收筹划,电商企业、平台企业、互联网企业等的税收筹划基本方法与典型案例都被展现出来。本书按照内容分为3篇:第1篇是数字时代:大数据与数字经济,从大数据技术、税收生态系统、税收理论变革、产业演变等角度探讨数字时代对税收与产业演变的影响效应,是税收筹划的典型基础;第2篇是数字时代的税收筹划原理与新方法,从原理与方法论视角分析税收筹划的时代特征、内在原理与基本方法；第3篇是数字时代的税收筹划典型案例分析，主要从案例写实角度探讨税收筹划的实战操作，针对一些典型的互联网公司和数字企业的税收筹划实务进行分析研究，给读者呈现出一个五彩斑斓的税收筹划写真集。本书案例采用实名企业案例，引用的所有数据均来自相关企业公开披露的财务报告。关于对这些企业的税收筹划分析，不仅涉及实际税收筹划操作，还可能涉及作者对这些企业的税收筹划建议，敬请读者留意。

应该说，本书最具特色的就是第3篇，尽情展现数字时代不同思维模式下的税收筹划典型模式。税收筹划案例反映的是一种客观存在，是真实的税务筹划场景与具体操作细节的详细记录与再现。采用案例研究法分析税收筹划的原理方法与基本规律，具有逻辑上的自洽性。这些税收筹划案例基本上都来自于现实的实战过程，是一种客观存在与真实反映。像腾讯、阿里巴巴、美团、亚马逊等公司，都是国内外知名的互联网公司，它们的税收筹划案例反映了一个个生动鲜活的税收场景，能够带给读者一种揭秘之感，有助于把握数字时代的税收筹划基本规律与模式。

5. 致谢

本书的写作超过了我的预期，因为原来我更多的是研究数字时代的税收治理，是从政府监管者视角出发，而本书的写作是从微观市场主体视角出发来探讨税收筹划，两者角度恰好相反，因此原来的研究成果并不能为本次写作带来太多的助益。我在搜集资料和写作过程中，得到了我所教授的中央财经大学税务研究生师雨婷、胡文涛、熊婷婷、王璐、郑皓茹、郭红岑、黄小纯、顾伊心、杨婕、钱程、金佩立、卢丹阳、杨洋、陈学聪、张连明、赵望皓、程金伟、郭佳浩、安海栎、温馨、陈曦、王怡珂、章翎茜、张政、闫琳琪、叶美婷、张馨月、杨晴、黄丽瑾、张劲草、汪靖雯、寇程恺、付佳美、韩佳芮、韩天瑞、董文广、焦贵琛、文豪、刘天顾、鲍晨露、洪学芝、黄汝红、姜严卿、李慧、刘思彤、吕钰瑾、束颖、王梦雅、王诗瑶、郑艺楠、赵雅妮、周晋玄、周璇、昝航、杨力华、禹宏奎、张弛，以及资产评估研究生张溪恒、陈瑞婷、李子奇、梁珊珊、刘婧一、吴琼、吴添琪、叶露丹、张梦玲、钟雨荷、许雅璇等的大力支持，他们在学习"税收筹划理论与实务"课程之余，利用各种条件搜集、整理相关税收筹划案例并进行深入分析，本书的部分案例和内容由他们整理完成，其中凝结着他们的辛勤付出。本书之所以能够呈现出丰富多彩的内容，并富含专业智慧，与大家的共同努力分不开。这本书是我和我的学生们共同完成的，在此为这些优秀学子们的活跃思维点赞，也对他们的辛勤付出表示由衷的谢意。

基于税收生态系统思想与税收筹划升级思维，本书为我国平台经济、共享经济、零工经济、电商经济等新产业、新业态、新模式的税收筹划提供了思路点拨、方法提示、案例分享与现实路径。虽然本书取得了一定的研究成果，但由于这一领域属于理论探索与实践应用的前沿，疏漏与不足之处在所难免，恳请读者批评指正，以期再版修订提高。

感谢大家多年来对我的一贯支持与厚爱，希望和大家有更多交流与分享的机会（13910862160@126.com）。最后，希望读者打开本书，能从中拓展思维和获得些许启发。祝大家开卷有益，共同进步，拥抱当下这个数据驱动、技术创新、生机盎然、神奇频现的数字时代。

蔡 昌

2022 年 6 月

Contents 目录

前言

第1篇 数字时代：大数据与数字经济

第1章 数字时代与大数据技术 ...2
1.1 数字时代的变革：未来已来 ...2
    1.1.1 数字时代的概念与特点 ...2
    1.1.2 数字时代到来对人们社会生活的影响 ...3
1.2 大数据的内涵与思维方法 ...4
    1.2.1 大数据的概念与特征 ...4
    1.2.2 大数据思维 ...6
1.3 大数据挖掘与应用 ...8

第2章 数字时代催生数字经济 ...11
2.1 大数据推动数字经济发展 ...11
2.2 我国数字经济的发展演变 ...12
    2.2.1 我国数字经济的发展状况 ...12
    2.2.2 我国数字经济的战略规划 ...12
2.3 数字经济的概念、范围与具体类型 ...13
    2.3.1 数字经济的概念与范围 ...13
    2.3.2 数字经济的具体类型 ...15

第3章 数字时代的税收生态系统 ...19
3.1 税收生态系统的内涵 ...20
3.2 税收生态系统的特征 ...23
3.3 税收生态系统的基本架构与实践应用 ...24

第 4 章 数字时代的税收理论变革 ... 27

4.1 数据作为生产要素参与分配 ... 27
4.1.1 数据成为生产要素 ... 27
4.1.2 数据参与国民收入分配 ... 28

4.2 数字时代的新时空观 ... 30

4.3 元宇宙思维 ... 32
4.3.1 元宇宙的概念 ... 32
4.3.2 元宇宙思维 ... 33

第 5 章 数字时代的产业演变 ... 36

5.1 数字经济产业演变发展 ... 36
5.2 互联网企业发展状况 ... 37
5.3 数字时代的互联网企业变革 ... 44

第 2 篇 数字时代的税收筹划原理与新方法

第 6 章 数字时代的税收筹划原理 ... 48

6.1 数字时代税收筹划面临的机遇与挑战 ... 48
6.1.1 税收筹划的目标导向 ... 48
6.1.2 数字时代税收筹划面临的机遇 ... 51
6.1.3 数字时代税收筹划遇到的挑战 ... 56

6.2 数字时代的企业税收筹划原理 ... 64
6.2.1 契约理论 ... 64
6.2.2 产业园政策高地理论 ... 65
6.2.3 有效税收筹划理论 ... 66

6.3 数字时代如何提升税收筹划 ... 69
6.3.1 提高税收筹划的战略地位 ... 69

6.3.2　建立税务风险识别和预警机制　… 69
6.3.3　升级信息化与智能化税务系统　… 70
6.3.4　建立动态税收筹划风险防控机制　… 71
6.3.5　构建基于区块链技术的信息安全保障体系　… 73
6.3.6　税收筹划与人工智能技术相结合　… 73
6.3.7　组建税收筹划专业队伍　… 74
6.4　创新数字时代的税收筹划　… 74
6.4.1　构建智能税收筹划大数据平台　… 75
6.4.2　构建财务战略框架下的数据驱动型税收筹划模型　… 81

第7章　数字时代的税收筹划新方法　… 86

7.1　数字经济下的税收筹划新方法　… 86
7.1.1　灵活用工筹划方法　… 86
7.1.2　创新销售方式筹划方法　… 87
7.1.3　利用地方优惠政策筹划方法　… 89
7.1.4　利用税收管辖权筹划方法　… 89
7.1.5　企业性质筹划方法　… 90
7.1.6　设立创投基金筹划方法　… 90
7.1.7　利用互联网产业园区筹划方法　… 92
7.1.8　利用新兴产业税收优惠筹划方法　… 93
7.1.9　无形资产转让定价筹划方法　… 95
7.1.10　跨国经营筹划方法　… 96
7.2　互联网代理型常设机构的认定规则与税收筹划空间　… 105
7.2.1　筹划原理　… 105
7.2.2　筹划再升级　… 107
7.2.3　代理型常设机构税收筹划的发展趋势　… 110
7.3　互联网视频类平台的税收筹划方法　… 111
7.3.1　增值税筹划　… 111
7.3.2　主播个人所得税的税收筹划　… 113

7.3.3	网络"红包"补贴的税收筹划	... 115
7.4	互联网企业的税收筹划建议	... 122
7.4.1	建立健全大数据系统与税收筹划体系	122
7.4.2	创新具体的税收筹划路径	... 124
7.4.3	正确运用税收政策变动期的税收筹划	... 129
7.4.4	运用"税收链"实现税收筹划	... 130
7.4.5	"业财法税融合"视野下的税收筹划	... 131

第3篇 数字时代的税收筹划典型案例分析

第8章 互联网平台企业税收筹划案例 ... 134

8.1	互联网金融企业税收筹划案例	... 134
8.1.1	利用税收优惠政策进行税收筹划	... 135
8.1.2	收取服务费的税收筹划	... 136
8.1.3	利用会计政策进行税收筹划	... 136
8.1.4	利用关联交易进行税收筹划	... 136
8.1.5	互联网理财与保险业务的税收筹划	... 138
8.1.6	通过员工激励计划进行税收筹划	... 139
8.2	美团外卖税收筹划案例	... 140
8.2.1	美团公司基本情况	... 140
8.2.2	税收筹划方案	... 141
8.3	滴滴出行税收筹划案例	... 147
8.3.1	滴滴出行的背景分析	... 147
8.3.2	滴滴出行税收筹划分析	... 148
8.4	360安全科技股份有限公司税收筹划案例	... 156
8.4.1	360公司概况	... 156
8.4.2	360公司财务及税负情况	... 156
8.4.3	从360公司看互联网企业的税收筹划方法	... 157

8.5 互联网游戏企业税收筹划
——以三七互娱公司为例 ... 160
- 8.5.1 三七互娱公司基本情况 ... 160
- 8.5.2 三七互娱公司纳税情况 ... 163
- 8.5.3 三七互娱公司国内税收筹划分析 ... 165
- 8.5.4 三七互娱公司国际税收筹划分析 ... 170

8.6 数字时代互联网企业税收筹划升级
——以芒果超媒为例 ... 172
- 8.6.1 芒果超媒概况 ... 172
- 8.6.2 芒果超媒财务及纳税现状 ... 174
- 8.6.3 芒果超媒税收筹划分析 ... 176
- 8.6.4 芒果超媒税收筹划建议 ... 180

第 9 章 数字企业特殊业务的税收筹划案例 ... 183

9.1 供应链视角下京东存货管理的税收筹划 ... 183
- 9.1.1 质：预测需求，精准采购 ... 184
- 9.1.2 量：实时管理，自动补货 ... 185
- 9.1.3 位置：智能选址，优化物流 ... 185

9.2 VIE 架构下阿里巴巴税收筹划案例 ... 186
- 9.2.1 阿里巴巴集团概况与纳税分析 ... 186
- 9.2.2 阿里巴巴税收筹划实践 ... 189
- 9.2.3 阿里巴巴 VIE 模式及筹划分析 ... 193
- 9.2.4 阿里巴巴税收筹划的难点与突破 ... 200

9.3 跨境电商税收筹划——天泽信息并购有棵树案例 ... 203
- 9.3.1 增值税税收筹划 ... 203
- 9.3.2 股权支付税收筹划 ... 204
- 9.3.3 融资环节税收筹划 ... 205
- 9.3.4 整合环节税收筹划 ... 205

9.4 互联网金融机构
——蚂蚁集团第三方支付税收筹划案例 ... 206
- 9.4.1 蚂蚁集团公司概况 ... 206
- 9.4.2 不同视角的税收筹划 ... 208
- 9.4.3 案例结论与分析 ... 213

9.5 云计算模式的税收筹划——阿里云案例 ... 214
- 9.5.1 阿里云业务概况 ... 214
- 9.5.2 云计算业务的税收特点与筹划原理 ... 217
- 9.5.3 阿里云的税收筹划方式分析 ... 218
- 9.5.4 案例总结与启示 ... 225

9.6 二手奢侈品电商红布林的运营模式与税收筹划 ... 226
- 9.6.1 红布林的运营模式 ... 226
- 9.6.2 二手奢侈品电商涉及的税种 ... 226
- 9.6.3 红布林的税收筹划 ... 227

9.7 腾讯"组团作战"并购 Supercell 税案 ... 232
- 9.7.1 案例背景 ... 233
- 9.7.2 腾讯并购 Supercell 税案分析 ... 237
- 9.7.3 企业跨境并购的基本税收理论 ... 246
- 9.7.4 对腾讯公司跨境并购方案的改进设想 ... 249
- 9.7.5 跨境并购筹划方案面临的税务风险 ... 251
- 9.7.6 我国企业跨境并购的税收筹划建议与风险防范 ... 255

9.8 美团外卖骑手的税收筹划方案 ... 260
- 9.8.1 美团外卖的基本情况 ... 260
- 9.8.2 外卖骑手的税收筹划方案 ... 260
- 9.8.3 不同用工方式的税负差异与涉税风险分析 ... 263

第 10 章 数字时代企业税收筹划综合案例 ... 265
10.1 京东集团税收筹划案例 ... 265

10.1.1 京东集团概况 ... 265
10.1.2 京东集团的投资、经营与股权结构的税收筹划 ... 275
10.1.3 京东集团的税收筹划方案设计 ... 280
10.2 拼多多税收筹划路径研究 ... 285
10.2.1 案例背景 ... 285
10.2.2 案例分析 ... 285
10.2.3 涉税分析 ... 287
10.2.4 税收优势 ... 291
10.2.5 税收风险 ... 295
10.2.6 税收筹划建议 ... 297
10.3 哔哩哔哩税收筹划案例 ... 299
10.3.1 哔哩哔哩集团及其组织架构 ... 299
10.3.2 组织架构设计的税收筹划 ... 300
10.3.3 利用行业优势进行的税收筹划 ... 301
10.3.4 员工股权信托激励的税收筹划 ... 302
10.3.5 日常经营活动中的税收筹划 ... 304
10.3.6 其他性质的税收筹划 ... 305
10.3.7 结论和税收筹划建议 ... 305
10.4 微软公司税收筹划案例 ... 306
10.4.1 背景介绍 ... 306
10.4.2 争议焦点 ... 308
10.4.3 判决结果 ... 310
10.4.4 税收筹划思考 ... 310
10.5 滴滴出行平台快车业务税收筹划案例 ... 311
10.5.1 滴滴出行快车业务的运作机制 ... 311
10.5.2 滴滴出行快车业务的涉税情况分析 ... 312
10.5.3 滴滴出行快车业务的税收筹划方法及效果分析 ... 314
10.5.4 滴滴出行快车业务的税收筹划风险分析 ... 317
10.5.5 税收筹划结论与启示 ... 319

10.6 新型社交电商一体化平台
——小红书税收筹划案例 ... 320
- 10.6.1 小红书经营业务现状概述 ... 320
- 10.6.2 小红书业务税收分析及税收筹划 ... 326
- 10.6.3 税收筹划案例总结 ... 329

10.7 亚马逊公司跨国税收筹划案例 ... 330
- 10.7.1 背景资料 ... 330
- 10.7.2 亚马逊开展海外税收筹划的框架及方法 ... 337
- 10.7.3 亚马逊境内税收筹划的条件及方式 ... 345

10.8 腾讯公司税收筹划案例 ... 350
- 10.8.1 腾讯公司概况 ... 350
- 10.8.2 腾讯公司的税收筹划分析 ... 351
- 10.8.3 税收筹划案例结论 ... 358

10.9 快手税收筹划案例 ... 359
- 10.9.1 快手简介 ... 359
- 10.9.2 公司业务分析 ... 360
- 10.9.3 不同税种视角的税收筹划 ... 364
- 10.9.4 市场主体视角的税收筹划 ... 370

10.10 蚂蚁集团税收筹划案例 ... 376
- 10.10.1 公司简介 ... 376
- 10.10.2 经营特点 ... 378
- 10.10.3 涉税情况 ... 380
- 10.10.4 税收筹划方案 ... 381
- 10.10.5 税收风险提示 ... 394

参考文献 ... 397

导读说明

第 1 篇主要阐释数字时代的技术变革、产业演变，从数字经济到税收生态系统构建、税收理论变革，彰显了数字时代下新产业、新业态、新模式的不断创新与应用，为数字时代的税收筹划技术创新与应用提供场景基础与制度环境。

第 2 篇主要探索数字时代的税收筹划原理与新方法，从契约堤坝理论、产业园政策高地理论、有效税收筹划理论视角剖析数字时代的税收筹划基本原理，从灵活用工、创新销售方式、税收管辖权、无形资产转让定价、跨国经营等方面归纳总结税收筹划新方法及其实践应用。提醒读者注意的是，税收筹划在数字时代新形势下，有其一定的运作规律，但要充分挖掘现实条件，尊重所涉及企业或机构的具体特征，谨记风险意识，进行法律框架下的筹划。

第 3 篇所收录的典型案例内容具体而详细，旨在为读者提供一种税收筹划分析思路与操作技术，方便大家理解与掌握筹划原理与方法。相关案例的原始资料均来自公开信息，本书作者对案例进行了客观分析，对所涉及的互联网平台企业、数字企业或机构不存在任何偏见或专业指责，案例分析结论不作为商业判断标准，仅供读者学习和研究时作为参考，请勿用于商业活动。否则，可能带来的对案例的理解或使用不当的结果，本书作者不承担责任，敬请读者明晰并遵守。

第1篇
数字时代：大数据与数字经济

第1章 / Chapter One
数字时代与大数据技术

1.1 数字时代的变革：未来已来

1.1.1 数字时代的概念与特点

1. 数字时代的概念

数字时代其实就是电子信息时代的代名词，因为电子信息的所有机器语言都是用数字代表的，所以人们将其美称为数字时代。所有的一切都建立在电子信息的基础上，信息传输高速便捷，但是人们对电能及存储器、传播技术的依赖性也会越来越大。

2. 数字时代的特点

数字时代的主要特点就是信息传递时以数据、信息、知识作为载体，到处呈现出大数据的影子，大数据无处不在，大数据技术主宰着我们的工作与社会生活。

（1）永久性。数字时代的到来，越来越多的数据被储存起来，信息技术会继续这个过程,全球正在形成一个信息能够被无限量储存的环境。

(2)可复制性。数字化能让数据得到指数式的复制,就像一首歌曲或电影可以存储在无数人的设备中。

(3)即时性。数据本身不仅能够即时接收,也能够被即时知悉与理解。像现在的智能手表、手环等,就能实时记录并看到很多数据。汽车的仪表盘也显示大量的数据,给驾驶员提示各种与汽车、路况等有关的信息。

(4)高效性。像数字时代一样,数据传播也在追求效率,正在用更好、更快捷的方式传播。

(5)秩序性。数据生秩序,秩序生和谐。在海量数据的基础上,不断出现并建立新的秩序,世界因数据而变得有序化,并不断增强和谐性。

1.1.2 数字时代到来对人们社会生活的影响

1. 社会交往数字化

使用移动互联网手机、计算机、网络电视、iPad 及其他智能设备等,通过 QQ、微信、网络以及各种 App 进行交流,及时沟通,方便快捷。

2. 金融生活数字化

随着互联网金融的发展、移动支付的普及,在不断加强网络安全的情况下,人们在网上银行、网络支付、金融理财、保险业务、共享及分享经济等方面的交易越来越多。

3. 文化学习数字化

主要表现为电化教育、在线教学、网络阅读、信息传播及资料搜集整理等。数字时代还提供了信息分类、知识归纳整理等功能,对人们提高学习及工作效率提供了极大的帮助。

4. 大数据飞速发展

数字时代离不开大数据支持，也推动和促进了大数据技术的飞速发展。大数据技术对数据的处理速度更快，使用更便捷，人们的各项信息资料，比如健康、教育、社保卡、不动产登记、就业、医疗等都能实现一键聚合、一网打尽。指纹识别、人脸识别、声音识别等在各个领域被广泛应用。出行一证走天下，办事一网通全球。古人所讲的"秀才不出门，便知天下事"，已经梦想成真，不再是一种奢望。

1.2 大数据的内涵与思维方法

1.2.1 大数据的概念与特征

1. 何谓大数据

20 世纪 80 年代，大数据（Big Data）一词最早出现于美国未来学家阿尔文·托夫勒的著作《第三次浪潮》，该著作预见了大数据技术在未来对社会生活的重大影响，预言人类社会正在进入以信息社会为标志的第三次浪潮。2008 年，《自然》杂志出版"大数据"专刊，大数据成为互联网行业的热门话题。2010 年，英国数据科学家维克托·迈尔－舍恩伯格和数据编辑肯尼斯·库克耶在《经济学人》杂志发表了对大数据应用的前瞻性研究，开创了大数据系统研究的先河。2012 年 5 月，联合国发布《大数据促发展：挑战与机遇》白皮书，探讨互联网数据在推动全球发展上可以发挥的作用。2013 年，世界经济论坛发布《2013 年全球信息技术报告》，指出大数据是一项具有帮助全球经济复苏的巨大潜力的新资产,同年维克托·迈尔-舍恩伯格出版著作《大数据时代》。2013年也被称为"大数据元年"。

大数据研究机构 Gartner 公司认为,大数据是一种依赖新处理模式才能具有更强的决策力、洞察发现力和流程优化能力的海量、高增长率和多样化的信息资产(石胜飞,2018)。维克托·迈尔-舍恩伯格和肯尼斯·库克耶将大数据的概念表述为:"不采用抽样调查的方式筛选数据,而是对所有数据进行分析处理"。○ 大数据的数据规模以及数据的采集、储存、挖掘、共享功能"大",同时数据的应用领域、应用范围也"大"。

大数据带来了新理念、新价值,也带来了社会经济的新发展,其内涵和外延已远远超越"海量数据"的概念。大数据通过对数量巨大、结构混杂、类型多样的数据进行采集、存储和分析挖掘,让数据"发声",使决策者具有更高的洞察力、预测力,发现新知识、提升新能力、创造新价值,实现数据"增值"。从某种意义上说,大数据是互联网信息技术和新兴经济业态的深度融合,大数据理念和技术的飞速发展和广泛运用正在推动着时代进步。

2. 大数据的特征

"大数据"不仅代表着数据的规模,也代表着信息技术发展到今天,人类社会进入了一个新时代。人类开始熟练掌握和运用海量数据处理所需要的新技术和新方法,这预示着数据赋能与价值创造进入一个新的阶段,人类社会对数据利用达到前所未有的高度。因此,数字时代其实就是大

○ 维克托·迈尔-舍恩伯格,肯尼思·库克耶. 大数据时代[M]. 盛杨燕,周涛,译. 杭州:浙江人民出版社,2013.

数据时代。

相比于传统数据处理方式，大数据具有"4V"特征。

（1）数据规模大（Volume）。从 TB 级别跃升到 PB 乃至 EB 级别的数据规模。

（2）数据多样性（Variety）。与结构化数据不同，音频、视频、图片等非结构化数据增长迅速且种类繁多，这使大数据技术面临着新的挑战。

（3）数据处理速度快（Velocity）。在可变的海量数据下，提高竞争力的关键在于数据处理的效率。云计算、人工智能、物联网等技术均是数据处理工具，其目的在于快速处理海量数据，加大算量与算力。

（4）深度价值（Value）。大数据蕴含很多深度的价值，需要对大数据进行分析，并挖掘出其巨大的数据价值。

维克托·迈尔-舍恩伯格对大数据进行深入研究并一语中的："大数据开启了一个重大的时代转型。就像望远镜让我们感受宇宙，显微镜让我们能够观测到微生物一样，大数据正在改变我们的生活以及理解世界的方式，成为新发明和新服务的源泉，而更多的改变正蓄势待发。"⊖

1.2.2 大数据思维

大数据技术主要包括云计算、数据挖掘、分布式处理等技术，把随机样本整合成全集数据库，从注重因果关系到注重相关关系。相比样本数据思维模式，大数据思维模式可以从全集数据、数据混杂性和相关关系三个方面把握，如图 1-1 所示。

⊖ 维克托·迈尔-舍恩伯格，肯尼思·库克耶. 大数据时代［M］. 盛杨燕，周涛，译. 杭州：浙江人民出版社，2013.

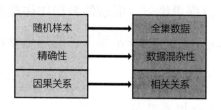

图 1-1 大数据思维模式

1. 从样本思维转向总体思维

19 世纪以来,当面临大样本量时,统计学主要依靠抽样来分析判断总体特征。但是,统计抽样是在不能获取和分析所有数据的时代出现的,现在大数据技术的出现,使得搜集、处理和分析海量数据成为可能。大数据带来了全数据模式,抽取的样本容量就是能搜集到的全部样本数据。和样本分析相比,大数据对数据信息的处理结果更加准确,能够挖掘到更多信息,从而得到新的观点;大数据的处理速度非常快,并且及时记录的功能使我们能在第一时间知晓数据的异常情况。

2. 从精确思维转向容错思维

对于小规模数据,最基本的要求就是减少错误、保证数据质量。由于收集到的数据数量少,样本信息的偏差对分析结果会有重要影响,因此必须确保记录下来的数据尽量结构化、精确化。而大数据通常用概率说话,试图扩大数据规模时,也要接受大数据的"混乱"。大数据分析对象不仅包括结构化数据,还包括来自网页、互联网日志文件(包括点击流数据)、搜索索引、社交媒体论坛、电子邮件、文档、主动和被动系统的传感器数据等原始、半结构化和非结构化数据。大数据的混杂性表现在以下方面:一是数据来源广泛且不进行审核,无法保证每一条数据的精确性;二是半结构化、非结构化数据的出现,不预设记录结构,无法要求数据的格式统一和整齐排列。在大数据思维下，混杂的数据往往蕴含着更多的信息，更具有挖掘潜力。因此，大数据的容错思维会使数据分析更全面，分析结果更具独特价值。

3. 从因果思维转向相关思维

因果思维旨在解释事物的内部运作机制，即"为什么"；相关思维通过识别两者之间的关联性来分析和预测，即"是什么"。借助相关思维分析模式，大数据系统能够快速探测出正在发生什么，揭示单凭经验假设和案头分析难以发现的事物之间的联系。通过对相关性分析，两种看起来无关的现象可以通过大数据技术结合起来，虽然可能存在不可解释性，但结果一般是客观的、准确的。大数据的相关性分析方法更准确、更敏锐，且不受主观因素的影响。

1.3 大数据挖掘与应用

通过随机抽样采集到的数据已不能满足大数据时代人们的需求，人们对微观数据的精确性要求不断提高，并且要求通过估计、预测等方式把握事物发展的宏观趋势，包括因果关系、相关关系。人们对社会经济环境的认知发生了改变，深度挖掘而来的大数据被应用于社会经济的各个领域。

1. 寻找海量数据的关联

数据关联是数据库中的一种可寻信息。关联的定义为两个或两个以上的变量在取值上存在一定规律。关联可分为简单关联、因果关联和时序关联。数据库中隐匿的关联网是关联分析的目的所在。数据的关联函数一般是未知或不可知的，同时缺乏系统归纳性。因此，利用具有一定可信度的关联分析规则挖掘出关联性信息或知识就显得更为重要。

1993年，阿格拉沃尔等专家最早提出了在顾客交易数据库中挖掘数据关联的可能性，此后的研究者对关联规则进行了大量研究，并通过引入随机抽样和采用并行的思想优化原有算法，以提高数据挖掘的效率。如今，数据关联的挖掘规则和研究成果已经在实践中得到广泛应用。海量数据中的关系、趋势、模式通过数据挖掘而出，为决策者提供最新的可用信息，人类认知范围从"已知的""过去的"延伸到"未知的""将来的"，为各种决策活动提供依据。

2. 服务于生产经营决策

大数据可以精准地预测未来可能发生的行为和事件，有效地提高决策的准确性。使用信息技术可以助力复杂数据的收集、整理与挖掘分析，从纷繁的数据资源中寻找规律和关键节点，为生产经营与政策制定提供决策依据。

服务于预测和决策的大数据技术通过探寻数据关联性，以强大的判断力和决策力，成为决策优化中不可或缺的科学工具。例如，针对医疗方案的选择，美国医生利用大数据技术提高医疗服务的有效性；华尔街"德温特资本市场"公司CEO保罗·霍廷通过对网络留言的分析来了解民众情绪，从而决定对股票的处理；北京美福润医药科技公司通过分析药价、运输距离等因素，提高药物的销售量。在上述案例中，大数据分析技术在辅助行为决策、提高决策准确性和运营效率上发挥了重要作用。

3. 优化社会经济生态圈

社会经济生态圈也可以用大数据进行分析。例如，通过大数据的分析确定麦当劳、肯德基的店铺选址。数据分析和挖掘改变了沃尔玛公司的供应链模式，形成了新的销售"生态圈"。对消费者需求的数据分析，使企业管理层可以提供更加契合消费者需求的产品。大数据已成为产业转型升级中优化产业链、推动产业分工和细化、延长产品的生命周期、降低企业运行风险和成本的重要驱动因素。大数据技术优化了社会经济生态圈，提高了企业的价值创造能力。

4. 提升社会智能系统能力

在社会服务上运用大数据可以为人们的生活改善创造条件，在城市的科学化管理上，互通互联的城市数据是智慧城市运行维护、决策、服务、管理的核心，政府在城市管理和运行能力上的提高，支撑着智能交通、智能电网、智能医疗等智能社会服务。在节省社会资源的情况下，既可以优化城市管理布局，也可以提高社会服务能力。比如智能医疗系统通过大数据分析，可以预测医院医疗水平和机构配置，帮助政府改善社会医疗结构。不断发展中的大数据技术应用领域不断扩大，已经融入经济、社会管理的各个领域。便捷、可靠的信息获取使社会的价值创造能力、商业模式和管理方式创新能力不断提高，成为社会进步的重要引擎。

第2章 / Chapter Two
数字时代催生数字经济

2.1 大数据推动数字经济发展

　　无数的事实与证据表明，大数据是数字经济的第一推动力。主要理由如下：一是大数据、数字技术推动各类资源要素快捷流动、各类市场主体加速融合，帮助市场主体实现跨界发展，打破时空限制，延伸产业链条，畅通国内外经济循环；二是大数据、数字技术推动传统产业升级，创造新的数字化产业，大数据具有的创新性、强渗透性、广覆盖性，不仅是新的经济增长点，也是改造提升传统产业的支点，已经成为构建现代化经济体系的重要引擎；三是大数据、数字技术是世界科技革命和产业变革的驱动力，是新一轮国际竞争的重点领域，大数据是数字经济的基石，推动着新产业、新业态、新模式的发展。正如我国《"十四五"数字经济发展规划》指出的"数据要素是数字经济深化发展的核心引擎"，大数据是数字经济的第一推动力，这已成为当今社会各界的共识。

2.2 我国数字经济的发展演变

2.2.1 我国数字经济的发展状况

国家统计局 2021 年发布的《数字经济及其核心产业统计分类（2021）》为界定数字经济范围提供了参考标准，为数字经济的相关政策和管理措施明确了对象和边界。这一口径的数字经济范围分为"数字产业化"和"产业数字化"两个方面，包括数字产品制造业、数字产品服务业、数字技术应用业、数字要素驱动业、数字化效率提升 5 大类。

2020 年 7 月，中国信息通信研究院发布的《中国数字经济发展白皮书（2020）》显示，2019 年中国数字经济规模达到 35.8 万亿元，占 GDP 的比重达到 36.2%，数字经济在国民经济中的地位进一步凸显。2021 年 4 月，中国信息通信研究院发布的《中国数字经济发展白皮书（2021）》显示，2020 年中国数字经济依然保持蓬勃发展态势，规模达到 39.2 万亿元，比 2019 年增加 3.3 万亿元，占 GDP 比重为 38.6%。同比提升 2.4 个百分点，2005—2020 年，中国广义数字经济规模从 2.6 万亿元增长到了 39.2 万亿元，上涨了 14.1 倍，复合增速 19.8%，同期名义 GDP 复合增长 12.8%；占 GDP 比重从 13.9% 上升到了 38.6%。其中，2020 年数字产业化规模 7.5 万亿元，产业数字化规模 31.7 万亿元，数字经济的蓬勃发展成为稳定经济增长的关键因素。

2.2.2 我国数字经济的战略规划

数字经济已经成为人类社会发展进程中一个不可逆转的战略方向，我们必须把握数字经济的发展趋势和规律，推动我国数字经济健康发展。

2021年我国发布的《中华人民共和国国民经济和社会发展第十四个五年规划和2035年远景目标纲要》（简称"十四五"规划）对数字经济发展提出战略性布局规划。随着数字技术创新应用不断深入，数字经济对构建以国内大循环为主体、国内国际双循环相互促进的新发展格局，将发挥越来越重要的作用。我国制定出"十四五"时期以下数字经济发展规划："十四五"时期，数字经济高质量发展亟须进一步全面畅通国内大循环，充分发挥强大的国内市场与海量数据的优势，推动数字经济的新场景新应用、新基建新要素、新技术新产业、新业态新模式、新平台新生态不断涌现；"十四五"时期，数字经济高质量发展亟须进一步全面融入全球大市场，推动"数字丝绸之路""丝路电商"高质量发展，推动数字经济、互联网等领域持续扩大开放，高水平建设国家数字服务出口基地，积极参与电子商务、移动支付、数字内容等领域国际规则的制定，增强数字经济国际治理的制度性话语权。

2.3 数字经济的概念、范围与具体类型

2.3.1 数字经济的概念与范围

数字经济并非是一个新诞生的概念，早在1996年，美国经济学家唐·塔普斯科特就出版了一本关于数字经济的著作——《数字经济：网络智能时代的前景与风险》。在20世纪90年代，数字经济开始快速发展，曼纽尔·卡斯特的《信息时代：经济、社会与文化》、尼葛洛庞帝的《数字化生存》等著作十分畅销，数字经济这一概念在全球受到追捧。

直至目前，有关数字经济的已有文献并未对数字经济概念达成共

识,但被国内、国际社会认可较高的是对数字经济范围的三重划分(如图 2-1 所示):其中,数字经济的核心部分是信息和通信技术(ICT);第二层次是狭义的数字经济,主要是数据和数据技术的应用带来的新商业模式,突出平台经济模式(如电商等),也包括介于平台模式和传统经济活动之间的共享经济、零工经济等,是对传统商业模式的改造,但数字化涉及经济领域的各个层面,从制造业到传统门店,都有数字和信息技术的应用;第三层次是广义的数字经济,涉及几乎与互联网、大数据技术相关的所有经济活动。从宏观层面讲,社会更关注狭义范围和广义范围的数字经济。广义范围涉及数据应用对效率和结构的普遍性影响。狭义范围更为重要,如平台经济、零工经济,其商业模式有别于传统经济,对平台经济模式的理解对于分析数字经济的宏观含义至关重要。

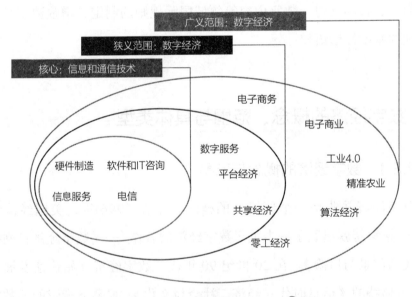

图 2-1　数字经济范围的三重划分⊖

⊖　资料来源:Bukht.Rumana, and Richard Heeks."Defining, conceptualizing and measuring the digital economy." Development Informatics Working Paper 68(2017)。

2.3.2 数字经济的具体类型

人工智能、大数据、区块链等数字技术的出现为经济增长提供了技术支持，世界各国都十分重视现代信息技术和新经济的发展。2016年9月，G20杭州峰会首次提出《二十国集团数字经济发展与合作倡议》，表明数字经济的发展已成为共识。在过去的十多年间，我国数字经济发展迅猛，对国民经济起着主导作用并具有引擎效应。目前，我国信息技术和信息产业正处于快速发展的关键时期，具体出现的数字经济新业态、新模式包括但不限于以下具体类型。

1. 共享经济

共享经济作为一种新经济形态，对未来经济社会发展具有重要影响：从资源利用视角分析，共享经济能够充分利用闲置资源，有利于促进稀缺资源的高效使用；从低碳环保视角分析，共享经济能够在不增加产能的前提下满足日益增长的物质需求，向低碳节能迈进；从促进就业视角分析，共享经济能够充分调动人们的空闲时间以实现充分就业和灵活就业。因此，共享经济适应了新时代"创新、协调、绿色、开放、共享"的新发展理念，是中国经济突破发展瓶颈、加快转变发展理念的突破口，也是实现创新驱动、推进供给侧结构性改革的试验场，对促进我国数字经济发展将产生重要影响。

2. 平台经济

平台经济是以信息技术为支撑，基于虚拟或真实的交易场所，由平台作为中间组织者或资源提供商，挖掘潜在需求，促成双边或多边交易的一种商业模式。平台经济模式是数字经济中较为重要的一种经济模式，比如脸书、谷歌、亚马逊、阿里巴巴、腾讯、百度、携程等知名企业都是平台经济领域的传奇公司，引领着数字经济的发展。

平台经济主要通过搭建新的价值链和产业链，有效地提高资源配置效率，实现价值创造。不同于传统的线性渠道价值链模型，平台企业创造了一个循环、迭代、反馈驱动的过程，使商业生态系统的整体价值最大化。因此，平台经济创造了一个围绕平台的环形产业生态圈，以实现需求方与供给方的高效匹配。平台经济的盈利模式通常有三种：一是中间服务型，类似于媒介组织，通过将不同主体、不同要素连接起来，促成市场交易的达成，这种情形下平台主要赚取服务费，滴滴出行和无车承运平台便属于此类；二是参与经营型，是指平台运营方兼具商品的卖方或服务的供给方身份，从交易中获得利润，共享单车一类的运营商即属于此模式；三是混合经营型，即上述两种模式的组合，京东是比较典型的例子，既为商家提供交易平台，也有部分自营业务。

3. 零工经济

零工经济是指以网络平台为基础，以具有特定能力的独立自主劳动者为主体，以碎片化任务为工作内容，工作内容、工作时间、工作地点、工作方式灵活，最大限度地实现供需匹配的新兴经济模式⊖。零工经济具有范围宽泛、用工形式多元化等典型特征。在2020年全国"两会"中，李克强总理重点提到"零工经济"这一概念，2021年政府工作报告将"发展零工经济，建设零工市场"作为解决就业问题的目标性方案。

零工经济作为新经济的典型模式，在社会经济中发挥着不可替代的作用。从用工形式角度分析，零工经济主要涵盖以下四种用工类型：一是工

⊖ 清华大学社会科学学院经济学研究所，北京字节跳动公共政策研究院.互联网时代零工经济的发展现状、社会影响及其政策建议[R/OL].

作时间空间灵活、无劳动关系的零工从业者，如自由职业者、斜杠青年[一]、没有与雇主签订劳动合同的临时工；二是工作时间空间灵活、有劳动关系的零工从业者，例如与雇主签订非全日制合同的兼职零工；三是工作时间空间固定、无劳动关系的零工从业者，如很多集团公司接收的劳务派遣工；四是上述三种类型零工利用互联网平台按需匹配形成的互联网时代零工从业者。

4. 电商经济

从广义上理解，电子商务是指在企业、商品和服务提供者、中介商和消费者之间进行的电子化商务活动，利用电子设备和信息技术管理企业内部业务流程，提高生产、库存、流通和资金各环节的效率，完成企业与外部的交易合作等；狭义上的电子商务，仅指在因特网上进行的交换活动。电子商务能够打破时空约束。实体店铺的辐射范围会有一定的物理区域和经营时间限制，但电子商务使交易活动能够不受固定场所和时间的限制，市场扩展到全球范围和各个年龄段的客户。

随着网络零售平台的崛起，传统零售实现了线上交易的完美转变，随时随地网上购物的便利性使得用户规模呈现井喷式增长，跨境电商、免息分期、团购等网络零售新商业模式层出不穷。截至2020年12月，中国网民规模达9.89亿，网络购物用户规模达7.82亿，占网民整体的79.1%；手机网络购物用户规模达7.81亿，占手机网民的79.2%，网络购物几乎成为全民选择。根据国家统计局数据，2020年全国网上零售额达11.76万亿元，比上年增长10.9%；其中，实物商品网上零售额9.76万亿元，占社会消费品零售总额的24.9%[二]。

[一] 斜杠青年是指拥有多重职业和身份的多元生活人群。
[二] 中国互联网信息中心（CNNIC）. 第47次《中国互联网络发展状况统计报告》，2021年。

5. 网络直播经济

2020年7月,人力资源和社会保障部联合市场监管总局等部门发布了互联网营销师等新职业,在互联网营销师职业下增设"直播销售员"工种。网络直播已成为数字经济的新业态、新模式,网络主播逐渐成为一种新职业,成为拉动社会就业的新引擎。

围绕主播而形成的服务团队,衍生出运营管理、直播服务、视频服务、辅助后勤等20余种职业,包括助播、场控、客户服务等多种新兴就业形态。综合测算,仅抖音平台就创造了3561万个直接就业岗位。网络直播产业的发展,促进了人才需求量的增长和从业人员收入的提升。随着网络直播产业的迅猛发展,传统产业借力网络直播加快转型升级,焕发出产业创新活力。网络直播成为繁荣文娱产业、促进就业、脱贫攻坚和乡村振兴的强力帮手,对区域经济发展和产能升级发挥了新引擎作用,尤其是直播业与电子商务的结合,集中体现了直播重塑产业供应链的能力。

第 3 章 / *Chapter Three*

数字时代的税收生态系统

　　自然界的生态系统是指生物群落及其生存环境之间通过相互影响、相互制约、不断演变，并在一定时期内处于相对稳定的动态平衡体系。类比自然界的生态系统，税收生态系统则为参与主体之间的相互影响和制约，以及各方主体与技术环境等生态环境相互作用与不断演变，从而形成的动态平衡体系㊀。税收生态系统与自然界的生态系统有着极为相似的特征与运行规律，体现着人类借鉴生态系统、结合人类税收活动创造社会文明体系的一种探索。数字税收生态系统就是以"互联网+"、大数据、数字经济等作为环境背景与技术工具，将税收生态系统各参与主体与环境背景联结融合为一体，从而实现各构成要素彼此制衡又相互促进，形成一个有机统一的动态平衡系统。

　　税收生态系统的参与主体为涉税各方，包括政府、纳税人以及中介机构。在整个税收生态系统下又存在着不同的细分生态系统，如税收征管

㊀ 黄银晓，陈灵芝. 国外生态系统研究概况 [J]. 环境科学，1978（3）.

生态系统、企业财税管理生态系统等，各子系统自身保持着一定的动态平衡，同时又与其他生态系统存在着一定的交叉融合。

3.1 税收生态系统的内涵

与自然界的生态系统相比，税收相关主体与社会经济环境也构成一种生态体系。为此，我们引入税收生态系统这一概念，从整体动态平衡角度研究涉税各方以及涉税环境之间的相互作用关系。税收生态系统的基本结构如图 3-1 所示。

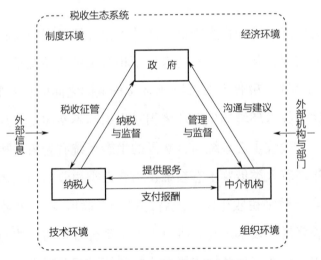

图 3-1 税收生态系统的基本结构

税收生态系统主要包括政府（主要为税务部门）、纳税人和中介机构三个主体，三者之间相互依存、相互影响。政府与纳税人之间形成征纳关系，由政府对纳税人进行税收征管，纳税人向政府缴纳税款并对政府的征税行为进行监督；中介机构与纳税人之间形成服务与被服务关系，纳税人支付报酬，中介机构为纳税人提供税务服务；中介机构与政府之间形成管理与反馈的关系，政府对中介机构进行管理与监督，中介机构根据自身的业务与实践为政府税收政策的制定和应用提供意见和建议。这三个主体相互作用，形成动态的平衡关系。同时，制度环境、经济环境、技术环境与组织环境也在潜移默化中对整个生态系统起着重要的聚合效应。税收生态系统具有开放性的特点，不仅在内部存在着信息的流动，也接收来自系统外部的涉税信息，如政府其他部门中的产权信息、银行第三方的账户信息等。同时，它也与外部的其他部门和机构形成有效的联系，例如与银行联网进行信息共享，与互联网企业合作应用先进技术等。

1. 生态环境

税收生态系统的生态环境包括制度环境、经济环境、技术环境以及组织环境。制度环境指国家的体制、法律法规制度以及针对税收的相关政策等。经济环境指经济发展水平、居民收入及消费水平等一系列与税收有关的经济状况，在一定程度上影响着税收的发展状况。技术环境指计算机技术、网络技术等系统支持技术。在"互联网+"背景下，技术环境表现为大数据、云计算、人工智能等信息技术，为系统的动态平衡提供源源不断的动力。组织环境指各参与主体的组织架构、人员配备以及思维模式等因素，其在无形中潜移默化地影响着整个系统的发展和走向。

2. 参与主体

政府作为财税治理的主体，一方面参与税收立法，制定行业政策；另一方面负责税收征收与管理，同时为纳税人提供相应的纳税服务。纳税人作为企业财税管理的主体，一方面采集企业的涉税信息，进行纳税申报与税款缴纳；另一方面控制企业的税务风险，保障企业自身合法利益的最大化。中介机构作为社会服务的主体,一方面为政府税收征管提供支持和帮助;另一方面为纳税人提供税收服务,维护纳税人的正当权益。除了以上三个主体外,税收生态系统中还存在着其他非占据主体地位的参与者,例如第三方金融机构以及提供技术支持的互联网企业等。

3. 信息来源

从信息载体看,税收生态系统的信息包括文字信息、声像信息、实像信息等。从信息类型看,税收生态系统的信息包括宏观信息、行业信息以及微观信息。从信息来源看,税收生态系统的信息包括内部信息和外部信息。由三个主体本身产生的以及与环境作用所产生的信息为内部信息,从系统外部接收的信息为外部信息。外部信息为一切与税收有关的信息,如银行信息、工商信息、社会信用信息、产权信息等。从信息时间看,税收生态系统的信息包括历史信息、现时信息和预测信息。从信息价值看,税收生态系统的信息包括有用信息、无害信息以及有害信息。其中,无害信息为系统内庞杂的数据中无用且没有危害作用的信息,而有害信息则对整个系统的发展带来不利影响。税收生态系统的信息分类如图3-2所示。

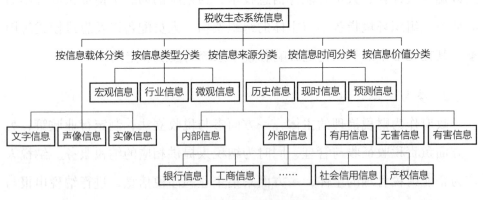

图3-2 税收生态系统的信息分类

3.2 税收生态系统的特征

1. 动态平衡性

动态平衡性是指在税收生态系统中，系统主体之间、主体与生态环境之间相互作用达成的一种协调稳定的状态。动态平衡一方面追求动态变化，即随着数字化变革的深入推进，税收生态系统也在做相应的调整，使之沿着数字化路径演进；另一方面是追求平衡，即系统主体通过信息、数据、资源交换与相互传递，达成一种协调、稳定的均衡状态。

2. 开放共享性

开放共享性是数字税收生态系统的核心特征。税收生态系统并不是静止和封闭的，随着技术进步，它的内部结构不断变化，各要素不断做出调整，各主体之间呈现一定的关联性和互补性。在税收生态系统中，税务部门通过建立涉税信息、资源共享机制，利用多种渠道将信息适度地向纳税人、中介机构及社会领域开放，实现涉税信息、资源在不同主体之间的流动，从而推动整个税收生态系统在开放状态下不断演化发展。

3. 技术变革性

现代信息技术是维持税收生态系统活力的基础保障，技术变革是税收生态系统发展的动力之源。大数据、区块链、云计算和人工智能等核心技术为税收生态系统赋能，使系统彰显多元化，更具有创新性。由税收生态系统的内涵特征可知，其组成要素中包括技术因素，这意味着技术不是限制系统发展的壁垒，相反只有在技术不断创新的前提下，税收生态系统才能实现高效运转。

3.3 税收生态系统的基本架构与实践应用

1. 税收生态系统的基本架构

税收生态系统在互联网技术发展的支持下脱胎换骨,具有一种新的表现形式,其基本架构如图3-3所示。政府通过税收征管平台、纳税服务平台以及信息公开平台实现财税治理,纳税人通过企业财税管理平台实现自身的有效管理,中介机构通过社会服务平台实现政府和纳税人之间有效的联通作用,三个主体间实现彼此的信息交流与共享。税收生态系统的环境主要包括技术环境和组织环境:在技术环境中,大数据、人工智能、云计算以及区块链技术不断与税收系统相互融合发展,激发税收系统主体的活力;在组织环境中,各主体的组织形式将向扁平化结构发展,节约成本、提高效率,并加强对复合型人才的培养,以应对数字时代税收组织结构的变化。

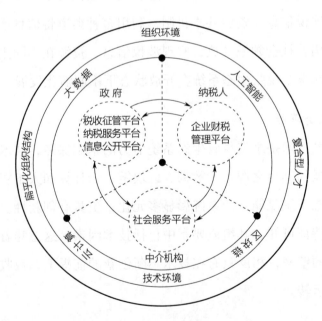

图3-3 税收生态系统的基本架构

2. 税收生态系统的实践应用

税收生态系统的建设改善了信用环境、提高了纳税人遵从度，进而提高了国家治理能力。在现实生活中，如何促进税收生态系统的落地应用仍需各参与主体的不懈努力。

（1）树立互联网思维，转变发展观念。税收生态系统的各参与方应当树立互联网思维，秉持开放与共享的原则，转变发展理念，不单从自身的角度考虑税收问题，而要从整体角度看待税收生态系统。只有整体得到优化与发展，各参与主体自身的利益才能得到最大化发展。

（2）增强技术力量，打造多方税收平台。构建税收生态系统，需要极强的技术基础加以支持。因此，各参与主体要在实践中夯实技术力量，整合有效资源，利用现行互联网成功企业的优势，借助第三方技术力量打造自身的税务平台。在各方平台建设完成后，通过软件定义服务的形式，跨平台、跨语言、跨防火墙提供统一的服务接口，实现各参与主体内部的互联互通，解决信息孤岛问题⊖。具体到技术应用上，各参与主体尽管要努力实现数据的连接与共享，但针对获取的数据，则要通过大数据技术进行处理和运用。多方平台的连接与数据处理需要较强的存储能力、计算能力和共享能力，因此云计算的应用就显得十分重要。各参与主体在技术能力薄弱时应当借助第三方互联网企业的力量，但要保证涉税相关信息的安全性。同时，随着税务机器人的出现，各参与主体应当引进人工智能在管理中的应用，解放人力与物力，促进业务结构的转变。此外，还要逐渐拓展区块链技术在税收领域中的应用范围，通过区块链技术保证信息的真实性与有效性。

⊖ 广东省中山市国家税务局课题组. "互联网+"税务信息化生态系统的发展策略 [J]. 税务研究, 2017（4）.

（3）改善组织结构，增强主体活力。互联网的典型特点是扁平化。为了提高税收生态系统的经济效率，各参与主体应从自身的组织架构出发，向互联网时代靠拢。在数字经济背景下，难度较低的业务将逐渐被人工智能所替代，因此，在各参与主体的发展中，应当重点培养高层次人才，同时实现扁平化的组织架构，减少信息传导的级次，提高信息传播的效率。

第 4 章 / Chapter Four

数字时代的税收理论变革

4.1 数据作为生产要素参与分配

4.1.1 数据成为生产要素

生产要素作为经济学的一个基本范畴，是指人们进行生产经营活动所需要的主要资源，是财富创造的基础和经济增长的主要源泉。经济学从产生伊始就致力于研究生产要素、破解经济增长之谜，古典经济学家把生产要素归结为土地、资本和劳动，随着时代的发展和生产力水平的提高，生产要素也在不断演进和变化（李政，周希祯，2020）。

数据要素成为国家新型战略资源，始于十八届五中全会提出的"实施国家大数据战略"。2020 年 3 月 30 日，《中共中央、国务院关于构建更加完善的要素市场化配置体制机制的意见》明确将数据纳入生产要素的范围，充分承认了数据在价值创造和价值分配中的地位，数据成为与土地、资本、管理、技术及劳动并列的一种生产要素。同年 10 月，两办印发《深圳建设中国特色社会主义先行示范区综合改革试点实施方案（2020—2025年）》，提出完善要素市场化配置体制机制，由深圳率先探索完善生产要素的分配机制，基本原则是由市场评价贡献、按贡献决定报酬。

将数据作为生产要素，是基于新的时代背景下社会生产方式和人民生活方式的变化。农业时代，以土地和劳动为生产要素；工业时代，土地、劳动、资本、技术、管理、知识成为生产要素；数字时代，数据与上述生产要素一起形成新的生产要素组合。在开放型经济中，要素、商品与服务可以自由地跨越国界流动，国内经济和整个国际市场有着更加紧密的联系。在生产领域，越来越多的制造企业在全球构建起虚拟车间，实现产品的设计、实验、工艺、制造等活动在数字空间内完成。消费领域，新兴的网络购物使得跨境贸易变得更加便利，实体店消费逐渐被取代。

数据作为信息的载体，是产业数字化的核心，也是商业模式创新、业务流程优化、商业决策制定的核心依据。同时，数据作为核心生产要素也在推动着社会生产生活不断变革。数据成为新的生产要素，这是基于数据对于价值创造和产业发展的驱动作用而言的，基于这一思维方式转变，数据参与收入分配就是一个水到渠成的必然规则。

4.1.2　数据参与国民收入分配

党的十九届四中全会首次明确提出数据作为生产要素参与国民收入分配，这是马克思主义政治经济学的重大理论创新，对我国经济实现创新驱动与高质量发展，特别是加快数字经济、智能经济发展具有十分重要的意义。

1. 数据要素参与收入分配的原理

国外学者对生产要素的分配机理进行了研究，Jensen and Meckling（1976）[1]认为，企业是由诸多生产要素以订立合同的形式组建形成的；Eugene F. Fama（1980）[2]认为，企业是容纳了运营不同阶段，投入产出及收益分享等过程的合同，缔结在一起成为整体。以上研究均表明，数据如果成为生产要素，对于企业收益是十分重要的，应当参与到收入分配中。

蒋永穆（2020）[3]对数据参与分配的前提进行了阐释，认为数据本身并不是直接的现实生产力，而是有待开发的，只有将数据在劳动者、劳动对象和劳动资料间物化，才会由潜在形式转化为直接生产力，即数据应当与生产力的基本要素结合，才能够具备创造价值的能力。李政和周希祯（2020）[4]以政治经济学视角切入，对数据要素参与分配的原理与实现方式进行了研究，认为数据的价值来源既有"总体工人"的劳动付出，也有数据要素带来的剩余价值，故其参与收入分配包括按劳分配和按要素分配两个环节。

2. 数据参与收入分配的方式

在数据要素参与分配的方式上，数据本身就是一种商品，市场决定其价格和获得的收益，依据贡献确定报酬，市场是生产要素配置的主要

---

[1] Michael Jensen, William Meckling, "Theory of the Firm: Managerial Behavior, Agency Costs and Ownership Structure" [J]. Journal of Financial Economics, Vol. 3, No. 4, 1976, pp. 305−360.

[2] Eugene Fama, "Agency Problems and the Theory of the Firm" [J]. Journal of Political Economy, 1980, 88(02): 288−307.

[3] 蒋永穆. 数据作为生产要素参与分配的现实路径[J]. 国家治理, 2020(31): 43-45.

[4] 李政, 周希祯. 数据作为生产要素参与分配的政治经济学分析[J]. 学习与探索, 2020(01): 109-115.

渠道。㊀ 数据参与分配有两种方式，短期分配满足数据工作人员付出体力或脑力劳动的工资需求，中长期分配更多的是给予数据工作人员与单位利益挂钩的分红或参股等收入。㊁ 数据作为生产要素参与分配有三种内涵解释㊂：一是数据作为物化劳动，同其他劳动一样可以创造剩余价值，此过程需要数据要素和劳动力的结合；二是数据作为活劳动按贡献进行按劳分配，创造价值；三是数据成为战略资源是因为其带来技术突破和科技进步，这其实也是剩余价值的创造过程，进而影响价值链条中不同主体的分配方式。

4.2 数字时代的新时空观

数字经济下的时空之变。时空观是指关于时间和空间的基本观点，它不仅是哲学世界观的重要组成内容，同时也是人类在长期生产活动和生活历史实践过程中形成的。时间和空间是人类认识和理解世界的主要方式。

亚里士多德把时间看成一种数，把空间理解为与被包含物接触的包含物的界限，形成了古代时空观的基本框架。就时间观来讲，在关于时间和意识之间关系的理解上主要分为两种：一种是认为亚里士多德的时间客观存在而不依赖于人的意识，是一种"宇宙时间"的绝对时间观；另一种理解则认为时间与意识是相互关联的，亚里士多德的时间并不是物理性的时

㊀ 马涛. 健全数据作为生产要素参与收益分配机制[N]. 学习时报，2019-11-27（001）.
㊁ 李卫东. 数据要素参与分配需要处理好哪些关键问题[J]. 国家治理，2020（16）：46-48.
㊂ 庄子银. 数据的经济价值及其合理参与分配的建议[J]. 国家治理，2020（16）：41-45.

间。就空间观来讲，亚里士多德对"空间"的定义展现了他对绝对位置和相对位置的思考，位置的不动性反映了宇宙上对统一的位置定义的内在要求（刘胜利、张卜天，2011）。

牛顿对于时空观的理解分为相对和绝对两个方面，其中相对时空观是与具体事物有关的具体时空，是绝对时空观可以直观感知的参考形式；绝对时空观则是相对时空观的抽象。莱布尼茨的时空理论则否定绝对时空的存在，他认为物质的存在先于空间的存在，除了物体之间存在空间关系之外，没有什么空间存在，同样，时间只是事件之间的时间关系，不存在绝对时间。康德的时空观则主要集中体现在他对时间和空间的阐述中，他认为时空概念是人类的主观"造性"，只属于感性直观的形式。时空具有无限性，时间是无限并存和相继的，空间也是无限共存着的。马克思主义认为，包括人在内的一切存在都以时间和空间为基本方式，且由于有了人类的社会实践活动，才使时空具有了社会现实性，空间在自然属性的基础上具有了社会性。

随着交通方式和通信技术的进步，新的时空观应运而生。对空间与空间理解的更新是对人类生产生活方式改变以及未来发展进行深刻思考的重要组成部分。信息技术的发展尤其是5G（第五代移动通信技术）的突破，时空观无论是从主观意识还是从客观活动方面都发生了改变。马克思主义时空观将时空概念置于人类社会历史发展进程中进行考察，当代互联网、物联网技术的出现彻底改变了人类的社会时空，技术让人们的社会交往和经济活动不再受时空的约束，大数据、数字经济以及元宇宙思维模式彻底打破了时空的限制。

新时空观理论开始出现，如安东尼·吉登斯的时空伸延理论、戴维·哈维的时空压缩理论、曼纽尔·卡斯特的流动空间与无时间之时间理论等，这些对全新社会时空的探索和应用，推动着生产实践的发展和新业态的出现。

4.3 元宇宙思维

4.3.1 元宇宙的概念

元宇宙的概念和认知尚未统一，但也形成了一些共识。元宇宙不只是一种虚拟世界或VR（虚拟现实），不只是一种数字经济或游戏，也不只是一种新的应用程序（App）或用户原创内容平台（UGC）（Ball，2020）。元宇宙至少需要以下八种要素的支撑：硬件（比如AR、VR），网络，算力，虚拟平台，交换工具和标准，支付手段，内容、服务和资产，以及用户行为（包括消费、投资和决策）（Ball，2021）。元宇宙是整合多种新技术而产生的新型虚实相融的互联网应用和社会形态，基于扩展现实技术提供沉浸式体验，以及数字孪生技术生成现实世界的镜像，通过区块链技术搭建经济体系，将虚拟世界与现实世界在经济系统、社交系统、身份系统上密切融合，并且允许每个用户进行内容的生产和编辑（清华大学，2021）。

大型互联网平台构建的元宇宙存在过于中心化、加剧数据垄断和金融渗透、难以解决互操作性问题（吴桐等，2021）。元宇宙既能促进劳动时间的自由，又能促进劳动空间的自由，甚至使得人类有可能在虚拟世界实现永存（吕鹏，2021）。元宇宙构建的技术基础、人文基础以及交互促进作用，推动了元宇宙实现的必然性和元宇宙对产业发展的作用（方凌智等，2021）。

4.3.2 元宇宙思维

元宇宙思维包括大数据思维、平台思维、生态思维、孪生思维、云思维、新时空思维六种思维模式。其中，新时空思维是基本观念的变化，大数据思维和云思维搭建了元宇宙的技术支撑，平台思维体现的是元宇宙的基本运行模式，孪生思维体现了元宇宙的基本特点，生态思维可以理解为元宇宙下要实现的最终目标。

1. 大数据思维

随着全球新一轮科技革命的孕育和兴起，各种前沿科技创新和技术工具正在形成一个世界规模的数字大脑，而元宇宙也是其构成的一部分。它可以将现实世界映射到数字空间，也可以将人类的幻想具象化，人与人、人与物、物与物的交互场景既可以是现实世界的镜像，也可以是创意设计出来的数字想象世界。元宇宙时代，海量数据成为创新发展的核心驱动要素，思维方式也必须向大数据思维转型，基于数据量化和万物互联，通过数据分析、挖掘、应用，以达到整个世界高度智能化甚至智慧化。

2. 平台思维

所谓平台思维，就是一种开放、共享、共赢的思维。通过平台将信息、人才、技术、资本等优质资源整合起来，然后深度挖掘，实现价值倍增的创新创造。元宇宙作为一个大型开放平台，将吸引大量公司通过平台提供服务。数字化平台的兴起与平台经济的发展，为不同地区嵌入全球产业链创造了广阔的空间，通过组织间密切的开放共享、互动合作促进了开放经济体系的形成。

3. 生态思维

早些年，微软windows和英特尔的生态圈，霸占了PC时代的价值链上游；近些年，安卓生态圈、苹果生态圈各自瓜分了移动互联网的绝大部分蛋糕。元宇宙也遵循生态思维模式，从满足用户的核心需求入手，逐步形成线上线下有机贯通的产业生态链。且该生态链将以发散式网状结构向外扩张，延伸速度不断加快，最终形成全球有机融合的生态体系，使得国际贸易壁垒消除，人类社会进入自由贸易的全新开放时代。

4. 孪生思维

数字孪生即在虚拟空间内建立真实事物的动态孪生体，借由传感器、本体的运行状态及外部环境数据均可实时映射到孪生体上。元宇宙需要数字孪生来构建细节极致丰富的拟真环境，营造出沉浸式的在场体验，足不出户也能体验到购物的真实感，经济体系将更加开放透明。

从微观层面来看，数字孪生的关键是"数据＋模型"，小到每个家庭，大到整个城市的模型建设，都可以通过空间编码的方式将数据标签化、单元化。从中观层面来看，数字孪生城市将成为支撑社会治理和产业数字化转型的重要抓手。从宏观层面来看，数字孪生不仅是集成创新的技术体系，更是数字社会人类认识和改造世界的方法论，指导人们以高度的整体性、系统性、包容性、前瞻性思维进行统筹规划，构建资源共享与业务协同的机制体制。

5. 云思维

数据量爆发导致算力需求激增，目前大数据平台终端多采用"客户端＋服务器"模式，这对客户端设备的性能和服务器的承载能力均有较高的要求，尤其在3D图形的渲染上完全依赖终端运算。云计算能够为用户提供功能更强大、更轻量化的终端设备，通过分离运算和显示，在云端 GPU 上完成渲染，从而大大提升运算效率。而存储作为元宇宙的重要支柱之一，面对虚拟世界与现实世界的大量数据沉淀，如何高效存储并盘活这些海量数据至关重要。随着元宇宙不断发展，视频流量将只增不减，通过一站式云上智能存储平台的建设，让 4K、8K、VR、AR、XR 等内容具备更高的普及度，渗透到社会生活的各领域，成为吸引用户的决定性因素。

6. 新时空思维

世界是由时空维度组成的，由人在时空中的互动形成各种内容。元宇宙基于扩展现实技术提供沉浸式体验，基于数字孪生技术生成现实世界的镜像，基于区块链技术搭建经济系统，将虚拟世界与现实世界在经济系统、社交系统、身份系统上密切融合，并且允许每个用户进行内容生产和世界编辑。这种虚拟与现实的全面交织也改变了现有社会的组织与运作，提供了高度互动、共享、高参与感的社交体验。人们可以在一个时空中创造与另外一个时空互动的具体的、具象的、可被感知的、可被传播的、可被接受的内容，最大限度地打破了时空的界限。

元宇宙并不只是静态数字空间的构建，更是与真实动态世界平行演进的虚拟空间。在现实世界中，只有一种可能性会实际发生；而在数字孪生时空中，可以不受实体限制，将真实物质世界运行进行数百万次以上的时空推演，从而找到实现资源最优配置的解决方案。

第 5 章 / Chapter Five
数字时代的产业演变

5.1 数字经济产业演变发展

人类进入 21 世纪后,数字革命风起云涌,世界各地数字经济随之兴起,广大发展中国家更是看到了数字经济背后隐藏的不同于传统经济的发展机遇与潜力。

数字经济是指以数据资源作为关键生产要素、以现代信息网络作为重要载体、以信息通信技术的有效使用作为效率提升和经济结构优化的重要推动力的一系列经济活动。我国对数字经济的核心产业进行了明确分类,主要分为数字产业化和产业数字化。其中,数字产业化包括数字产品制造业、数字产品服务业、数字技术应用业和数字要素驱动业,这四类是为产业数字化提供数字技术、产品、服务、基础设施和解决方案,以及完全依赖于数字技术、数据要素的各类经济活动,是数字经济的核心产业;产业数字化是指应用数字技术和数据资源为传统产业带来的产出增加和效率提升,是数字技术与实体经济的融合,概括为数字化效率提升业。数字经济产业的演变与分类具体如图 5-1 所示。

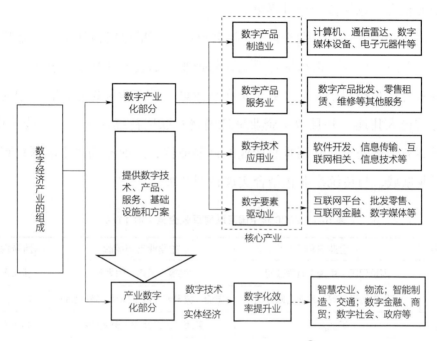

图 5-1 数字经济产业的演变与分类○

5.2 互联网企业发展状况

互联网企业作为数字经济催生的新型企业,广义上被认定为是以计算机网络技术为基础,利用网络平台提供服务并获得收入的企业。当前我国互联网行业主要涵盖农业互联网、智慧城市、电子商务、人工智能、网络

○ 资料来源于数字经济及其核心产业统计分类(2021)。

金融、网络出行服务、网络音视频、网络教育、网络游戏、网络广告等多个领域。截至2020年年底，通过各类数字企业创造的数字经济规模达约39.2万亿元，总量位于全世界第二。

在2020年中国互联网企业百强名单中，阿里巴巴位居第一，随后是腾讯、美团、百度、京东等耳熟能详的企业，如表5-1所示。根据公布的榜单来看，互联网企业大多数聚集在京津冀、长三角和珠三角，其中北京成为首选入驻地。并且数字企业呈现消费互联网持续深入非一二线城市，电子商务仍然处于互联网垂直产业的首要地位，产业布局也不断深化到各个行业领域，与传统产业相结合实现转型升级。

表5-1 2020年中国互联网百强企业（前11位）

排名	企业名称	主要业务与品牌	所属地
1	阿里巴巴（中国）有限公司	淘宝、天猫、阿里云	浙江省
2	深圳市腾讯计算机系统有限公司	微信、腾讯云、腾讯视频、腾讯会议	广东省
3	美团公司	美团、大众点评、美团外卖	北京市
4	百度公司	百度搜索、百度智能云、小度	北京市
5	京东集团	京东商城、京东物流	北京市
6	网易集团	网易游戏、网易有道、网易新闻	广东省
7	上海寻梦信息技术有限公司	拼多多	上海市
8	北京小桔科技有限公司	滴滴快车、青桔单车、礼橙专车、滴滴企业版	北京市
9	北京字节跳动科技有限公司	抖音、今日头条、西瓜视频	北京市
10	腾讯音乐娱乐集团	qq音乐、酷狗音乐、酷我音乐、全民k歌	北京市
11	三六零安全科技股份有限公司	360安全卫士、360手机卫士、360手机助手	北京市

第 5 章 数字时代的产业演变

2021年11月26日,由中国互联网协会主办的中国互联网企业综合实力指数(2021)发布会在云端召开,发布了《中国互联网企业综合实力指数(2021)》。2021年中国互联网企业综合实力百强如表5-2所示。

表 5-2 2021年中国互联网企业综合实力百强

排名	中文名称	主要业务与品牌	所属地
1	阿里巴巴(中国)有限公司	淘宝、天猫、阿里云	浙江省
2	深圳市腾讯计算机系统有限公司	微信、腾讯视频、腾讯云、腾讯会议	广东省
3	百度公司	百度搜索、百度智能云、小度	北京市
4	京东集团	京东物流、京东商城	北京市
5	美团公司	美团、大众点评、美团外卖	北京市
6	北京字节跳动科技有限公司	抖音、今日头条、西瓜视频	北京市
7	上海寻梦信息技术有限公司	拼多多	上海市
8	网易集团	网易游戏、网易有道、网易新闻	广东省
9	北京快手科技有限公司	快手	北京市
10	三六零安全科技股份有限公司	360安全卫士、360手机卫士、360手机助手	北京市
11	小米集团	小米、MIUI米柚、Redmi、米家	北京市
12	腾讯音乐娱乐集团	QQ音乐、酷狗音乐、酷我音乐、全民K歌	广东省
13	北京五八信息技术有限公司	58同城、安居客、58到家精选、中华英才网	北京市
14	新浪公司	新浪网、微博	北京市
15	好未来教育集团	学而思网校、学而思素养、直播云、熊猫博士	北京市
16	贝壳控股有限公司	贝壳找房	北京市
17	北京爱奇艺科技有限公司	爱奇艺、随刻、奇巴布	北京市

（续）

排名	中文名称	主要业务与品牌	所属地
18	携程集团	携程旅行网、去哪儿、Trip.com、天巡	上海市
19	搜狐公司	搜狐媒体、搜狐视频、搜狗搜索、畅游游戏	北京市
20	北京车之家信息技术有限公司	汽车之家、二手车之家	北京市
21	广州津虹网络传媒有限公司	YY直播、YY语音、追玩	广东省
22	北京网聘咨询有限公司	智联招聘	北京市
23	上海米哈游网络科技股份有限公司	米哈游、miHoYo	上海市
24	东方财富信息股份有限公司	东方财富、东方财富证券、天天基金、股吧	上海市
25	竞技世界（北京）网络技术有限公司	JJ比赛	北京市
26	湖南快乐阳光互动娱乐传媒有限公司	芒果TV、芒果TV国际App、小芒App	湖南省
27	唯品会（中国）有限公司	唯品会	广东省
28	美图公司	美图秀秀、美颜相机、BeautyPlus、美拍美图宜肤	福建省
29	三七文娱（广州）网络科技有限公司	三七游戏、37网游、37手游、37Games	广东省
30	武汉斗鱼鱼乐网络科技有限公司	斗鱼直播	湖北省
31	浙江世纪华通集团股份有限公司	盛趣游戏、点点互动、天游、七酷	浙江省
32	广州虎牙信息科技有限公司	虎牙直播、Nimo TV	广东省
33	易车公司	易车、精真估、润霖	北京市
34	央视国际网络有限公司	央视网、央视影音、中国IPTV、中国互联网电视	北京市
35	四三九九网络股份有限公司	4399、4399小游戏、4399休闲娱乐平台	福建省
36	拉卡拉支付股份有限公司	拉卡拉支付、积分购	北京市
37	海南元游信息技术有限公司	青云诀2、青云传、青云诀	海南省

(续)

排名	中文名称	主要业务与品牌	所属地
38	金蝶软件（中国）有限公司	金蝶、kingdee、金蝶云、金蝶云苍穹	广东省
39	福建网龙计算机网络信息技术有限公司	魔域、征服、英魂之刃、网教通	福建省
40	上海识装信息科技有限公司	得物	上海市
41	咪咕文化科技有限公司	咪咕音乐、咪咕视频、咪咕数媒、咪咕游戏、咪咕圈圈	北京市
42	广州多益网络股份有限公司	多益网络、神武、梦想世界	广东省
43	深圳市迅雷网络技术有限公司	迅雷11、迅雷快鸟、手机迅雷、迅雷直播	广东省
44	乐元素科技（北京）股份有限公司	开心消消乐、开心水族箱、松松总动员	北京市
45	东方明珠新媒体股份有限公司	东方明珠、百视TV、百视通	上海市
46	深圳乐信控股有限公司	乐信、分期乐、乐卡	广东省
47	满帮集团	货车帮、运满满、满帮	贵州省
48	上海基分文化传播有限公司	趣头条、米读	上海市
49	网宿科技股份有限公司	网宿科技	上海市
50	同道猎聘集团	猎聘	天津市
51	江西巨网科技有限公司	巨网	江西省
52	人民网股份有限公司	人民网＋、中国共产党新闻网、人民网评、领导留言板、人民视频	北京市
53	波克科技股份有限公司	波克城市、捕鱼达人、爆炒江湖、猫咪公寓	上海市
54	无锡市不锈钢电子交易中心有限公司	无锡不锈钢	江苏省
55	上海钢银电子商务股份有限公司	钢银电商、钢银数据、钢银云	上海市
56	猎豹移动有限公司	猎豹清理大师、猎豹安全大师、金山毒霸	北京市
57	新华网股份有限公司	新华网客户端、新华网5G富媒体实验室、新华睿思数据云图分析平台	北京市

（续）

排名	中文名称	主要业务与品牌	所属地
58	贵阳朗玛信息技术股份有限公司	39互联网医院、39健康网	贵州省
59	浙江金科文化产业股份有限公司	会说话的汤姆猫、汤姆猫总动员、我的汤姆猫	浙江省
60	上海巨人网络科技有限公司	征途系列游戏、球球大作战、帕斯卡契约	上海市
61	武汉微派网络科技有限公司	贪吃蛇大作战、会玩、贪吃蛇进化论、坦克无敌	湖北省
62	杭州边锋网络技术有限公司	边锋游戏、游戏茶苑、Idle Arks、侠客风云传online	浙江省
63	前锦网络信息技术（上海）有限公司	前程无忧51Job、应届生求职网、无忧精英网、51米多多	上海市
64	马上消费金融股份有限公司	安逸花、马上金融	重庆庆
65	厦门吉比特网络技术股份有限公司	问道、问道手游、一念逍遥、不思议迷宫	福建省
66	二六三网络通信股份有限公司	263云通信、263云邮箱、263云会议、263云视频	北京市
67	深圳市梦网科技发展有限公司	消息云、视讯云、终端云、物联云	广东省
68	鹏博士电信传媒集团股份有限公司	鹏博士大数据、北京电信通、长城宽带	四川省
69	每日互动股份有限公司	每日互动	浙江省
70	联动优势科技有限公司	联动支付、联动信息、联动数科、联动国际	北京市
71	友谊时光科技股份有限公司	浮生为卿歌、精灵食肆、此生无白	江苏省
72	龙采科技集团有限责任公司	龙采、资海、龙采体育、资海云	黑龙江省
73	上海二三四五网络控股集团股份有限公司	2345网址导航、2345加速浏览器、2345安全卫士	上海市
74	昆仑万维科技股份有限公司	闲徕互娱、Opera、GameArk、Star Group	北京市
75	广州趣丸网络科技有限公司	TT语音、TT电竞	广东省

第 5 章　数字时代的产业演变　43

（续）

排名	中文名称	主要业务与品牌	所属地
76	上海东方网股份有限公司	东方新闻、东方头条、翱翔、纵相新闻	上海市
77	北京掌趣科技股份有限公司	全民奇迹2、一拳超人：最强之男、拳皇98终极之战OL	北京市
78	汇通达网络股份有限公司	超级老板App、汇通达汇享购App+微商城、超级经理人	江苏省
79	北京搜房科技发展有限公司	房天下网、开发云、家居云、经纪云	北京市
80	北京蜜莱坞网络科技有限公司	映客直播App、积目App、对缘App	北京市
81	焦点科技股份有限公司	中国制造网、开锣网、新一站保险网	江苏省
82	广州荔支网络技术有限公司	荔枝App、吱呀App	广东省
83	华云数据控股集团有限公司	国产通用型云操作系统安超®OS、超融合套件、私有云套件	江苏省
84	优刻得科技股份有限公司	UCloud、安全屋、优云智联	上海市
85	世纪龙信息网络有限责任公司	21CN	广东省
86	北京光环新网科技股份有限公司	光环新网、光环云	北京市
87	瓜子汽车服务（天津）有限公司	瓜子二手车	天津市
88	北京值得买科技股份有限公司	什么值得买、星罗	北京市
89	拓维信息系统股份有限公司	湘江鲲鹏、在线学习中心、麓山妙笔、云宝贝	湖南省
90	北京同城必应科技有限公司	闪送	北京市
91	杭州博盾习言科技有限公司	同盾科技、小盾安全、中博信征信、同盾咨询	浙江省
92	企查查科技有限公司	企查查、企风控	江苏省
93	英雄互娱科技股份有限公司	英雄互娱	陕西省
94	杭州泰一指尚科技有限公司	泰一数据、AdTime	浙江省
95	厦门美柚股份有限公司	美柚、柚宝宝、柚子街	福建省

(续)

排名	中文名称	主要业务与品牌	所属地
96	汇付天下有限公司	聚合支付、汇来米、Adapay、Adamall、海外购	上海市
97	北京趣拿信息技术有限公司	去哪儿网、去哪儿旅行	北京市
98	江苏零浩网络科技有限公司	智通三千	江苏省
99	厦门点触科技股份有限公司	点触科技	福建省
100	福建游龙共创网络技术有限公司	19196 手机游戏平台	福建省

5.3 数字时代的互联网企业变革

得益于大数据分析技术、互联网技术和区块链技术等新兴技术的诞生和不断革新，数据的持续积累压缩、分类管理和快速挖掘也逐渐在日新月异的科技革命中得以从设想变为现实。而数量的指数级增长和管理技术的突飞猛进使得海量数据中所包含的价值日渐体现并迅速引发社会各界进行深入探讨和思考，也牵动无数商业投资者的敏锐嗅觉。在无尽商机的推动下，数据将全球经济紧密串联成一张网，惠及遍布全球各地的万千企业。

数字经济时代的到来，为商业活动指明了新的突破口和增长点，进而推动了全球经济的再繁荣。数字与经济的紧密结合，打破了传统商业活动中固有的空间限制，促进了跨境交易在更加多元的形式和日益丰富的渠道中实现全球协同一致。而互联网企业作为数字经济浪潮中最为关键的一环，在这场声势浩大的经济变革中受益颇多。一方面，互联网企业所提供的产品和服务的数字化、虚拟化特征明显，本身就是数字经济崛起过程中极为重要的生产要素和技术支撑；另一方面，数字经济进一步促进了世界各地区经济的联结度，与经济全球化的格局和理念遥相呼应，为互联网企业全球业务的开拓提供了契机。

值得强调的是，互联网企业在开展生产经营活动时对物理层面的固定实体的依赖性极弱，对实体工厂和常设机构的需求极小，而数字经济下跨境商务平台的搭建和跨境支付手段的迭代进步也进一步强化了互联网企业的这一业务特征，使得互联网企业全球业务的开展更加便捷高效。基于此，海外市场逐渐成为各互联网企业竞技和角力的焦点，跨境所得在互联网企业营收中的占比也在不断攀升。与此同时，数字经济的诞生和繁荣对现行的跨境税收征管体系产生了前所未有的冲击，原有规则的适用性值得进一步斟酌。这也为互联网企业针对其跨境所得进行税收筹划提供了新的运作思路和运筹空间。

第 2 篇
数字时代的税收筹划原理与新方法

第 6 章 / Chapter Six

数字时代的税收筹划原理

6.1 数字时代税收筹划面临的机遇与挑战

6.1.1 税收筹划的目标导向

1. 税收筹划的概念

税收筹划思想发源于 19 世纪中叶，在发展历程中，纳税人逐渐具有普遍的法律意识，认识到税收筹划是纳税人所拥有的合法权利，每个人都可以在不违法的范围内合理安排自己的活动以降低税负。税收征管与税收筹划不仅是矛与盾的冲突关系，而且也是互补关系。纳税人秉持"法无不可即可为"的思想，从税法中找寻"漏洞"，求得税收利益；而税务机关发现由于纳税人的税收筹划行为造成税源流失，则会尽快弥补税法漏洞，使税收征管措施更加完备。

从另一个角度分析，税法所指定的特定税收优惠，必然是当前阶段的发展重点和改革方向。例如，"税收洼地"的形成就是一定的税收政策导向的结果。在税收优惠的引导下，纳税人趋于投资于税收鼓励类产业，这也实现了税法制定税收优惠政策的初衷。因此，税收筹划并非是"钻空子"的投机行为，它是一种推动税制变迁的重要力量，更是促进和落实税收优惠政策的有力抓手。

2. 常见的税收筹划方法

常见的税收筹划方法主要有以下类型：

（1）利用税收优惠进行税收筹划。为了鼓励或者扶持某些行业，国家会给予一定的税收优惠政策。在充分了解国家的税收优惠政策的基础上，在有优惠的行业或领域进行投资，可以尽可能多地获取税收优惠的好处。

（2）采用税款递延方式进行税收筹划。由于一些交易活动没有现金流，国家会对这些交易活动给予一定的递延纳税优惠，企业可以通过这种优惠来获取货币时间价值。

（3）采用分割法进行税收筹划。将征税对象按照计税依据进行分割或者分解，使得尽可能地适用较低的税率，从而降低实际税负率。

（4）在交易活动中，和上下游企业协商，尽量晚地确认收入，尽量早地拿到购货发票，这样就可以早点实现进项税额抵扣，晚点确认销项税额，从而获得货币时间价值。

知识链接

大数据背景下企业税收筹划的变革

1. 企业税收筹划成本降低

税收信息化征管系统的搭建，主要采用人工智能、分布式计算等技术，为纳税人申报缴纳税款提供了便利。纳税人所申报的征管系统数据、纳税人基本涉税信息、生产经营活动信息、涉税调查数据以及其他相关公文，都可以按照一定的格式有序地提交至税收征管系统，降低了税收筹划成本，同时也为办税人员节省了时间。

2. 会计政策、会计估计的选择更具准确性

会计政策和会计估计的选择对企业税负有较大影响，且一经确定，不得随意变更，所以企业应慎重选择合适的会计政策和会计估计方法。举例来说，企业若选择了不合适的存货发出计价方法，可能会导致成本较低，从而使利润虚高，加重所得税负担。固定资产折旧、无形资产摊销等会计估计方法也是企业盈余管理的重要手段。企业可以借助大数据技术，提前预估不同会计估计或政策下的大致税收负担，从而做出最佳决策。

3. 商业模式多样化和服务数字化提供了税收筹划的空间

新兴的商业模式，如网络支付、线上交易、配送售后混合销售等，因支付款项、交易发生及商品流转之间存在差异，使得企业的现实运营与四流一致（合同流、资金流、票据流、货物服务流）并不完全匹配，出现了税收征管的空白地带，给予了纳税人筹划的空间，同时也增加了筹划时适用政策的风险。

依靠互联网发展起来的信息服务行业，并不需要服务提供方与消费者之间产生实物性质的商品交换，但是在数字化服务的流转中，确实存在资金流转与税收监管问题。比如软件交易，这类电子信息产品的交易款项就面临着界定为特许权使用费还是营业利润的争议，甚至可能会出现国际税收纠纷。

4. 税收筹划操作涉及的信息安全维护风险加大

信息化程度的加剧无法避免数据隐私泄露的风险，大数据背景下，企

业的税收筹划对商业秘密等隐私保护的需求日益提高。在数据的流通阶段，如纳税人申报纳税数据时，与第三方机构开展合作，可能会遇到恶意病毒插件，存在数据泄露的风险。在数据的存储阶段，企业云端信息的保密性、完整性与易获得性，是企业、税务机关与第三方机构合作时需要注意的风险点。

6.1.2 数字时代税收筹划面临的机遇

1. 数字时代提高了企业的会计信息质量

大数据具备存储空间大、数据读取快等特征，迎合了企业发展的需求。大数据、云计算、人工智能等从数据采集、数据预处理、数据存储、数据挖掘与分析、数据展示以及数据应用等方面，提高了数据的准确性和可靠性；数据共享在一定程度上确保了企业获取信息的及时性与准确性。同时，如果企业发生虚增收入，伪造、变造会计账簿，进行虚假纳税申报的情况，大数据会对企业的信息进行筛查，识别企业的纳税申报数据之间的逻辑矛盾，时刻提醒企业税务风险的存在。这在一定程度上起到了警示作用，提高了企业的会计信息质量，防止企业出现逃避税现象，强化了企业的财务管理。

2. 数字时代促使企业更好地安排经济活动与税收筹划

随着我国经济社会的不断发展，国家出台的政策及规定更新较快，税制处于不断变化之中。数字时代，企业利用互联网、大数据技术能够更快地了解与企业经营活动相关的税收优惠政策和税收管理规定，及时与政府部门和社会机构配合，充分利用税收法规所提供的包括减免税在内的一切税收优惠，有计划、有步骤地实施税收筹划，一定程度上能够使企业更好地安排经济活动，在法律框架下达到依法纳税、科学节税的目的。

企业可以依靠先进的信息系统，更加清晰地了解自己的业务情况，同时由于税收筹划是一种整体性行为，目标应该是企业总体利润的最大化，所以企业需要用系统论方法去分析自身的经济活动。而互联网、大数据对于企业经营活动及相关信息的整合，正好契合了这一需求，使企业能够从整体角度合理安排相关投资、经营活动，从而降低企业的总体税负。

数字时代的数字化、智能化优势能够帮助企业实现既定的财务目标。例如，通过大数据进行税收筹划分析，产品销售应该采用哪种促销模式，在"买一赠一""打折销售"等多种模式之间进行比较，计算出税负最小的促销方案，尽量减少企业存货，加快资金回笼，提高企业净利润，实现企业价值最大化，体现税收筹划的实践价值。

3. 新经济、新业态、新模式的出现为税收筹划提供了空间

在互联网、大数据的推动下，B2B、B2C、C2C、O2O 等电子商务模式的发展都十分迅速，有效地推动了经济增长。与传统经济模式相比，电子商务属于新兴产业，目前世界各国缺乏完善的、针对性的税收政策，这为税收筹划提供了空间。企业可以结合平台经济、共享经济、零工经济等新业态、新模式，合理地安排自身的经济活动，有效地降低整体税负。

案例分析

互联网金融新业态——第三方支付业务的税收筹划

互联网金融是一种新业态模式，对于其交易的确认时间、产品的种类、交易方式等方面，目前的税法中都没有明确界定，仅是笼统地参照一般纳税的标准来进行规范。因此，能够在合理范围内，基于不违法的前提要求，通过延迟提供交易服务的时间、递延收入的确认时间等手段来实施税收筹划。

目前的互联网金融公司可以分为第三方支付、众筹平台、P2P等类别，根据其运营模式的差别，可以采取不同的税收筹划方案。

对于第三方支付企业来说，其通常是作为一个资金的流转平台，例如淘宝、京东等销售平台。它们通过引进商户发布商品，再吸引客户到平台购物，在平台提供的付款方式中选择付款，而从客户支付阶段到最后确认收货完成订单的时间段内，资金始终是保留在平台中的。在确认收货后，支付平台则会将资金划入商家的对应账户。因此，第三方支付平台的盈利来源主要有手续费、服务费、广告费、资金利息等。针对手续费或服务费，主要是来源于客户进行转账、提现、支付等资金结转业务加收的服务费（如支付宝、微信提现加收0.1%的服务费）。另一方面，第三方支付平台还会提供一定的理财业务或代理业务（如支付宝的余额宝）。

对于在支付通道获取的手续费归为金融服务——直接收费项目，计6%的增值税；对理财等增值服务归为经纪代理服务——金融代理，计6%的增值税。虽然税率相同，但是并不以税率来对项目进行分类，而是根据项目性质进行分类记录，这样不仅有利于规范会计核算，也有利于后续政策改变时及时调整与应用。

针对资金在支付平台停留的这个时间段，由于当平台每天的支付规模达到一定程度后，在这个时间差和资金差内，支付平台可以利用这部分资金进行有效的投资以获取收益，这部分收入被称为沉淀资金利息。根据央行规定，第三方支付机构可以在3个月的期限内以单位定期存款或进行投资活动等法律允许的方式存放资金、获取利息。并且，在获益后，支付机构需要提取账户利息的10%作为风险准备金，剩余收入可归平台自己占有和支配，即为企业在这部分业务下最后获取的收入。此部分收入暂免缴纳增值税；若是来源于国债收入则可免缴企业所得税，而没有明确规定可以免税的收入，企业应当依法缴纳企业所得税。

平台通过帮助商家在平台上投放广告信息或者推广获取的广告费收入，按6%的增值税率计税。在营改增后，提供广告服务按照计费销售额和3%的费率加收文化建设事业费应缴费额，此时平台需要明确区分广告费用和其他业务收入，避免扩大税基。若此部分文化建设事业费对于月销售额小于2万元的企业可以免征，也可以在企业初期享受此政策。

企业需要有前瞻意识，根据业务的种类和运作模式制订不同的税收筹划方案，将其科学应用于企业的税收系统，这样不仅能够大大降低税收的处理时间，同时也提高了企业筹划的合规性，降低了纳税风险。

4. 现代信息技术提升了税收筹划的效率与质量

随着现代信息技术的发展，互联网、大数据、云计算、人工智能等无时无刻不在改变着人们的生活，提高了企业的办税效率。计算机网络的"金税三期"上线，为纳税人建立起统一的系统平台，全新的纳税申报流程，实现了信息采集、发票管理、纳税申报和税款缴纳于一体的办税流程。图6-1展示了作为自然人的纳税人申报缴纳个人所得税的办税流程，即申报人员只需提前设置月平均工资、年平均工资、公积金上限和年金扣除上限，并填入相关数据，税款就可以自动计算。

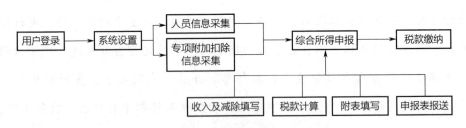

图6-1 "金税三期"综合所得申报简化流程

在税收筹划效率方面,"金税三期"以及网络办税平台的搭建,极大地简化了纳税人的办税流程,节省了办税时间和税收成本,同时使企业能够系统、全面地掌握自身的财税状况,从而提高税收筹划的效率。

在税收筹划的质量方面,一方面借助互联网与大数据企业可以快速掌握相关税收优惠政策,避免出现虽然适用税收优惠政策却因为信息不对称而丧失享受税收优惠的情况;另一方面,大数据对于企业经营行为的记录与比对,有助于打击企业虚增成本、伪造账簿等逃避税行为,引导企业选择合法的税收筹划手段来降低税负。

知识链接

数字时代对信息资料的处理

1. 培养数据洞察力

数字技术的发展使得数据和信息可以更快速地被处理并很好地整合成一个广泛的集合,这就是大数据。如今每天都有至少 2.5 万亿字节的数据产生,鉴于这种数据生成的爆炸性增长,世界上 90% 的数据都是在过去两年中产生的。这些数据是通过每一个数字过程生成的,从电子交易到手机,从社交媒体到视频直播,所有这些都是大数据,其中一些数据是结构化的,但大部分是非结构化的。大数据的质量各不相同,准确性可能会因为数量而被削弱。为了从大数据中收集真正有用的信息,税务人员需要具备一定的数据洞察力,需要对大量数据集进行分析以便在数据中寻找以前未发现的关系。这种数据洞察力可以是具有总结数据的描述性属性,也可以是具有分析预测数据不可见的预见性属性。

2. 关注数据特征

大数据的决定性维度是数据信息的数量、种类和收集速度。数量是指可用的数据量;种类不仅指信息内容的多样性,还包括其众多的来源、格式和结构；速度是指数据创建和处理的速度。我们还要关注大数据的其他重要特征，如真实性和有效性等。真实性是指数据是否准确、纯净和值得信赖，而有效性是指将适当的大数据集与正在分析的内容相匹配。其他重要特征对大数据的可利用性的影响很大，使用有偏见的数据或者为了预期的查询而使用错误的数据集将会导致错误的税收筹划决策。

值得注意的是，当建立包含公共数据的专有数据集时，一个合理的担忧是公共信息的真实性。虽然结合多个来源的数据可以带来更好的决策，但只有当数据是可靠的，且该数据集包含适当的数据来回答所提出的问题时，才是真正有价值的。对于数据集中的虚假陈述部分，如果偏向于不符合规定的特征，就会增加被选中审计的可能性。

6.1.3 数字时代税收筹划遇到的挑战

1. 经营模式的多样化提高了税收筹划的复杂程度

数字化趋势对社会分工和交易产品产生了重大影响，企业的经营内容变得广泛而复杂。与数字技术相关的互联网企业、网络科技企业普遍存在以下税收难题：一是由于这种类型的企业的人工成本占比相对较高，与工业、制造业需要大量购进原材料相比，其能抵扣的进项税额相对较少，从而面临较大的增值税压力；二是如果不能享受企业所得税优惠政策，25%的所得税税率会给企业带来较重的所得税负担；三是由于互联网行业的高速发展，企业经营范围不断扩张，由此可能带来更多的税收负担。

数字时代，企业的运营模式已经延伸到消费者层面，企业到企业、消费者到消费者、线上和线下等多种运营模式层出不穷。网购平台如淘宝、京东不只是单一的实体财物销售功能，还包括信息服务、数据资源交换等无形的商品、服务或是平台售后返利、高额补贴等特殊的销售方式与结算方式。同时，完全通过互联网完成购买、交付的流程使得交易更加的隐蔽化，主体税源更加难以确定。这些混合的销售模式的支付、结算、流转阶段都有所不同，使得企业因此产生的资金流、票据流、服务流与传统的税收政策无法进行直接的匹配，需要企业进行相应的调整和选择，在遵循现有规则的基础上进行合理的归纳和分类。

2. 交易种类、数量的增长和信息的滞后性增加了纳税的核算成本

由于会计和税法在目标、主体、计量原则上并不是完全一致的，在企业对账目进行税务调整时，需要财务人员及时了解相关的税收优惠政策及税率改变。但是，由于互联网时代带来的交易方式的多样化和交易数量的爆炸式增长，如果企业光靠人工的方式对数据进行整理和申报，将会大大提高企业在税收筹划方面的人工成本，也会降低筹划的效率和纳税的安全性。

另外，大部分企业并没有设立专门的税收管理系统，在交易活动的发生过程中，财税部门往往在最后一个环节才会接触并参与到有关交易的整体流程和数据结算中来，而此时财务人员已经无法改变已经发生的交易过程中产生或者可以规避的税收风险了。同时，由于税收的政策及信息会不定期地频繁变动或更新，假若没有快速地对相关政策进行了解及应用，仅凭财务人员自身的业务素质，将会带来纳税隐患和不必要的税收成本。

3. 税收征管的数字化、智能化压缩了税收筹划空间

依托互联网、大数据建立起来的"金税三期"等涉税平台，不仅使纳税人办税更便捷，也方便税务机关对纳税人实施全面的税收监管。传统的

税收征管处于企业信息流和业务流的末端,税收管理仅重视事后检查,这种征管方式给事前、事中的税收筹划都提供了可行性[1]。但随着信息技术的发展,涉税信息的全国联网正在稳步推进,税务局的税收风险预警系统也在不断完善,对企业经济活动的监管变得更加严格。

比如,国家税务总局推出的增值税发票系统,无论是专用发票还是普通发票,相关信息全部都要记录在数据库中。2016年增值税发票系统的信息增添了商品编码和服务编码,所有的普通发票和增值税发票都在系统中有所记录,因此,根据这个系统,国税局的税务监管可以完整地掌握企业每一笔款项的进出。这样,企业的每一步购销活动都处于税务局的监控之下,就压缩了企业事前与事中进行税收筹划的空间。

同时,税务机关还建立了精确的产出模型,监控纳税人的投入和产出信息以及对应数量,使得企业的商品流和资金流在纳税申报之前就已经通过系统监控实时地被税务机关所掌控。因此,企业不能再通过改变款项的类别等方式抵扣一定的增值税款项,因为每一笔支出都从源头被记录。

案例分析

伸手必被捉——网络主播朱宸慧"雪梨""林珊珊"避税案

1. 案例背景

2021年11月22日,根据杭州税务部门发布的消息称,税务稽查人员通过大数据分析系统发现两名当红网络主播朱宸慧(雪梨)以及公司旗下艺人林珊珊涉嫌偷逃个人所得税款,将依法对两人进行税收稽查。

两名主播也因此面临着天价的罚款,根据杭州税务部门的通报,最后的处罚结果为:对朱宸慧(雪梨)处以罚款共计6 555.31万元,对林珊珊处

---

[1] 李克红. 互联网+时代税收筹划的挑战与创新[J]. 北京市工会干部学院学报, 2018, 33 (01): 58-64.

以罚款共计 2 767.25 万元。从罚款的数额我们可以想象两人偷逃税额金额之巨大。而更值得注意的是，朱宸慧（雪梨）与林珊珊都属于同一家 MCN 机构——宸帆电商，朱宸慧（雪梨）是这家 MCN 机构的法定代表人，同时也是董事长兼 CEO。宸帆电商作为一家资格较老的 MCN 机构，由朱宸慧创立于 2016 年，根据天眼查显示，宸帆电商已经经过了多次融资，最近由众源资本领衔的一次投资就发生在 2021 年上半年，此次融资规模达到千万元级别。而这起逃避税收案件的另一个主人公林珊珊也在该家 MCN 机构中任职，职位为 CMO，她在宸帆电商中的资格较老，属于首批甚至是首个被宸帆电商捧红的带货主播，她的年 GMV（Gross Merchandise Volume）在最近几年已经超过了 10 亿元。

2. 避税手段

根据税务部门的官方通报，朱宸慧（雪梨）与林珊珊主要是通过改变纳税主体和改变申报的收入类型等手段来偷逃税款。具体来说，朱宸慧（雪梨）与林珊珊主要是在广西北海、上海、江西宜春等地设立营销策划中心等个人独资企业，将收入申报为经营所得，并通过虚构业务将收入分拆给策划公司以降低纳税额。

如果以工资薪金和劳务报酬为名义申报缴纳个人所得税，那么适用综合所得税税率，而综合所得税适用七级超额累进税率，其范围为 3%~45%。头部主播一场直播的收入很有可能达到百万元级别，那么这一笔带货业务的收入适用的最高税率为 45%，而如果主播通过成立个人工作室或者个人独资企业，以个人工作室的名义承接业务并收取费用和销售提成，那么纳税主体就发生了变动，从自然人变成了个人独资企业，那么其获得收入就可以按照经营所得申报缴纳个人所得税，适用的税率为五级超额累进税率，范围为 5%~35%，适用的最高税率下降了 10 个百分点，因此通过这种转换就能将税率降低。另外，由于个人独资企业往往会计账目不健全、会计核算不规范，因此对个人独资企业往往采用核定征收的优惠政策。在这次的案例中，广西北海、江西宜春以及上海崇明岛都属于比较出名的税收洼地，实际税负由于核定征收率较低，甚至可以达到10%以下的低税率。以广西北海为例，个人独资企业入驻地方政府合作园区，申请核定征收就能享受核定征收的优惠政策，其中，企业所得税全免，个人所得税征收率为0.5%，综合税负可以降低到1.6%。

事实上，通过成立个人独资企业，并且将其设立在"税收洼地"地区，是属于合理的税收筹划手段。但在此次案例中，这两名主播违背了两个基本的原则，导致她们的"避税"行为被判定为逃避税收行为。

首先，核定征收政策的设立实际上是对个人独资企业施行的一种税收优惠政策，个人独资企业一般存在不规范的问题，比如无法设立独立且详细的会计账目或者规模较小无法及时监管等，因此对这些纳税主体采取查账征收的政策，这反而提高了纳税成本和征税成本。而这些所谓的营销策划中心，事实上可以建立健全的账目资料以配合税务局的查账征收，但为了享受较低税率仍然选择核定征收政策。

最重要的是，朱宸慧（雪梨）与林珊珊都涉及通过虚构业务来逃避税收。由于在直播带货中牵扯的收入类型较多，因此她们通过虚构业务，要求商家将不同的费用，包括坑位费、提成等支付给不同的公司，并由这些不同的公司进行开票。业务拆分意味着收入被拆分，因此适用的累进税率可以降低档次，从而减少纳税额，而这明显是一种不正常的商业行为。

在本次案例中，对这两名网红主播的收入进行界定的最关键要素为，直播带货的收入应该归属于工资薪金所得、劳务报酬所得还是生产经营所得。事实上，现行的税法并没有对于这一类收入做出明确的界定和定义，再加上一些主播和平台公司对自身业务的商业逻辑以及对税法的认识不足，在税收筹划的安排上，只是简单地在公司架构上做出调整，从而做出了"虚构业务"的逃避税收行为。

4. 数字时代企业税收筹划面临信息安全管理风险

数字时代背景下，个人的隐私信息如姓名、电子证件、购买倾向、性格偏好、信用情况，以及企业的经营情况、财务状况等海量数据都被收集，出现了一定的信息安全管理风险。一旦这些信息被泄露，将会带来一定的隐患。税收作为国家财政收入的主要来源，现行的法律法规为了防止企业逃避税，规定企业纳税申报的相关数据必须公开化、透明化，然而数据高度集中容易受到黑客或其他不法组织的入侵，一旦信息没有妥善保存，个人或企业的重要信息发生泄露，后果将不堪设想。因此，信息安全管理问题成为数字时代的重要问题。

技术创新是企业发展的根本动力，对一些具有较强的技术创新能力、高端技术开发能力的企业而言，其核心技术一旦被泄露，企业将在市场上失去竞争力。对于企业税收筹划工作而言，如在税收筹划方案设计过程中对信息安全管理工作不到位，对信息的存储缺乏加密处理，相关人员的访问权限不能得到有效控制，将会增加企业财务数据、税收信息泄露的风险。因此，在数字时代企业如何加强税收筹划中的信息安全管理，已经成为企业管理工作中的重要问题。

5. 税收筹划新形势对企业财税人员提出了更高的要求

互联网、大数据给税收筹划带了发展机遇，但同样也给企业财税人员提出了更高的要求。首先，部分中小型企业财务人员的税收筹划意识相对淡薄，可能没能利用优惠政策为企业争取更多的税收利益。其次，税收政策本来就是处于不断变化中，尤其是新兴经济业态，相关政策的变化速度更快，按以前政策适用的税收筹划方案可能在当前政策下就失效了，甚至可能会给企业带来很大的税收风险，因此，对企业财税人员来说，新时代的税收筹划对他们理解与运用税收政策提出了更高的要求。最后，随着大数据时代的到来，数据处理的海量性、高速性和多样性是前所未有的，企业财务人员面临由纸质数据筹划分析向电子数据筹划分析的转变，若财务人员不能及时更新知识体系，对于大数据理解有偏差，不能将数据资源有效转化为决策的有用信息，就不能及时设计出适合企业未来发展要求的税收筹划方案。因此，面对海量的信息，财务人员必须培养数据分析和挖掘能力，并依据相关信息进行正确的税收筹划决策。

知识链接

数字时代如何控制税收筹划风险

大数据技术给现代生活带来极大的便利，作为一种新型的技术工具，它能够有效地提高不同区域、不同时间的信息透明度，对税务机关的税收征管和企业风险防范都产生了极大帮助。在数字时代，如何有效地控制税收筹划风险就是企业必须面对的一件重要事情。

1. 税收筹划的风险性加大

在数字时代，任何人或者企业的信息都变得非常透明，易于被收集且用于某种用途。税务机关的税收征管水平随着互联网信息收集技术的发展而逐渐提高，过去税务机关面临的无法获取企业真实信息的难题，在数字时代已不再成为难题。在国内，税务机关持续推进税收信息化征管改革与智慧税务建设，与第三方机构进行信息共享共通，更易获取企业的交易信息。例如，2021年1月，国家税务总局官网公开了金税四期决策，不仅将税务业务纳入系统管理之中，一些非税业务也会被纳入其中，形成更加全面的税收管控；同时搭建了各部委、人民银行以及商业银行等机构参与的信息共享和核查系统，实现了企业相关人员手机号码、企业纳税状态、企业登记注册信息核查三大功能，这样企业就面临着更大的稽查风险。

在国外，OECD推出CRS信息系统，推动各国税务机关进行税务信息交换，在国际间实现纳税人情报交换。由此看来，大数据的发展对企业的税收筹划行为形成更为严格的监管，税收筹划的风险程度也随着信息技术的精进而逐渐升高。举例来说，过去企业在低税地设立银行账户进行利润转移和存放，低税地一般会对客户的进出账及资产情况进行严格保密，但随着大数据技术的发展，信息追踪更加精准，收入及资产流动信息将更加透明，传统的避税方法将逐渐失去其效果或者面临更高的税务风险。

2. 如何降低税收筹划的风险

（1）事前防范：建立高敏感度的税负水平预警体系。企业可以充分利用大数据以及互联网带来的红利，建立高效的税负水平预警体系，以适应公司在不同时期、经营策略、外部环境、业务规模下的变化，进行事前防范。利用互联网技术自动收集各部门的税收信息，进行信息甄别和处理；对可用的信息进行定性和定量分析，判断并追踪可能产生的风险点，将一般风险点和特殊风险点信息分类存入异常信息库，为将来类似事件提供预警和参考。

（2）事中应对：建立专业的信息化税收风险管理系统。企业应树立正确的税收风险管控意识，建立健全税收风险内部控制制度。从企业机构和岗位职责以及税收风险评估、识别、管控、应对、监督、改进等方面完善税收风险内部控制制度，将业务流程规范化。采用数字化手段建立税收风险管理系统，当实际风险发生时，利用智能技术收集相关政策和风险点，及时制订风险应对方案。

（3）事后管理：建立完善的税收风险应对体系。事在人为，面对税法和税收实践的复杂性，当前的大数据技术只能初步做出基础性的应对方案，因此对于企业来说最重要的是培养专业化人才，尤其是复合型人才。一方面，企业可以通过内外部培训增强财税人员的税收风险敏感度和政策把握能力，从而保证现有的财税人员能够拥有深厚的财税专业知识；另一方面，可以加强社会复合型专业人才的招聘，提高企业后备力量的专业素质，带动员工整体素质的提高。

6.2 数字时代的企业税收筹划原理

6.2.1 契约理论

契约理论逐步发展演变，经历了古典契约理论、新古典契约理论和现代契约理论三个主要阶段，如表6-1所示。

表6-1 契约理论的发展历程

发展阶段	基本特征
古典契约理论	完全自主选择性；个别且不连续性；即时性
新古典契约理论	抽象性；完全性；不确定性和长期性
现代契约理论	委托代理理论：研究在存在利益冲突和信息不对称的环境下，委托人如何设计最优契约，从而激励代理人行为
	激励理论：研究在道德风险和逆向选择下的契约设计
	交易成本理论：建立在有限理性的基础上，治理结构的最佳选择仅取决于资产专用性
	不完全契约理论：个人的有限理性、环境的复杂性及不确定性等因素使得完全契约在现实中难以实现

在特定的交易环境下，不同的交易方在签订契约、发生经济交易后，最后产生的经济行为和后果可以反映契约订立的效果与履约状况。在企业开展税收筹划的过程中，为政府与纳税人之间的法定税收契约关系所制约。国家利益的代理人——税务机关，是法定税收契约的制定方，纳税人需要履行依法纳税的义务。纳税人同样拥有税收筹划的权利，但是不能损害国家和其他交易方的利益。因此，以契约的签订、履约为基础，建立开展税收筹划的契约理论，以契约作为底层逻辑来控制税务风险，实现合规经营，这是数字时代非常重要的税收筹划原理。

因此，在互联网、大数据背景下，企业面对复杂的业务模式、庞杂的外部关系网络以及庞大的多样性的服务群体，其税收筹划活动必然要求坚持契约思维导向，在遵守法律法规的前提下，以契约为切入点，构建契约理论，发挥契约的堤坝围护效应，构筑基于契约底层逻辑支撑的税收筹划框架，有效降低其整体税负。

6.2.2　产业园政策高地理论

数字业务的特性决定了其经营活动的波动性和不确定性较大。互联网企业的财务结构与其他产业存在较大差异，创新诱致的研发压力及随之而来的资金压力在其特殊的财务结构下会更为凸显。因此，减轻税负并保证资金安全周转是降低互联网企业经营不确定性的一项重要工作。

从税收筹划角度分析，互联网企业通过入驻产业园可以直接享受当地政府向产业园提供的各项税收优惠政策，不仅能利用政策高地减轻经营压力，还能形成产业集聚效应，促进企业快速成长。在具体操作方面，企业可以选择将原有的机构搬迁至园区，或在园区内通过企业孵化器等形式新注册相关运营公司。随后，通过业务调整、转让定价实现利润转移，以享受所得税、增值税等税收优惠。因此，根据战略需要与各地区政府所能提供的产业园税收优惠，企业可以选择入驻合适的产业园，进入产业园政策高地，以低税负结构促进产业集聚，以此降低企业整体税负，实现快速增长。

比如，重庆市地理环境优越、具有良好的实体经济基础，并拥有我国第三个国家级开发新区——两江新区。凭借自身的各项优势以及政府的税收返还、减免等政策，重庆市的产业园区吸引了华为、阿里巴巴、腾讯等互联网企业入驻。因此，入驻产业园已经逐渐成为各互联网企业实施税收筹划的有效方法。

6.2.3 有效税收筹划理论

传统的税收筹划的目标是为了少缴纳税款和降低税负，以纳税最小化为主要目标，没有考虑实现该目标所付出的非税成本和隐性税收成本，所以理论缺陷比较大。2004年，迈伦·斯科尔斯与马克·沃尔夫森在其著作《税收筹划与企业战略》(Taxes and Business Strategy: A Planning Approach)中提出"有效税收筹划理论"，强调企业在税收筹划中要重点考虑三个因素：一是每项交易的相关契约方的税收利益；二是因交易活动而导致的非税成本；三是交易活动所可能带来的隐性税收。将这三个因素综合考虑并以"税后利益最大化"或企业价值最大化作为税收筹划的目标，才能真正达到有效税收筹划的效果。因为企业的税收负担只是影响企业经营的一部分，如果只为追求少交税款，而忽略其他对企业价值造成影响的因素，最后可能很难保障税收筹划方案是有效的。

企业应该考虑到由于少交税款导致企业获得较低的税前收益率而造成的隐性税负，也要考虑到与企业相关方的税收利益，如员工、供应商、客户等，以及最重要的是不能为了减轻税负而影响企业自身的发展战略，导致企业价值无法实现最大化。因此，互联网企业在税收筹划过程中应该考虑上述内容，这样的税收筹划才是有效的，才能帮助企业实现价值最大化，具体分析如图 6-2 所示。

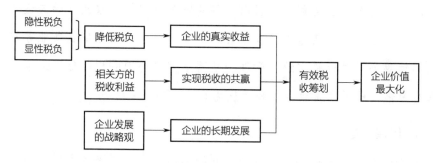

图 6-2　有效税收筹划可能实现企业价值最大化

知识链接

电商企业税收筹划的新模式

1. 迁址

互联网的繁荣发展以及现代信息技术的创新应用，跨境电商几乎完全摆脱了传统进出口贸易存在的种种限制，诸如地域、时间等因素，这使得跨境电商能够获得充分的比较优势，轻松地将交易活动扩展至世界各地。

对于营业收入大于 500 万元的跨境电商企业而言，可以通过税收筹划将总公司迁址到税收洼地，享受地方税收返还。一般而言，大型电子商务企业只能采用一般纳税人形式进行注册登记，公司制需要按照 25% 的税率缴纳企业所得税以及按照我国税制计算缴纳个人所得税。而如果企业将总公司迁址到税收洼地，就可以依据税收优惠少缴纳20%~40%的税收。此外，近年来我国开展跨境贸易试点以及自贸区试验，企业可以选择注册到海南自贸区或者宁波跨境电商试验区等，享受15%的企业所得税优惠税率。

2. 价格拆分

调查发现，我国一些商贸企业原先倾向于将生产环节和销售环节结合在一起，以实现产业链运营。但目前一些商贸企业根据税收政策导向逐步转变传统的贸易方式，即实施生产和销售的分离，将现存的全部销售业务转接至专门的销售公司进行集中统一管理，从而享受更全面的税收优惠政策。这一措施有效地缓解了商贸企业的税负压力。

3. 化整为零

电子商务企业一般都分设很多不同的部门，或采用阿米巴模式将不同部门独立出来，成立很多家规模较小的个体工商户或者个人独资企业。总公司采用服务外包的形式，将设计、技术等服务外包出去，从而达到合法节税的目的。例如，某电商公司当年实现利润1 000万元，如果将这1 000万元作为留存收益留在公司，需要缴纳25%的企业所得税和20%的个人所得税，合计应纳税额为400万元。而通过税收筹划将业务化整为零，即将这1 000万元作为技术服务费支付给一家外包公司，该公司采用个体工商户核定征收方式，增值税税率1%，应纳税额为10万元，无须缴纳企业所得税，个人所得税按照核定征收率2.5%计算，应纳税额25万元，这样就为企业节约了相当大的一笔税款。

对于有采购业务的企业，可以将采购中心设立成个人独资企业或个体工商户的形式，通过转让定价将大部分利润转移给个体工商户。个体工商户先向供应商采购，再将产品出售给大企业；个体工商户还可以给公司开具增值税专用发票，公司可以据实扣除。这不仅解决了无票支出的难题，而且将大部分利润转移给了独立出去的采购中心，达到了合法节税的目的。

6.3 数字时代如何提升税收筹划

6.3.1 提高税收筹划的战略地位

一些企业不够重视税收筹划，倾向于税收筹划滞后于经营安排，着力于事后的税务管理。其实，税收筹划最重要的特征之一是事前性。税收筹划应该在纳税事项发生之前就进行税收筹划安排，进而达到节税的目的。税收筹划的目的不仅仅是为了降低税收负担，更是为了实现企业税后利润最大化。有些税收筹划方案虽然可以降低某一项业务的税收负担，但是可能增加了企业其他成本或者税收筹划方案本身的实施成本大于其节税收益，这样的税收筹划方案显然不是最优的方案。因此，企业应该提高对税务管理的重视程度，加强税务部门和业务部门的信息交流，在业务运营之前就对纳税事项进行评估，进而选择税后利润最大化的经营方案。

6.3.2 建立税务风险识别和预警机制

大数据技术的出现，使得企业相关财务数据和运营数据都被实时监控，或者说随时可以被曝光。随着纳税信用评估机制逐渐完善，企业一旦由于纳税申报出现差错，受到税务机关的惩罚，就会在一定程度上影响企业的信誉以及正常运营。因此，有必要建立企业风险识别与预警机制，加强企业税务风险防范意识。

此外，由于互联网行业的税收政策还不完善，国家为了促进互联网、大数据行业的发展，制定的税收优惠政策也比较多，这在扩大了企业税收筹划空间的同时，也会增加因政策变动而导致的企业税收筹划风险。随着数字经济的不断发展，对国际税制造成了一定的冲击，因此世界各国乃至OECD都在努力应对这一冲击。例如，BEPS行动计划就是应对税基侵蚀和利润转移的行动方案；双支柱方案针对数字经济带来的冲击问题提出了解决方案。西方国家的互联网技术早于我国，因此西方发达国家早就针对互联网企业的数字服务税问题出台了一些措施。针对互联网企业，不再重视物理存在，而是考虑实际存在关联关系时就有征税权。这就意味着互联网企业具有的虚拟实体的优势正在消失。针对这一点，企业有必要加强风险预警与防范，关注税收政策变动趋势，洞察数字时代的细微变化，善于捕捉机遇。

6.3.3　升级信息化与智能化税务系统

面对互联网的发展，企业应该升级自己的信息化与智能化税务系统。通过信息化与智能化税务系统，企业可以在线收集业务数据和财务数据，运用预定的逻辑，对收集的数据进行计算和校验，自动生成纳税申报表，大大地提高税务工作的效率。TATA集团通过使用大象慧云平台，实现对内部税控设备、财务数据的统一管理，确立了业财税信息化管理体系，在合同、采购、结算、开票等方面实现了协同。在升级的过程中，企业可以提高税收筹划的效率，降低税收筹划的人力成本和时间成本。

知识链接

打造企业整体税收系统

（1）建立完整的税务会计系统。在交易发生的过程中，实时更新财务信息，进行税务风险预测与规避，使财税部门不至于每次只有在交易完成后才能接触到财务信息，从而避免只能在既定的情况下开展局限的税收筹划工作。实现交易信息的全流程沟通，可以使得其在交易前、交易中、交易后均能够进行企业的税务管理和税收筹划，将税务流程贯穿到企业的每个交易流程中去，从而有效地降低企业税务风险、完善成本管理。

（2）完善企业自身的发票管理系统、财税管理系统。做到企业内部资金、交易等信息和外部税收管理、政策改变的实时交流与更新。利用信息系统进行纳税的核算与申报也能够有效地降低企业税收筹划的成本。企业内部的税务管理系统组成如图6-3所示。

例如，京东就有效地利用了本身的大数据技术与研发人员，建立了符合自身运作特点的ERP系统来进行企业内部的长期管理和过程控制，同时与其建立的供应链管理系统、客户管理系统相联系，做出相应的财务管理整体解决方案。并且，京东还积极完善了平台中电子发票的开具，使得交易的信息能够直接留在票据系统中，且易于查证。

6.3.4　建立动态税收筹划风险防控机制

对于数字时代的不确定性风险，企业在制订出税收筹划方案之后，需要不断地对其进行实时监控、评估和改进，建立动态税收筹划风险防控机制。当国家政策出现调整，数据出现更新，相关人员操作不当，税收筹划方案出现偏差时，能通过动态的税收筹划风险防控机制，快速反馈给税收筹划的决策小组，以便及时对税收筹划方案进行修订和改进。作为企业的财税人员，应提高税收筹划风险防范意识，在企业内部加强税收政策学习和动态税收筹划风险防控机制工作，以便及时有效地应对数字时代带给企业的一系列风险。

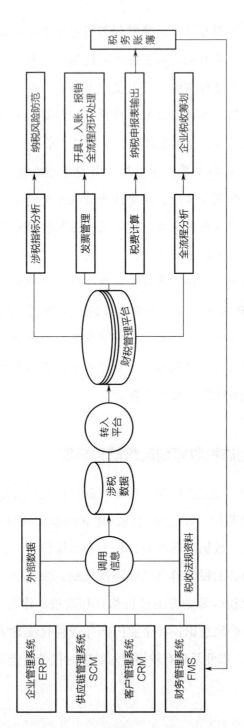

图 6-3 企业内部的税务管理系统组成图

6.3.5 构建基于区块链技术的信息安全保障体系

数字时代带来的信息安全隐患也不容忽视。企业应注重信息安全保障，在构建数据库、整合企业数据信息的同时，要制定信息安全制度，引入区块链技术，实现数据应用合法、授权合规、共享激励，对企业不同岗位员工进行人员权限设置，加强对员工信息安全维护方面的培训，并定期对企业的信息安全情况进行评估，确保企业各项业务活动顺利进行。

6.3.6 税收筹划与人工智能技术相结合

税收筹划依靠的是数据和信息，所有的税收核算和决策依据都是基于数据分析的。数据是企业的资产，也是企业管理和发展的核心之一。在人工智能和大数据的背景下，数据容量大、种类多，通过数据交换、整合和分析，可以为决策带来重要信息。在数字时代，人工智能技术取得了新的发展和突破，在数据收集、调整分类、深度挖掘、辅助分析决策等方面提供技术支持，从而大大提升了数据采集能力和数据质量，给企业提供更加准确和科学有效的决策方案，更好地预测企业的未来发展。人工智能技术和数据处理系统如图 6-4 所示。

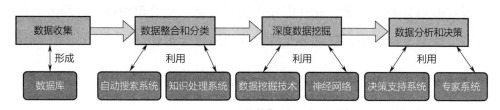

图 6-4　人工智能技术和数据处理系统

在大数据时代，人工智能可以实现数据的智能收集，将企业内部和外部的海量数据采集到人工智能数据库中，包括与税收筹划相关的结构化和非结构化数据；利用人工智能自动搜索系统和知识处理系统进行数据的整合和分类，充分利用原始数据；利用人工智能神经网络，结合深度数据挖掘技术，获取财务数据的潜在价值，分析底层财务数据，获取数据的隐含信息，并将其转换为税务筹划所需的信息，如税务报表和会计决策信息，可以与外部环境相结合，做出动态反应；人工智能决策支持系统可以与决策过程互动，利用人机对话和专家系统解决税收筹划中的决策问题。因此，人工智能、大数据与税收筹划的融合发展新模式，能为企业带来更大的经济效益。

6.3.7　组建税收筹划专业队伍

在数字时代，要保证税收筹划工作的顺利开展，还需要组建专业的税收筹划队伍。首先，专业化的综合性人才是解读政策趋势、规避税收风险的基本保障，也是根据国家频繁的政策变化制订出有效的税收筹划方案的先决条件。其次，还需要将税收专业人才和信息化人才相结合。由于大数据等信息技术的发展，企业可以获取更多的数据和信息，并且据此迅速分析出大数据背后隐藏的各种信息。我们需要将税收管理和大数据相结合，及时动态地反映税收政策变化对企业经营活动的影响，进而制订和调整企业税收筹划方案。因此，企业需要重视专业化、复合型税收人才培养，组建税收筹划专业队伍，提高企业税收筹划的综合水平。

6.4　创新数字时代的税收筹划

大数据时代为税收筹划的发展提供了一个良好的契机，利用大数据创新税收筹划是税收筹划发展的重要路径。针对大数据时代下税收筹划面临的现实挑战，应着力推进涉税信息的有效整合，完善涉税信息安全保护措施，加强税收筹划信息系统建设，推动新形势下税收筹划的创新和发展。

6.4.1 构建智能税收筹划大数据平台

1. 基于神经网络的税收筹划大数据平台⊖

今天，深度神经网络已在众多领域取得重大成功。微软、谷歌、IBM、脸书等企业都开展了相应的研究工作。数字时代的到来，企业可以通过大数据技术和深度神经网络学习方法来构建智能税收筹划大数据平台。大数据分析是大数据转化为价值的桥梁，针对税收筹划的大数据分析技术是神经网络技术，企业的税收信息被编码为某种数据，进而由筹划神经网络处理。税收筹划大数据平台就是一个大数据智能平台，由大数据加深度神经网络技术来构建。

深度神经网络是一种模拟神经元的计算方法，它可以将税收筹划神经网络结构与神经网络记忆相结合，利用神经网络结构和学习算法来完成整个深度神经网络的构建。它是一种基于大数据的税收筹划系统，该系统包括企业信息采集、数据库分类、分析、校正、预测以及税收筹划模块。该系统流程图如图6-5所示。它首先会智能采集企业的税务信息与基本数据类型；然后建立数据集并分类，从而完善基础数据；接下来分析上述信息并建立标签值，该步骤可以帮助企业建立税务与基础数据类型之间的链接；下一步会调整与矫正那些标签值的平均值低于阈值的数据；紧接着预测企业税收筹划的成功率；最后系统地为企业提供税收筹划信息。

⊖ 周艳斌."营改增"背景下构建智能税收筹划平台［J］.福建电脑，2017，10：123-124.

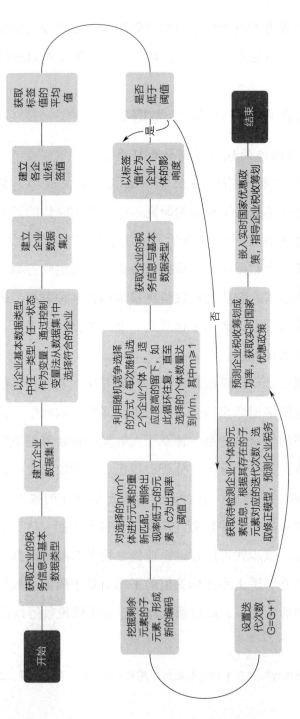

图 6-5 利用深度神经网络展开税收筹划的数据处理系统流程图

采用神经网络方法，对企业税收筹划进行模拟训练，以训练结果为对比基础，迭代学习，不断提高模型的精确度。运用自开发工具在网上进行全网的税收政策搜索，快速、全面、精确地获取互联网上的税收政策信息，并采用规划及自动申报提醒的方式，提高"感知"的税收筹划行为，具体流程如图 6-6 所示。

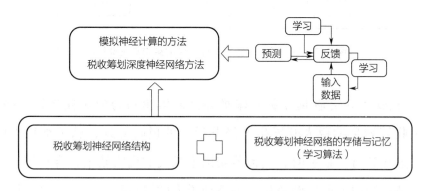

图 6-6　税收筹划深度神经网络方法

税收筹划大数据智能平台能够实现一天 24 小时监控政策动态，并自动完成搜索比对、申报提醒、信息匹配等过程，在感知基础上精准定位筹划方法与操作模式，进一步拓展税收筹划范围。同时也可以进一步设计税收筹划感知系统，实现在智能数据分析范围内的平台感知，感知领域包括价格感知、优惠感知、弹性感知、规避感知、空白感知、漏洞感知等。

税收筹划大数据智能平台对税收筹划大数据知识进行展示，同时提供税收筹划大数据智能策划系统，不仅能对税收筹划大数据方法进行归纳总结，还能对税收筹划大数据进行采集、标记，并进行大数据存储、管理与挖掘分析。税收筹划大数据智能平台的结构与关键技术如图 6-7 所示。

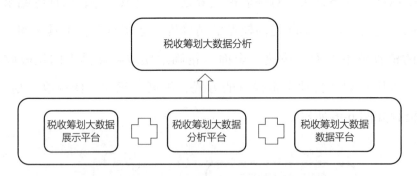

图 6-7　税收筹划大数据智能平台的结构与关键技术

2. 税收筹划大数据分析与深度神经网络驱动的智能税收筹划平台

税收筹划是纳税人开展生产经营活动的税收筹划,属于纳税人的权利,通过在其行使权利时,贯彻落实国家相关的税收政策,合理进行税收筹划,减轻纳税人的经营负担,提高纳税人的税后利润水平,这是体现企业价值的最佳选择之一。

税收筹划大数据智能平台引入人工智能,采用机器学习技术设计智能税收筹划感知模块。税收筹划大数据智能平台主要由智能税收筹划统一数据系统采集数据并输入数据,经由模拟神经并行计算集群处理,进而通过深度学习算法完成训练,并构建税收筹划模型。税收筹划智能算法模型又包括以下五个子系统:一是税收常识知识库模型子系统;二是税收筹划知识库模型子系统;三是流转税税收筹划模型子系统;四是所得税税收筹划模型子系统;五是税收筹划风险管理模型子系统。

税收筹划智能算法模型的软件包括税收政策消息感知中心和政策规则引擎软件两部分,可以实现消息传感器多通道自动侦听税收政策。启动传感器系统,可以对国家相关的税收政策颁布的信号进行感知。采用神经网络输出不同信息网站的税收政策信号，经过税收筹划文本数据统一接口，采集、分析、处理得到的税收筹划信息，并将这些信息提供给模拟神经并行计算集群进行筹划预测，将预测结果与实际结果相比较，计算其税收筹划感知能力，并实现税收筹划的追踪预测与方案设计。

案例分析

京东构建基于数据驱动的智能税收筹划平台

随着大数据时代的到来，京东对于数据的处理技术也在不断升级。京东拥有巨大规模 EP 级的历史数据集，每天新的数据增长也体现着高规模的数据增幅，在高速增长的数据背后，是京东自身形成的智能数据处理平台。该平台不仅适用于对商品交易、用户喜爱度、好评商家等的数据收集，对于京东的税务处理也同样适用，可以减轻财务人员和数据分析人员的基础工作量，使他们能够利用自身所长做出更利于企业自身发展的税收筹划决策。这个过程降低了相关人员收集信息的门槛，实现了对结构化和非结构化数据的收集分类，保证了收集数据的相关性和真实性，从而形成京东自身的实时大数据平台，使大数据分析成为可能。

大数据时代下，京东对其税收筹划提出了更高的要求，不仅要满足企业现实需要还应具有前瞻性，要对企业未来的发展战略和趋势做出正确判断，使得企业的税收筹划方案高效运行，不断满足京东业务高速发展对未来大数据的需要，实现京东的战略价值目标。对于像京东这样的互联网企业，大数据平台带来的经济收益对应着高销项和低实体进项，如何合法、合规地加大当期成本费用、减少当期收入确认是税收筹划中需要考虑的一个重要方面（如图 6-8 所示）。

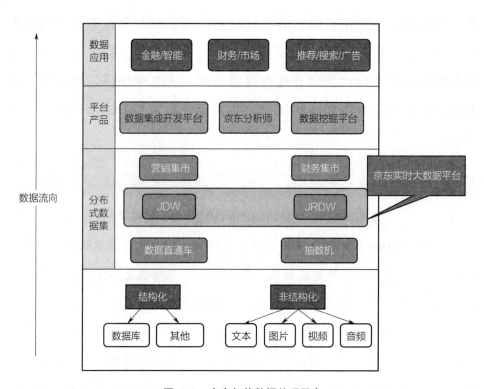

图 6-8 京东智能数据处理平台

在利用大数据平台来帮助企业进行税收筹划方面，京东做得可圈可点：其一，利用自身建立的数据收集系统，及时关注国家和政府有关税收方面的法律法规，将有关变动及时传递给分析人员；其二，利用大数据平台对企业内部的业务运行实行监督，通过信息了解企业的最新相关情况，及时提出合理化建议，避免不合法以及冗余的行为；其三，京东自身配有专业的税务分析团队，十分重视税收对公司经营的影响。

要充分挖掘数据的潜在价值，使其发挥最大作用。大数据思维[一]就是对整体数据进行收集、挖掘、整合和处理，随机抽样对数据进行有效处理。对

[一] 蔡昌. 新时代税收筹划方法论：普适方法与操作技术[J]. 财会月刊，2021（7）.

公司进行税收筹划，就是想最大可能地在允许范围内提高企业利润，而企业当期的利润除了留存企业以用于生产经营和扩大规模外，还用于弥补以前年度亏损和分配给投资者、债权人。企业可以利用大数据去搜索亏损企业进行收购，从而降低企业纳税额；另外，大数据平台可以实现对销售环节的细分，合理确定不同纳税项目和纳税过程，实现精细化管理和全方位掌控。

6.4.2 构建财务战略框架下的数据驱动型税收筹划模型[一]

企业税收筹划是一项系统工程，应结合企业战略、财务战略的目标，考虑企业税收筹划的自身特点，运用大数据、云会计、人工智能等先进技术，将税收筹划定位于战略，实现税收筹划由个体信息化向云信息化转型，以提高工作效率。

数字时代基于财务战略设计创新型税收筹划模型，其模型的基本框架结构如下：自下而上包括基础设施层、业务层、数据层、服务层、应用层5个层次，如图6-9所示。

1. 基础设施层、业务层与数据层

基础设施层主要包括软件资源和硬件资源，为企业税收筹划提供环境支撑。存储器、网络资源池、智能终端等资源为税收筹划平台提供存储、网络和运算的基础服务，将存储器、网络资源池、智能终端等连接到云端，为JDJG集团的业务层提供筹资管理系统、投资管理系统、供应管理系统、销售管理系统以及分配管理系统等，同时在云端获得相关行业的数据，为上游的数据层、服务层和应用层收集所需的数据。

[一] 吴克红. JDJG集团基于财务战略的税收筹划模型［J］. 财务与会计，2018（7）：64-65.

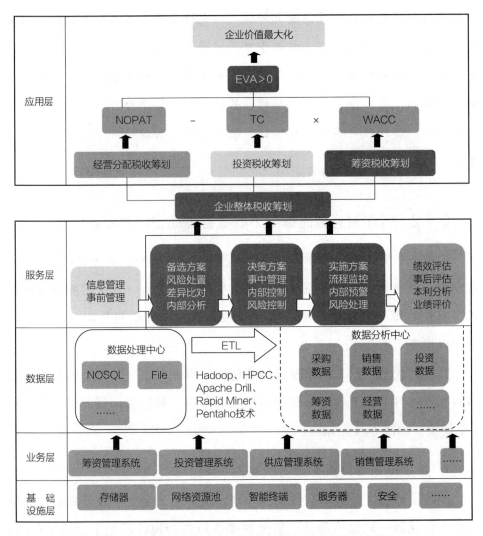

图 6-9　数字时代基于财务战略的数据驱动型税收筹划模型

数据层通过大数据技术，如 Hadoop（分布式文件系统）、HPCC（高性能计算与通信）、Apache Drill（大型数据集分析系统）、Rapid Miner（数据挖掘解决方案）、Pentaho（开源商务智能软件）等，利用数据抽取工具 ETL（Extract 提取、Transform 转换、Load 加载），将数据处理中心分布的数据［如关系数据库、NOSQL（非关系型数据库）、File（本地文件）等］抽取到临时中间层后进行清洗、转换、集成，加载到数据仓库或数据分析中心，成为联机分析、数据挖掘的基础。数据分析中心以整个企业的经济业务为起点，形成多维度的采购数据、销售数据、投资数据、筹资数据、经营数据等，为上游的服务层和应用层提供所需的数据。

2. 服务层

服务层对来自数据处理中心和数据分析中心的数据进行信息管理，建立纳税筹划备选方案、比较差异、评估内部控制风险、选择最佳方案、监控方案实施并评价绩效。面向应用层的企业注重整体税收筹划，服务层提供了完备的税收筹划风险管理价值链。

（1）信息管理

信息贯穿于税收筹划活动的整个过程，既包括国家税收政策的内容信息，也包括企业过去和现在所处的环境信息，例如企业的税收筹划意图、财务状况和经营成果、实际税收负担、税收筹划人才管理信息等。通过大数据技术和云平台收集和应用精度高、价值大、实用性强的信息能够避免税收筹划中不必要的经济损失，是保证税收筹划方案有效实施的关键所在。

（2）税收筹划方案的建立、决策与实施

评估备选方案时，一般会认为每个方案的预计未来现金流量可以事先确定，但即使利用再先进的技术，也不可能对纳税与筹划每个方案的未来现金流量的不确定性进行精确预知，因而进行税收筹划时应始终保持对风险的警惕性，合理利用有效方法处置备选方案的风险。

方案决策和实施时，企业建立了纳税内部控制系统，通过对企业内部生产经营过程中各涉税环节纳税活动的计划、审核、分析和评价，使企业纳税活动处于规范有序的监管控制中，便于及时发现和纠正偏差。此外，还建立了具有危机预知功能和风险控制功能的税收筹划预警系统，当出现引起税收筹划风险的关键因素时，系统就会发出预警信号，提醒税收筹划者关注潜在的隐患并及时采取应对措施；当找到导致风险的根源时，系统引导筹划者制定科学合理的风险控制措施，以有效应对税收筹划的风险。

（3）绩效评估

将税收筹划方案进行比对、决策和实施后，企业制定税收筹划分析与评价指标，通过绩效评估系统中的成本效益分析、本量利分析、业绩评价等综合分析与考评，既能对筹划人员形成激励，也有利于企业积累经验和总结教训，并对下一个周期的税收筹划起到很好的铺垫和预测作用，以不断提高企业的税收筹划水平。

3. 应用层

应用层位于纳税筹划框架模型的最高层，需要基础设施层、业务层、数据层和服务层的支撑。企业将整体税收筹划分为筹资税收筹划、投资税收筹划和经营分配税收筹划三个关键环节。

在筹资税收筹划环节中，债权筹资需要定期还本付息，压力负担较重，但是其借款利息为税前支付，起到税收挡板的作用，使债权融资成本降低，且当投资收益率高于资金成本率时，债权筹资能给企业带来巨大的财务杠杆收益；股权筹资虽然不用定期还本付息，但股息红利不具有税收挡板的功效，且股权筹资的门槛和成本费用较高。企业可以综合考虑债权筹资和股权筹资的优势和弊端，按照债权和股权的适当比例搭配进行筹资。

投资和经营分配税收筹划类似，比如企业将大约 30% 的款项投资于流动资产，70% 的款项投资于非流动资产；将货币资金、应收款项的占款控制在 35% 左右，存货控制在大约 65%。此外，每月综合分析比较正常与病态资产负债表，力求达到最佳比例 3:7，这个比例适用于"负债：所有者权益""流动资产：非流动资产""货币资金+应收账款：存货""流动负债：长期负债"四种情况。

具体到不同类别的企业，由于各自的出发点和侧重点不同，实际运作经营、投资、筹资等税收筹划时也会有所不同。就像应用层的顶端是衡量税收筹划结果的标准以及实现企业价值最大化的目标一样，企业在进行税收筹划的整个过程中，应始终关注企业整体的价值创造，而不应仅仅关注税收成本的节约。税收筹划作为企业财务管理的重要组成部分，与企业其他管理活动相辅相成、相互制约。所以，税收筹划方案的构思、设计与选择，应从企业价值最大化的全局出发，综合权衡各种因素与结果，将企业价值最大化作为税收筹划的出发点与终结点，为企业创造更多的价值。

第 7 章 / Chapter Seven
数字时代的税收筹划新方法

7.1 数字经济下的税收筹划新方法

7.1.1 灵活用工筹划方法

数字经济的典型特征之一就是利用互联网开展业务，而灵活用工作为数字时代的一种典型用工模式，对企业的税收筹划起到重要的拉动作用。

灵活用工，顾名思义就是不与劳动力提供者签订长期雇佣合同，而是以合作方式灵活利用劳动力。以外卖为例，平台上需要非常多的外卖骑手，如果都签订雇佣合同的话，便与骑手之间形成了雇佣关系，这时企业就要为骑手代扣代缴个人所得税，还需要支付社保，使得骑手的人力成本居高不下，骑手个人每月到手的税后收入也普遍较低。如何在此基础上进行税收筹划，实现企业与骑手共同受益，就需要探索新的用工方法，合理避开雇佣关系，于是灵活用工模式应运而生。

在灵活用工模式下，企业与骑手从雇佣关系变成了合作关系，将提供服务的骑手变成了个体工商户。以同样的思路，那些网约车司机、快递人员等都可以成为个体工商户，这些人以个体工商户的名义与平台之间签订提供个人服务的协议，与平台形成合作关系，使得自身的个人所得税由平台代扣代缴，然后企业再与平台签订项目服务协议，即以项目合作模式来获取个人的服务。采取该模式，企业能够实现人力资源的外包，将人力成本固化处理，只需支付自由职业者的报酬和平台服务费，付款后，平台可以向企业开具6%的增值税专用发票，企业可以进行税款抵扣，对于企业来说等于降低了增值税负担，同时又因为企业与个人之间不再是雇佣关系，不需要负担个人的社保费用，因此人力成本大大降低，如图7-1所示。这一税收筹划方法也能使劳动者个人获利。劳动者与企业形成了雇佣关系，取得的劳动报酬则需要按照工资薪金所得3%~45%的七级超额累进税率计算缴纳个人所得税；取消了雇佣关系变成个体工商户的形式后，劳动者可以委托平台代扣代缴个人所得税，这时其全额收入若能采用核定方式征税，则又能大大降低个人所得税负担。

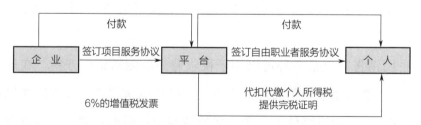

图7-1　灵活用工模式下的企业、平台、个人三方关系

7.1.2　创新销售方式筹划方法

互联网平台与线下商店相比有着独特的优势，其可以借助网络平台将

商品信息快速地传递给消费者，并且能够轻易地将买方聚集起来，因此与线下商店传统的一对一销售以及一手交钱一手交货的销售方式相比，其可以依赖自身互联互通的平台优势创新出不同于传统的销售方式，并以创新销售方式的模式开展税收筹划，在促进销售收入增长的同时有效地降低自身的税负水平。

"预付定金"的销售方式就是其中的一种典型方式。例如，阿里巴巴旗下的大型互联网购物平台淘宝在"双十一"到来之际总会采取预售方式进行一部分商品的销售。在这种方式下，购买者支付定金后，暂时不能拥有产品，只有支付尾款后才能够得到产品的所有权，因此定金收入其实属于预收款性质。根据《增值税暂行条例实施细则》第三十八条规定，一般情况下，采取预收货款方式销售货物，纳税发生时间为货物发出的当天，并且企业所得税对于收入的确认，也将以预售方式销售货物的收入确认时间认定为发出货物的当天。因此，在这种销售方式下，商家收到定金时并没有产生增值税与企业所得税的纳税义务，等于获得了这笔定金的无息贷款，而且还能够以此方式激发消费者的购物热情，一举两得。

"拼团销售"也是一种可以用于税收筹划的创新销售方式。在这种方式下，企业推出比个人单独购买价格大幅降低的拼团价，并规定拼团成功的人员数，因为价格降低了，导致增值税与企业所得税的应纳税额都会降低。企业可以用这种方式打开市场，并可以被认定为属于有正当理由的低价销售，从而避免税务机关进行纳税调整或按照评估价格进行核定征收，从而达到筹划节税的目的。但该方法在企业销量稳定的营利阶段则不再适用，因为这样会降低企业的销售收入。

7.1.3 利用地方优惠政策筹划方法

数字企业通过平台进行经营，其自身的虚拟性带来了办公地点的灵活性，因此企业可以灵活选择注册地址，即企业可以直接将经营地址注册到有税收优惠政策的地区以享受当地的税收优惠。即使企业已经在别处注册了，也可以通过注册新公司、公司搬迁、设立分公司或子公司等方法入驻优惠产业园区，在不改变现有经营模式和经营地址的前提下享受当地的产业扶持政策，从而减少增值税和企业所得税的税收负担。在一些优惠产业园区，当地政府可以给予企业增值税和企业所得税70%~90%的产业扶持或税收返还，从而大大降低企业税负。另外，很多园区还有税收返还政策优惠，企业可以将业务分流到相关产业园区经营，实现税收在产业园区内缴纳，地方财政可以根据企业的税收情况返还一定比例给企业。返还比例为留存部分的30%~80%，企业所得税为留存部分的40%，增值税甚至为留存部分的50%。

企业还可以有效地利用产业园区对个人独资企业的特殊优惠，即互联网企业可以在优惠产业园区成立个人独资企业，然后以个人独资企业的名义去承接业务。在这种情况下，个人独资企业不仅不需要缴纳企业所得税，还可能享受个人所得税核定征收政策，极大地降低了实际税收负担。

7.1.4 利用税收管辖权筹划方法

利用税收管辖权进行税收筹划是指使企业避免成为某地区税收管辖权范围内的企业，进而避免成为纳税人。互联网企业不受物理空间的限制，只需要有一个IP地址就可以设置网页，开展销售货物或提供服务的业务活动。比如，当一些人通过互联网平台向社会提供各种形式的咨询服务时，税法规定提供劳务按照实际供应地来征税，但是该项咨询业务却很难确定实际供应地，因此很难界定该项咨询业务的征税地点，很多企业把此网络咨询业务策划到海南、西部优惠地区等地征税，大大降低了税收负担。因此，互联网企业往往利用税收洼地进行筹划，进而使企业可以适用较低的企业所得税税率，从而降低实际税负率。

7.1.5　企业性质筹划方法

我国为了鼓励科技发展，鼓励高新技术企业和高技术服务企业的发展，给予很多税收优惠政策，包括所得税税率优惠以及税前扣除项目政策。在互联网信息技术的加持下，互联网企业往往包含很多高新技术的相关元素。互联网企业各项经营活动趋于多样化，界定上又呈现出比较模糊复杂的具体情形。因此，互联网企业可以通过安排企业的投资模式，将企业注册在高新技术园区内，并且投资一些高技术设备，提高企业技术装备水平，符合高新技术企业的认定要求，进而使企业适用我国对高新技术企业的税收优惠政策。

由于我国对增值税不同应税项目规定了不同的税率，因此应尽量使企业的业务适用于较低的税率，进而获得税收收益。互联网企业的发展使得市场上的商品和提供的服务形式更加多样化，甚至有些商品和服务还没有被纳入增值税的征税范围，因此企业可以选择未纳入征税范围的产品和服务进行销售或者选择改变经营形式，进而使经营行为符合低税率的应税要求。

7.1.6　设立创投基金筹划方法

互联网经济的发展与创新创业密切相关。只有不断地鼓励创新创业，互联网经济才有生机与活力。2018年,国家为了鼓励对科技型初创企业的投资,出台了财税〔2018〕55号文件,推出对科技型初创企业投资的税收优惠。自此以后,越来越多的数字企业开始设立创业投资基金对外投资,相关政策如表7-1所示。

以360公司为例,2021年2月8日,360公司全资合伙企业天津奇睿天成(有限合伙)与中关村发展等其他两家企业,共同出资成立了中关村高精尖创业投资基金(有限合伙)。奇睿天成作为有限合伙人(LP),以自有资金人民币100 000万元出资,占比45.29%[一]。今后,360公司将利用该基金对外投资互联网生态企业。

表7-1 创业投资企业税收优惠政策[二]

政策	投资主体		政策优惠
财税〔2018〕55号	公司制创业投资企业		满2年,按照投资额的70%抵扣应纳税所得额,当年不足抵扣的,可结转抵扣
	有限合伙制创业投资企业	法人合伙人	满2年,可以按照投资额的70%抵扣其从合伙创投企业分得的所得,当年不足抵扣的,可结转抵扣
		个人合伙人	满2年,可以按照投资额的70%抵扣其从合伙创投企业分得的经营所得,当年不足抵扣的,可结转抵扣
	天使投资个人		满2年,可以按照投资额的70%抵扣转让该初创科技型企业股权取得的应纳税所得额,当年不足抵扣的,可结转抵扣

在没有设立创业投资基金之前,360公司对外投资往往只能以自己或者关联公司的名义直接进行投资,投资额不能抵扣企业所得税的应纳税额。而现在360公司通过其全资企业奇睿天成参与设立创业投资基金,对外投资额满足一定条件后可以抵扣奇睿天成的企业所得税税款,从而降低

[一] 资料来源:360公司官网公司公告。
[二] 资料来源:根据国家税务总局网站的政策法规整理而成。

360公司的企业所得税税负。而近年来，随着推行多元化战略，360公司不断投资一些初创型科技企业，投资额非常大。因此，360公司设立创投基金起到了明显的节税效果。并且通过参与设立创投基金，可以吸收一部分非自有资金用于投资，节约企业资金，缓解资金压力。

7.1.7 利用互联网产业园区筹划方法

许多地方政府为了发展区域经济，优化产业结构，鼓励互联网产业的发展，建设了许多互联网产业园区，对于入驻园区的互联网企业给予税收优惠政策，如财政返还政策。这种财政返还政策，在重庆、江西、江苏用得比较多。有的地方政府会将增值税或企业所得税地方留存部分的80%左右返还给企业。

例如，重庆渝中区人民政府建设了重庆渝中总部经济园区，为鼓励互联网企业入驻，出台了相关税收优惠政策，如表7-2所示。

表7-2 重庆渝中总部经济园区税收优惠政策○

企业	当年入库增值税、企业所得税区级实得	返还比例
在园区购房自用企业	30万元以上	50%
	100万元以上	52%

国内的许多互联网企业，如美团、京东等，都运用了这种税收筹划方法，通过在互联网产业园区设立公司进行税收筹划，降低税负。例如，京东集团在江苏宿迁设立了多家子公司，包括客服公司、投资公司等。

百度作为国内大型互联网企业的代表，目前拥有多处已使用或在建的

○ 重庆总部经济园区 [EB/OL]. https://cq.zhaoshang.net/yuanqu/detail/1818/intro, 2021.12.17.

产业园，如位于北京的"百度科技园"，服务于百度的主营业务，并以互联网作为整体产业园的产业定位。而2020年，百度又宣布在浙江省桐乡市建立"百度人工智能产业园"，预计投资10亿元。○1 该人工智能产业园将服务于百度的"互联网+工业"业务——工业互联网，为工业互联网技术吸引上下游产业资源。

小米在北京市已经建立了"小米移动互联网产业园"和"小米电子产业园"，目前又在北京市建设第三个产业园——"小米智慧产业园"。建设该产业园的目的在于形成以小米为核心的互联网集群商业新地标。○2

7.1.8 利用新兴产业税收优惠筹划方法

近年来，国家为了鼓励新兴产业的发展，出台了许多税收优惠政策，其中有许多政策与互联网产业相关，如高新技术企业、软件企业、技术先进型企业税收优惠政策，如表7-3所示。

表7-3 互联网产业相关税收优惠政策○3

时间	文件	优惠主体	企业所得税
2016年	国科发火〔2016〕32号	高新技术企业	减按15%的税率
2011年	国发〔2011〕4号	软件企业	"两免三减半"
2021年	国发〔2020〕8号	软件企业、重点软件企业	"两免三减半"（重点软件企业"五年免税，之后减按10%的税率征收企业所得税"）
2018年	财税〔2018〕44号	技术先进型服务企业	减按15%的税率

○1 嘉兴在线.重磅！总投资10亿元的百度人工智能产业园签约落户桐乡[EB/OL].https：//www.cnjxol.com/54/92/202011/t20201124_692593.shtml，2020.11.24.

○2 北京日报.小米智慧产业园将于今年年底实现整体交付[EB/OL].https：//baijiahao.baidu.com/s?id=1688743196383750071&wfr=spider&for=pc，2021.01.13.

○3 资料来源：根据国家税务总局官网政策文件整理而成。

目前，国内主要的数字企业都会尽可能地用足上述税收优惠政策。例如，根据阿里巴巴2020年财务报告的披露，其集团旗下的阿里巴巴（中国）网络技术有限公司、淘宝（中国）软件有限公司、浙江天猫技术有限公司都获得了2017—2019年同时符合高新技术企业和重点软件企业的认定；而美团在2020年财务报告中也提到，其有若干中国子公司属于高新技术企业。数字企业会尽可能地实施税收筹划，以满足相关优惠主体的资格认定，从而享受税收优惠政策。如表7-4所示。

表7-4 高新技术企业资格认定条件（节选）⊖

（二）拥有对其主要产品（服务）在技术上发挥核心支持作用的知识产权的所有权
（四）企业从事研发和相关技术创新活动的科技人员占企业当年职工总数的比例不低于10%
（五）企业近三个会计年度研究开发费用总额占同期销售收入总额的比例符合相关要求
（六）近一年高新技术产品（服务）收入占企业同期总收入的比例不低于60%

数字企业通常会围绕上述几项条件进行税收筹划：①数字企业一般会大量申请技术专利，不光是出于保护知识产权的目的，也有高新技术企业认定的问题。如果企业手里没有足够的专利，也会通过购买或者并购的方式来获得专利。例如，阿里巴巴利用资金优势在国内并购许多科技公司，获得了大量知识产权。②国科发火〔2016〕32号文件要求科技人员比例不低10%。因此，在与员工签订劳动合同时，企业将研发人员集中在几个持有专利的子公司，这样企业旗下可以享受高新认定的公司就多了，从而可以最大化地享受税收优惠。因此，国内的许多数字企业都尽可能地用高薪招聘研发人员，提高研发人员的比重。③为了满足研发费用占比的条件，数字企业会尽量将与研发相关的费用都归集在研发费用当中。④为了

⊖ 科技部政务服务平台 [EB/OL].https：//fuwu.most.gov.cn/html/jcxtml/20181205/2848.html?tab=sxsm，2021.12.14.

满足高新技术占比的要求,企业会通过在关联企业之间进行知识产权的转让定价来增加专利持有一方子公司的收入。例如,360公司旗下的高新技术企业经常授予其他关联方专利、知识产权,获取特许权使用费,以增加收入。最后,如果企业成立一年以后仍然不满足高新技术企业的认定条件,则可以通过并购具有高新技术企业资格的企业,来获取这一优惠资质,享受税收优惠。

7.1.9 无形资产转让定价筹划方法

在互联网时代,无形资产具有高价值、可比性差的特点。一些互联网跨国巨头通常利用无形资产的转让定价来进行税收筹划。而因为无形资产的可比性差,所以无形资产的实际价值难以估计,对企业的税收筹划较为有利。互联网企业通过研发、购买积累了大量无形资产,且无形资产在互联网企业运营中经常被使用。通过无形资产来进行税收筹划,符合互联网企业的经营特点。

首先,无形资产的成本分摊是无形资产转让定价的重要方法之一,也是近年来企业进行税收筹划的重要手段。成本分摊协议允许参与方获得无形资产的使用权,提供无形资产使用权免税授予的机会。例如,位于甲国的R公司与位于乙国的S公司签订无形资产成本分摊协议,共同参与研发无形资产。通过成本分摊协议,S公司可以获得该项无形资产的使用权,而无须就特许权使用费缴纳预提税。而共同开发的成本也可以作为研发费用在企业所得税前扣除,降低了税负。

其次,无形资产的授予使用也是税收筹划的方法之一。在集团内部进行专利、商标的授予,对专利持有方来说,可以获取特许权使用费,提高收入，以满足高新技术企业认定的要求；对于被授权方来讲，特许权使用费可以在税前扣除，从而降低企业所得税税负。

7.1.10 跨国经营筹划方法

随着经济全球化不断深化，电子商务的发展拓展和丰富了国际贸易的方式，与此同时，也产生了新的税收管辖权问题。比如，我们从网站上购买的电子书或者接受国外通过互联网提供的专业化的咨询服务，就面临如何应对跨国税收管辖权的问题。现代企业可以根据实际需求确定交易场所，进而降低企业税负，或者可以通过国际避税方式创建企业网站，在此基础上开展电子商务贸易活动，享受一定的税收优惠。但是，互联网企业还存在一种筹划方式，即通过组织转让定价，将应税收入转移到低税率地区或者国际避税地，以实现较好的避税效果。

案例分析

互联网企业拼多多利用 VIE 架构进行税收筹划的具体方案

VIE 架构是可变利益实体，常见的模式如图 7-2 所示。拼多多就是利用这种模式，在开曼群岛成立胡桃街集团，以该公司投资国内，国内企业就成了外资企业。双层股权结构是指一种将现金流和控制权分离的、进而对公司进行控制的股权结构。在拼多多的股权结构中，创始人虽然持股比例不高，但是其所持股份具有高表决权，对企业的正常运营具有实质控制权。这种方式就是为了避免由于大量融资创始人的股权被稀释，最后导致公司的控制权旁落。当然，在这种组织框架下，涉及税收优惠政策、国际避税地、税收协定等方面的税收筹划。

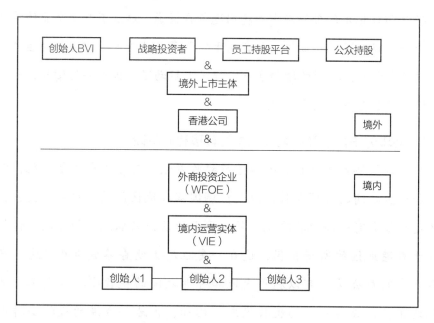

图 7-2 拼多多的 VIE 架构图

利用 VIE 架构搭建集团公司组织架构进行税收筹划,具体从两个方面切入:

1. 境内运营实体向外商独资企业转移利润阶段

首先,转移利润,可以使企业适用较低的税率。这一阶段的利润转移方式是通过签订排他性的产业咨询、技术咨询服务、特许权使用费协议等,境内运营实体支付对价给境外,进而实现将境内运营企业的利润大部分转移到境外,这样企业的营业利润所得就可以适用境外避税地的税率进行纳税。

其次,利用我国对外资企业的投资优惠政策来获得税收优惠。财税〔2018〕102 号通知中明确了对于境外投资者获得境内居民企业分配的利润,如果直接投资给境内企业,可以享受暂不缴纳预提所得税的优惠政策。税务总局〔2018〕53 号公告对具体的执行进行了详细的规定。拼多多就是利用这一优惠政策,从 2008 年开始享受税收优惠,涉及的税款达 20 亿元,并推动了将近 200 亿元的外资在中国境内进行再投资。这既有利于企业的持续发展，为企业减少了税收负担，也有利于吸引资本的流入。作为拉动经济增长的三驾马车之一，投资的增加在一定程度上拉动了中国经济的增长，也为我国市场提供了更多的就业岗位。

2. 向境外主体以及在境外主体间转移利润阶段

利用税收协定或者税收安排进行税收筹划。为了避免重复征税，促进国家和地区之间的经贸合作，以及协调国家和地区间的税收分配关系，税收协定往往会有一些税收减免条款。香港地区是采取地域管辖权，仅仅就来源于香港地区的所得征税，这在一定程度上使香港成为避税地。在香港成立中间层公司，可以利用内地和香港之间的税收安排，发挥香港的避税地属性，获得一定的税收优惠。比如，内地和香港的税收安排中规定，内地向香港公司支付股息预提税的税率为 5%，在香港设立公司，就可以在汇出股息时，缴纳较少的所得税，最大限度地减少利润汇出中支付的税收成本。虽然拼多多的 VIE 架构没有考虑香港公司的设立，但是设立中间层公司是互联网企业利用 VIE 架构进行税收筹划的一种常用模式。

> **知识链接**
>
> #### 互联网企业跨境所得的税收筹划路径
>
> 数字经济的繁荣不仅为互联网企业全球业务的拓展提供了更多元化、更便捷高效的渠道和平台，也为互联网企业基于全球视角整合企业资源、调整产业布局以实现企业税负的整体下降提供了更大的操作空间和运筹思路。下面从几个方面对互联网企业跨境所得的税收筹划路径进行阐释。

1. 企业注册地点的谨慎择定

注册地的择定是互联网企业进行跨境税收筹划的起点，也是最为关键的一个步骤。对企业后续筹划的操作空间、实现路径和时机选择等要素方面发挥着根本性、决定性的作用。在全球范围内广泛分布着各式各样的税收洼地和低税率地区，且这些地区在实际税负水平、经济繁荣程度、地理位置便捷度、商业环境活跃度和税收协定缔结情况等方面均不尽相同，故而互联网企业应该切实考虑自身产品的特点、上游供应商和下游客户的分布情况，在综合考察多方因素的基础上合理选择注册地。

值得注意的是，互联网企业在择定注册地时，不能仅着眼于税收因素，人才集中度等非税收因素同样应该纳入考虑范围。现阶段国际认可度较高的避税注册地包括开曼群岛、英属维尔京群岛和中国香港等。总体来看，税收洼地的特征包括但不限于以下方面：免税或税率极低，特别强调对所得税和资本利得税的优惠；银行或商务保密法的建设较为完善，保密工作到位；外汇自由流动，限制极少；双边税收协定的缔结数量极少；交通便利、金融体系健全、信息流通无障碍。

互联网企业在进行跨境税收筹划时，注册地的选择是极为重要的一环。以国内搜索引擎的"领头羊"为例，其总部位于北京，但其在开曼群岛和英属维尔京群岛等税收洼地均注册有子公司，为集团的税收筹划拓展运筹空间。

2. 中间控股架构的有效搭建

各个国家和地区之间缔结的双边税收协定通常涉及缔约国双方避免重复征税的具体措施以及促进双边投资的相关税收优惠条款。然而，只有缔约国双方的居民企业才有资格适用双方缔结的协定，其他国家的居民企业不能适用该协定。此外，由于历史背景、商业联结度、地理位置和国家长期关系等诸多不确定因素的存在，不同国家和地区之间缔结的协定在税收优惠范围和优惠力度等方面不尽相同，这也为互联网企业开展跨境业务提供了更广阔的选择余地。

虽然现阶段我国已与100多个主权国家签订了双边税收协定，但是仍然没有实现全球范围内的全覆盖。值得强调的是，尽管我国与大部分国家缔结了税收协定，但是很多税收协定为跨境企业带来的税收优惠仍然有限。以欧盟为例，欧盟成员国内部之间缔结的税收协定在优惠范围和优惠力度等方面都已达成极高的共识，在很大程度上实现了跨境所得的相互免税，而这是我国暂时无法实现的。基于此，互联网企业应该充分挖掘和利用各个税收协定之间的差异性，寻找建立海外中间控股公司的最佳地点，并在该地设立居民企业，从而享受最优惠的税收协定，以实现跨境所得税收筹划的最优选择。

3. 企业组织形式的合理选择

一般情况下，互联网企业核心生产力的根源在于人力资本，其日常生产销售等商业行为对固定实体的依赖性较小，也无须专门建立实体工厂。当互联网企业确实出于海外业务拓展和管理等需要在海外建立分支机构时，有子公司和分公司两种选择。就子公司而言，作为独立法人，其优势在于实现了风险收益与母公司的隔离，可以充分享受当地的税收优惠，其缺点在于无法有效地利用子公司建立初期可能产生的较大亏损，无法实现互联网企业集团在全球范围内的税收资源协调和配置。就分公司而言，作为非独立法人，其优势在于双方合并纳税的过程可以实现集团内部的税收优化以及各机构税负在全球范围内的协调一致，其缺点在于分公司无法充分利用所在地的税收优惠，且其亏损可能拉低集团整体的利润率水平。由于两种组织形式各有利弊，故而互联网企业在选择时应该综合考量自身的产品特性、品牌形象、业务特点、分支机构的预期经营效益以及两地的税负水平等诸多因素，以做出利益权衡下的最优选择。此外，互联网企业也可以选择与当地的居民企业合作，注册合伙企业，其利弊分析与分公司大致相同。

值得注意的是，《企业所得税法》强调了海外营业机构的亏损不可以抵减国内企业的营业利润○。针对这一点，可以先在第三国设立中间控股公司，再由该公司在最终目的地设立分支机构，以实现亏损在集团内部的流转抵免。

4. 境外机构利润的适当留存

对于互联网企业在境外设立的分支机构实现的收益，如果将其分配汇入母公司，则需要在国内缴纳企业所得税；如果将部分利润留存于海外或者推迟汇入母公司的时间，就可以实现税负的减少或推迟税款的缴纳时间，因此优化了集团的税负并获得了资金的时间价值。值得注意的是，如果互联网企业拟加大对海外的投资力度或拟设立新的境外机构，则更应该将利润留存在境外，这样既可以优化税负，也避免了资金在集团内进行重复的无效流动而损失时间价值。

然而，互联网企业在进行税收筹划时，不能仅着眼于筹划收益，更应该重视筹划成本和筹划风险，以实现风险和收益的最优匹配。《企业所得税法》提及境外机构长时间不分配或分配不合理，且企业没有做出合理解释的，税务机关有权进行纳税调整○。数字经济下相关监测技术愈发成熟，政府对企业资金流动的追踪也更加便捷高效，故而互联网企业在进行税收筹划时应增加风险意识，不能舍本逐末、贪功冒进。

○ 《企业所得税法》第十七条。
○ 《企业所得税法》第四十五条。

5. 税收饶让抵免的充分利用

互联网企业的跨境所得不仅需要在所得来源地纳税，也需要向受益人的居民国纳税，即产生了重复征税问题。为了避免这一矛盾打击企业进行跨国经营的积极性，双边税收协定中一般会特别涉及税款的抵免及其上限。与此同时，部分国家和地区为了引进外资，通常会特别制定针对外资企业的相关税收优惠政策。而正是由于这些优惠政策的存在，让税收饶让抵免制度得以诞生。通常情况下，当企业的境外所得回流到国内时，对于其在境外享受的税收优惠，有两种处理方式。第一种是充分考虑该税收优惠，视同企业已在境外缴纳被减免的部分税款，并予以扣除。换言之，国内税务机关在行使征税权时以企业在境外不享受任何优惠时的理论应纳税款进行抵免。这种处理方式即构成了税收饶让抵免，对企业最为有利。第二种是不承认该税收优惠，仅允许企业以其在来源国实际上缴的税额为限进行抵免。换言之，国内税务机关在行使征税权时仅以企业在境外享受优惠后的实际纳税款进行抵免。这种处理方式不构成税收饶让抵免，对企业最不友好。

现阶段我国对外缔结的税收协定大部分都涉及税收饶让抵免，为互联网企业税款的跨境抵减提供了理论支撑。此外，如果所得来源国与中国没有达成相关的饶让抵免共识，则可以通过在与双方都建立了该制度的第三国搭建中间控股公司，从而实现双方优惠政策的间接联通。

6. 双边税收协定的模糊运用

在 OECD 范本和 UN 范本的指导下，世界上绝大多数国家和地区间都缔结了税收协定。然而，基于各个国家的利益诉求、政策倾向的差异性以及协定本身在技术方面的缺陷，数字经济下原有税收协定中相关条款的适用性值得进一步地斟酌和考量，这也为互联网企业跨境所得的税收筹划带来了新的契机和着力点。

(1) 常设机构认定的筹划思路

常设机构在传统的跨境商贸活动中发挥着不可替代的关键作用。然而，数字经济的繁荣彻底地弱化了常设机构的重要性，虚拟化特征的逐步凸显也增加了其认定难度。一方面，得益于互联网、即时通信等技术的日新月异，新型商业模式不断被催生，互联网企业依靠远程和线上操作即可完成数据和货物的顺利交付，实体常设机构存在的必要性受到前所未有的冲击。另一方面，人脸识别、加密通信和安全支付等技术诞生并被广泛运用于跨境商贸活动中，前景广阔，人力成本得以大幅降低，故而设立代理型常设机构的意义需要企业进一步地斟酌和探讨。此外，数字经济向各行各业的快速渗透也催生了更加多元化的新型常设机构，隐匿性更强，虚拟性特征更明显，不易被识别和认定。在数字经济时代，传统的常设机构效力有限，而新型常设机构不易被识别和认定，为互联网企业跨境业务的税收筹划提供了新的思路。

就营业所得而言，如果构成常设机构，则互联网企业负有向来源国纳税的义务。此外，常设机构对特许权使用费等所得的纳税责任也会产生影响。基于此，互联网企业在跨境经营的过程中应该尽量避免构成常设机构，从而规避纳税责任的产生。

(2) 特许权使用费的筹划思路

税收协定对于跨境经营中各类所得的课税原则不尽相同。一般情况下，技术发展水平相当的发达国家之间更偏向于遵循 OECD 范本的规定，会互相免除股息、特许权使用费等所得的预提所得税，例如荷兰等西欧国家之间。而我国所签订的对外协定更多采用了 UN 范本的主张，没有免除相关的预提所得税。

数字经济的诞生和繁荣，为跨境商贸活动带来了新的契机和增长点，也对现行的特许权使用费所得认定标准产生了巨大的冲击。一方面，从产品类型来看，数字经济孕育出多元化的数字产品和数字服务，而这些新型的产品和服务借助日新月异的互联网技术和即时通信技术，虚拟化、可复制、可修改和追溯性弱等特点凸显，使得互联网企业在跨国商贸活动中各项所得之间的界限愈发模糊，提高了所得认定的难度。特别是对于互联网企业来说，其产品和服务本身就具有极强的数字性，各项所得之间的混淆更容易发生，也更加合理。另一方面，从交易方式来看，数字经济的发展使得传统的合同交易方式发生了翻天覆地的变化。现行的税收协定通常依据标的物、交割方式、收付款方式等要素来判定合同实质，进而确定所得类型。然而，数字经济的跨越式发展极大地优化了合同签订、产品生产和货物交割等合同步骤，越来越多的跨国企业和数字化平台仅依靠网络方式就能够高效地完成上述经济活动。从这个层面上来看，互联网公司的交易更多的是基于线上方式进行，故其从这个角度进行筹划的可行性也会有所保证。

简言之，数字经济的发展使跨境经营中的特许权使用费与营业利润、劳务所得之间的界定更加模糊，混合合同的盛行进一步加剧了认定困难，这也为互联网企业模糊合同条款、混淆各类所得以优化税负水平提供了契机。然而，具体应该将所得认定为哪一类型不能一概而论，应该结合双方的协定内容以及合同订立情况进行判定。如果缔约国双方就互免特许权使用费所得的税款等方面已达成共识，则互联网企业在订立合同时应该尽量往技术授权合同方向走；反之则应该倾向于订立技术服务合同，增加将所得认定为劳务所得或营业利润的可能性。从业务性质上来看，互联网企业将其软件、程序内置于硬件设备之中进行组合销售是常见的销售方式，混合合同下嵌入式软件的形成也为互联网企业的跨境税收筹划提供了更多值得探讨的空间。

7.2 互联网代理型常设机构的认定规则与税收筹划空间

当今世界，随着互联网、大数据的迅速发展，资本全球化态势明显，越来越多的企业开展跨国业务，因此常设机构的认定规则成为各国关注的重点问题之一。常设机构规则的出现很好地解决了跨国企业的双重征税问题，将征税权在居民国和来源国进行合理划分，促进了世界各国经济更广泛且深入的交流和发展。数字经济的快速发展对常设机构的认定造成了不小的冲击，具体到常设机构认定规则中的代理型常设机构的认定问题，探讨在跨区域、跨国背景下如何利用代理型常设机构的认定规则进行税收筹划的基本原理与方法，具体涉及"佣金代理人安排"和"离岸橡皮图章"两种筹划方法。在互联网、大数据出现后，这两种方法成为跨境电商普遍运用的税收筹划方法。

7.2.1 筹划原理

1. 佣金代理人安排

大多数电商平台采用佣金代理人的交易模式进行税收筹划，即某公司在缔约国另一方设立佣金代理人，代理人与缔约国境内的消费者以自己的名义订立销售合同，销售被代理公司的产品，签订合同后消费者直接从被代理公司获得产品，代理人并不拥有其售出的货物，所获得的收入只有被代理人给予的服务费，所以代理人所在国无法对销售利润征税，该国税务局只能对代理人取得的服务所得征收税款。在佣金代理人模式下，更改合同条款就能规避被认定为常设机构。在数字经济发展的背景下，构建一个网络平台即可满足佣金代理人的所需条件，其资产和人员的需求很低，所以该公司分给佣金代理人的利润也不会很多，从而使企业在高税负地区缴纳较少的税款，提升整体利润。佣金代理人运营模式如图7-3所示。

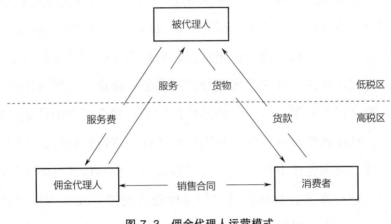

图7-3 佣金代理人运营模式

2. 离岸橡皮图章

除"佣金代理人安排"外，"离岸橡皮图章"也是企业税收筹划的一种方式。在这种筹划方式下，代理人为一家营销服务公司，消费者所在地的税率一般较高，而被代理人非居民企业一般处在税率较低的地区。这一税收筹划的基本原理是，跨境企业将合同签订前的营销服务和最终签订合同的行为进行拆分，前者包括推销产品、从消费者手中收到订单并将订单交给委托人批准，营销公司需要与消费者进行沟通，并完成签订合同前的几乎所有工作，随后被代理人与消费者通过互联网签订合同。在税收筹划过程中，佣金代理人起到主导作用，但是并不签订合同，因此营销公司不符合代理型常设机构的认定条件，其所在国对销售利润不具有征税权，而这笔销售利润将在税率更低的国家征税。离岸橡皮图章运营模式如图7-4所示。

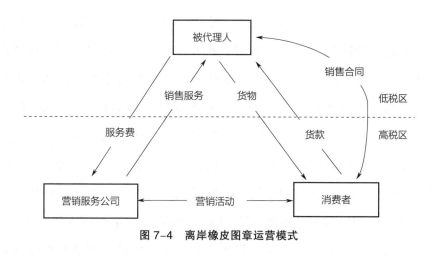

图 7-4 离岸橡皮图章运营模式

7.2.2 筹划再升级

从税收契约角度，灵活变换合同签订内容，从企业自身利益角度出发制定合同内容，捕捉税负最小化的机会。跨国企业通过与代理人和消费者签订不同种类的合同，变更合同相对方，从而达不到代理型常设机构认定的门槛，以降低全球总税负。从管理学角度来看，企业通过互联网转换业务流程，利用企业经营模式的流程再造，节省企业经营成本，使业务流程更加顺畅，同时节约税金。跨国企业稍微调整商品销售流程，变更企业经营模式，就能够避免被认定为代理型常设机构。例如增加一道销售环节，代理商从被代理企业购入货物，随后将货物转售给消费者，这样一来就能适用完全不同的税收政策。在互联网、大数据的支持下，两笔合同几乎同时完成，所以从管理学角度对业务流程进行再造，是企业在进行税收筹划时可以借鉴的一种思路。

1. "佣金代理人安排"再升级

在数字经济发展的大背景下,"佣金代理人安排"拥有灵活的业务模型以及多样的合同签订方式,跨国企业可以将业务模式由"佣金代理人安排"转变为"低风险经销商"。这两种筹划方式的功能极为相似,都能避免企业在高税负地区构成常设机构,从而降低全球总税负。"低风险经销商"的主要特征是代理人在本国境内销售商品,代理人与消费者签订合同之后,先从被代理企业购入商品,然后再将商品转交给消费者,过程中完成了两笔销售业务,而在数字经济发展迅速的情况下,这两份销售合同几乎是同时签订的。代理人在收到货款后,再依据与被代理人签订的合同,将货款转给被代理公司。这时,代理人的收入性质就从服务所得转变为销售利润所得,跨国公司也就没必要将大量的资金、人员和物资分配给代理人所在国,所以,跨国公司仍然可以通过控制利润的方式降低全球税负。低风险经销商运营模式如图7-5所示。

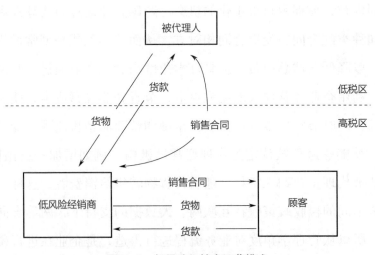

图7-5 低风险经销商运营模式

在这种筹划模式下，低风险经销商不会构成代理型常设机构，从"以企业名义签订合同"角度来看，法律形式上是经销商作为独立法人与顾客签订合同，并不是以被代理公司的名义签订合同，所以不构成对被代理公司的约束力；从"涉及该企业有权使用或拥有财产之所有权的转移或使用权的授予"角度来看，商品所有权归低风险经销商所有，所有权不属于被代理公司，所以不符合代理型常设机构的认定条件；从"涉及该企业所提供的劳务"角度来看，为顾客提供的销售服务全都由低风险经销商负责，也不涉及代理人被认定为代理型常设机构的可能性。

2. "离岸橡皮图章"再升级

前文提到OECD《税收协定范本（2017）》将"签订合同"的含义进行扩展，更加注重签订合同的实质，但是跨国企业仍可以通过谨慎的税收筹划来降低全球税收负担。因为OECD范本注释第88段只提到代理人在合同订立过程中起主导作用，被代理企业不对合同进行实质性修改，并且会批准合同，但并没有提及被代理企业不批准合同的情况，所以代理人可以通过调整合同内容以及相关审批流程，降低代理人在合同签订过程中的作用，从而避免被认定为代理型常设机构。笔者认为可以从两个角度进行考虑，首先可以降低代理人与消费者的合同谈判标准，将其降低到被代理人合同谈判标准之下，由此被代理企业可以拒绝批准部分合同，从而避免了代理人在合同签订过程中起到主导作用，具体业务模式如图7-6所示。另外，也可以考虑在一国设定多个代理人，分摊签订一笔合同的主导作用，让每个代理人都达不到代理型常设机构的认定标准，具体业务模式如图7-7所示。

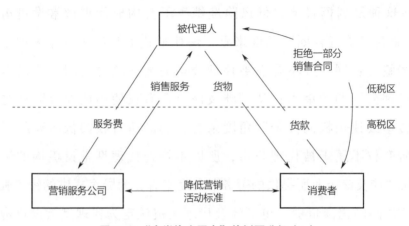

图 7-6 "离岸橡皮图章"筹划再升级（1）

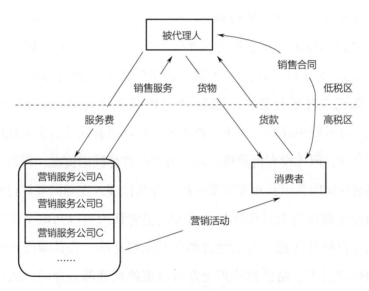

图 7-7 "离岸橡皮图章"筹划再升级（2）

7.2.3 代理型常设机构税收筹划的发展趋势

由于互联网、大数据的迅速发展，一些高度数字化的企业已经开始对贸易结构进行重组，放弃跨国组织架构，转向与低风险经销商模式类似的"境内销售"模式，采用互联网远程销售模式对贸易结构进行重组⊖。在这种模式下，分支机构直接与消费者签订合同，不再需要消费者与境外公司签订合同，这样就极大地降低了分支机构被认定为常设机构的可能性。同时《BEPS 行动计划》中对更广泛的直接税带来的挑战影响十分有限，其中提到的措施旨在填补税收体系中发现的"缺口"和"漏洞"，不解决数字化带来的更广泛的直接税挑战，更不能解决外国企业在消费者所在国并不实际存在的情况，这就为"境内销售"模式提供了更多的筹划空间，所以跨国企业利用互联网、大数据优势构建"境内销售"模式为大势所趋。

7.3 互联网视频类平台的税收筹划方法

企业在进行税收筹划时，特别是处于风口的视频类平台企业，要特别关注税收筹划方案的可操作性。这就要求纳税主体在具体税收筹划中，必须以公司的业务为基本出发点，结合公司能够享受的税收优惠政策，全方位进行考虑，充分剖析方案的可操作性。同时，要及时关注税收政策的变化，把握政策背后的精神实质，才能在税收筹划操作中获得合法的税收利益。

7.3.1 增值税筹划

1. 劳务派遣公司的方式

以直播、短视频等文化娱乐业为主的互联网平台有一个共同特点，其

⊖ ECD/G20 BEPS Project, Tax Challenges Arising from Digitalization—Interim Report 2018, March 2018, p.95. para.273.

支付的劳务成本大多是无法取得增值税专用发票的,进项税额抵扣存在严重不足,这是劳务成本的共性。借鉴建筑企业的做法,建筑企业也会使用大量的人力,通常人员成本占总成本的30%以上,所以建筑企业常常采用派遣和外包这两种最常见的用工模式。

根据某直播公司披露的数据,其月收入10万元以上的主播贡献的全年收入为25.91亿元,全年成本为15.96亿元。如果选择将这部分主播的成本外包给MCN(内容制造商)机构或劳务公司,或者通过和主播的个人公司进行签约,就可以解决劳务成本无进项税额抵扣的问题。不同的签约主体对进项税额的影响如表7-5所示。

表7-5 不同签约主体的税收筹划方案对比

(单位:亿元)

	筹划前	A	B	C
签约身份	无	一般纳税人	小规模纳税人	小规模纳税人
发票类型	无发票	增值税专用发票	增值税专用发票	增值税普通发票
成本支出	25.91	25.91	25.91	25.91
可抵扣进项税	0	1.47	0.75	0

通过对比三种不同类型的外包方式可以看出,选择A方案(一般纳税人提供增值税专用发票)获得的可抵扣进项税额是最高的,可以减少增值税负担1.47亿元。

2. 电商经营方式的选择

银办发〔2017〕217号文件《中国人民银行办公厅关于进一步加强无证经营支付业务整治工作的通知》中规定,若平台用户将资金先划转至网络平台账户,再由网络平台结算给该平台二级商户,以及为用户开立的账户具有充值、消费、提现等支付功能,以上都为"无证经营支付业务",

也就是"二清"业务。因此，视频平台公司是否要选择自营的方式进行电商服务值得商榷。

按照自营的方式运营，销售货物的交易金额将按照13%的增值税税率全额缴纳增值税，同时面临被认定为"二清"业务的问题。视频平台公司可以寻找有资质的第三方支付机构或者金融机构签订电商托管账户，类似支付宝、易支付或者招商银行、平安银行的相关业务，这样就可以将视频平台公司视为电商平台公司，收取商家的一定比例的交易佣金，将视频平台的收益核算更改为佣金手续费的形式，适用于服务业增值税税率6%。

3. 利用地方性税收返还、补贴政策

为了促进区域经济发展，一些地区设立各种产业园区吸引符合地方发展需要的企业前来投资、设立企业，带动就业和增加地方财政收入。企业入驻产业园区后，地方会根据企业的行业类型、规模大小、纳税金额等情况，给予一定幅度的扶持资金、财政补贴，而企业可以通过在园区设立公司开展业务的方式享受相关政策，从而实现筹划节税。一般地方园区增值税留成比例为10%~50%。例如，新疆霍尔果斯颁布的相关税收优惠政策是：符合政策目录内企业增值税地方留存部分按额度进行阶段比例15%~50%返还。

7.3.2 主播个人所得税的税收筹划

1. 利用个人独资企业或合伙制企业转移税负

据虎牙直播2018年财报披露，主播成本中代缴的个人所得税就高达3.65亿元之多，这意味着主播人群的个人所得税筹划可以为公司带来显著的成本降低效果。主播收入属于个人所得税应纳税所得性质，根据不同的情况，计算方式有所不同：

情形一：平台公司和主播个人直接签订劳务合同的，由主播为平台公司提供直播服务，两者则构成了雇佣关系，主播取得的收入属于劳务报酬所得，按照税法规定计入综合所得，适用于3%~45%的超额累进税率计税方法。

情形二：如果主播以个人独资企业或者合伙企业形式的工作室与平台公司签约，则工作室就其取得的收入计入经营所得，缴纳增值税及个人所得税。个人独资企业和合伙企业按照税法要求无须缴纳企业所得税。根据税法规定经营所得适用5%~35%的五级超额累进税率计税方法。可以看出，上述情形一和情形二的最高税率相差10%。

2. 利用招商引资等税收洼地降低税负

如今，国家虽然加强了对演艺人员的税收监管，但是从我国税收实务来看，基于避税目的注册企业经营仍然是合法的。影视公司聚集地"霍尔果斯经济特区"从2011年开始对该地区注册企业提供了企业所得税"五免五减半"的优惠政策，此后又加大了税收优惠程度，出台了包括增值税、企业所得税、个人所得税等税种在内的打包一揽子税收优惠政策：符合条件的企业5年内可获得缴纳的企业所得税中50%的地方留存部分的"经营贡献奖励"；对于特定扶持行业5年免税期过后，第6年至第10年，企业可以享受免除企业所得税地方分成部分的优惠，分成后只需缴纳15%的企业所得税。有数据测算，10年内在霍尔果斯注册的公司可以减少70%的税负。

根据江苏徐州、淮安等一些地区目前对网络直播行业的扶持政策，在经济开发区、产业园区注册的直播行业个人独资企业可以申请核定征收，申请后享受增值税和个人所得税综合征收税率为0.5%~5%。

7.3.3 网络"红包"补贴的税收筹划

针对互联网流行的红包补贴形式，国家出台的《关于加强网络红包个人所得税征收管理的通知》（税总函〔2015〕409号）中给出了规定。对于个人取得的网络红包，如果具有商业目的的、商家为了推广品牌或者商品而发放的，应按照偶然所得计征个人所得税，由派发企业代扣代缴。偶然所得仍适用于20%税率，与原其他所得相同。

随着国家税收监管的与时俱进，对于现在企业通过支付宝、微信支付等发放的现金红包奖励，很多地方已经不再以发票为唯一扣除凭证了，可以通过当地税务主管机关认定的辅助材料和合法有效凭证证明其为真实支出，并允许税前扣除。

查阅天津、北京、无锡等相关税务机关在企业所得税相关政策答疑中对网络红包问题的解答发现，天津市税务局在"2016年度企业所得税汇算清缴相关问题执行口径"中回答，电商平台促销活动扣除凭证问题，企业举办促销活动，并通过网络支付平台（例如"财付通"）将促销奖金支付给获奖的消费者，对企业发生的上述奖励支出，可以凭以下证明资料在税前扣除：

（1）企业促销活动的安排。

（2）企业将奖金拨入网络支付平台时，网络支付平台企业出具的收款明细。

（3）网络支付平台企业将奖金拨入获奖消费者在该平台账户的拨付款项明细。

（4）企业代扣代缴获奖消费者个人所得税的纳税凭证。

北京市税务局在"企业所得税汇算清缴2017年度政策辅导笔记"中

阐述了合法有效凭据的种类及其执行标准：

（1）支付给境内单位或者个人的款项，且该单位或者个人发生的行为属于营业税或者增值税征收范围的，以该单位或者个人开具的发票为合法有效凭证。

（2）支付的行政事业性收费或者政府性基金，以开具的财政票据为合法有效凭证；支付给境外单位或者个人的款项，以该单位或者个人的签收单据为合法有效凭证。

（3）完税凭证。

（4）自制凭证（如工资单、网络红包、拆迁补偿等）。

两地税务机关都规定了网络红包税前扣除的条件是要有企业为红包获取人代扣代缴的完税凭证，若视频平台公司目前无法取得获奖人的身份信息导致无法提供完税凭证，以至于微信红包奖励支出无法调整企业的应纳税所得额，那么公司应该尽快上线用户实名系统，登记用户信息，每月按照用户领取红包金额编制清册向税务机关进行纳税申报，并且将银行转账凭证、微信支付凭证进行保留整理，这样一并作为企业所得税税前扣除凭证。

知识链接

互联网企业的税收筹划

1. 网站广告业务

无论是传统的互联网公司，还是如字节跳动等互联网新秀，都会提供基于客户流量的网站广告业务。对于提供视频服务的互联网公司来说，广告业务尤为重要。视频网站作为近几年资本的宠儿，其中既包括老牌传统的爱奇艺、腾讯视频、优酷等，也包括新的短视频平台，例如快手、抖音以及哔哩哔哩等。在这些视频平台所提供的服务中，视频网站利用其广大的客流量，为公司客户提供广告服务，将流量转换为广告收入，其特点是可以通过大数据计算，得到用户的精准画像，明确用户的不同需求，因此广告投放的精准度远高于传统的线下及电视广告业务。对于网站所取得的广告收入，一般根据相关税法规定，按照"文化创意服务——广告服务"缴纳增值税6%，同时按照财政部、国家税务总局的相关规定（财税〔2016〕25号），按照提供广告服务取得的全部含税价款和价外费用减除支付给其他广告公司或广告发布者的含税广告发布费后的余额，收取3%的文化事业建设费。

对于企业的广告费收入，目前应该按照6%的税率缴纳增值税，且按照相关规定缴纳文化事业建设费。对于互联网广告公司，应该慎用折扣，若公司将促销方式选择为折扣，则应该在销售发票上注明客户享受的折扣额、合同价格，这样，纳税人就可以合理地利用税法中对折让销售的相关规定，在实际核算增值税的时候可以按照实际发生的服务金额乘以适用的税率即可，折扣金额可以不计入计税依据，这样就降低了应纳增值税额。

2. 会员服务业务

目前很多面向客户的To C互联网企业，往往会对客户实行会员制管理，客户付费成为不同等级的会员，则会相应地享受到不同等级的增值服务。例如，爱奇艺等视频网站会员可以享受免广告、提前看更新等服务，而哔哩哔哩、QQ等开通会员则会在社交名片上显示相应等级并有相关优惠。会员服务是互联网企业，尤其是直接面向客户的互联网企业的一个重要创收来源，对于这一收入是有税收筹划空间的。

对于会员服务的增值税来说，根据财政部和国家税务总局联合发布的财税〔2005〕165号文的相关规定,增值税纳税人收取的会员费不纳入当前现行增值税的征税范围。因此,对于To C的互联网公司,其收取的会员费不属于增值税纳税范畴,平台应该对这部分收入做出严格的区分,同时平台在业务设计时,可以在不降低总收入的前提下,尽量提高会员费收入。例如,可以提高开通会员所带来的权利和服务,吸引客户开通会员,同时,可以将一部分以前的付费服务改为开通初级会员而赠送的服务,这样可以将一部分以前的服务收入转换为开通会员的收入,降低增值税缴纳额。在企业所得税方面,根据国税〔2008〕875号文规定,如果客户支付会员管理费后,客户仅仅只是取得了所在网站的会员籍,其他服务需要另行支付费用,则在取得该会员的会员费时就应该确认收入;若是支付会员管理费后,会员客户可以在该网站不再付费或者可以优惠付费进行消费,则应该以分期的手段确认收入。这就给我们提供了税收筹划的可行空间,可以根据付费会员享受权益的不同,将会员费进行分期确认收入,有效降低公司的当期应缴纳的企业所得税,获得递延纳税的种种好处。

3. 推广费用与研发费用

对于互联网公司来说,成本主要来自于推广与研发费用。当前互联网市场面临着激烈的竞争,很多互联网公司以"烧钱"的方式抢占市场,如何将自己的产品推广到用户的手中是很多扩张期的互联网公司管理者们最为关心的事情。很多互联网公司花费大量资金进行产品的推广与营销。对此,我们在进行税收筹划的过程中应该考虑到推广费用的相关规定:宣传推广费用在企业所得税前有一定的扣除限额,其费用一般不得超过当期营业总收入的15%,而对于超过的部分则需要在以后年度中结转扣除,这就需要互联网公司在日常的宣传和推广中安排好宣传费用和广告费用的支出计划,不要过多地列支宣传和广告等相关推广费用，避免造成超支额无法在所得税前扣除的局面。同时对于互联网公司来说，往往需要对公司平台进行研发升级，研发支出是互联网公司日常经营过程中不可忽视的重要组成部分，占有相当大的比例。根据税法相关规定，企业进行研发活动中发生的研发费用可以在税前按照75%甚至100%进行加计扣除，这就鼓励互联网企业在研发费用上进行投入，进一步研发出更好的互联网产品。

案例分析

中兴与印度税收纠纷案

2016年，印度新德里的所得税上诉法庭就印度的税务机关与中兴通讯长达8年的税收争议案做出判决，中兴通讯需要向印度补缴部分税款，但印度税务机关的诉求也并未全部得到满足，双方可谓互有胜负。该案件的争议焦点在于中兴通讯是否应该就其2008财年在印度销售通信设备和相关软件的所得向印度税务机关申报纳税，具体来看，该案件涉及常设机构认定及其利润归属确定、转让定价和特许权使用费认定等多重问题。下面就其常设机构和特许权使用费认定两个方面进行深入分析。

1. 常设机构的认定

印度税局坚持认为中兴通讯在印度的子公司 ZTE India 构成其物理型和代理型常设机构，德里法庭也基本上认同了这一观点，理由如下：第一，就物理型常设机构而言，中兴通讯的员工经常前往印度出差，协助其子公司的人员与客户洽谈业务并订立合同，具体涉及参与招投标并提供产品、售后支持等，故而中兴通讯在其子公司固定办公的 Gurgaon 等三个办公室构成了物理型常设机构；第二，就代理型常设机构而言，ZTE India 不仅有权在长期内代表中兴通讯在印度对外缔结合同，同时也在中兴通讯的技术指导下代替其完成设备安装等合同履约义务，且 ZTE India 仅对中兴通讯提供该类服务。

由此可见，ZTE India 作为非独立代理人，不仅代表中兴通讯在印度开展了辅助性工作，也进行了合同和价格谈判以及答复顾客咨询等工作，在合同的签订中负有主要责任，故而构成了代理型常设机构。由于两类常设机构的认定，中兴通讯不得不就归属于常设机构的利润向印度税局补缴税款。可以说，中兴通讯在这一问题上是败诉而归。

从德里法庭的判决来看，物理型常设机构的判定存在一定瑕疵，不仅没有切实引入持续性测试以检验中兴通讯在上述办公室开展的营业活动是否具有连续性，也忽视了中兴通讯能否自由支配上述办公室的问题，而这两个问题都是判定物理型常设机构存在性的关键要素。当然，德里法庭之所以在相关证据不足的情况下做出判决，也可能是出于维护国家税收利益的考虑。然而，代理型常设机构的认定却无可避免，这也是中兴通讯对其跨境业务进行税收筹划时思虑最不周全的地方，没有将税收筹划前置，在发展业务和订立合同阶段的税收筹划意识淡薄。针对这一点，中兴通讯应该将其对外缔结协议的权利全部或大部分收回，使其子公司更多地参与合同订立过程中的辅助性工作，从而尽可能地规避代理型常设机构的认定。

常设机构对来源国的税权和企业的纳税义务均会产生重大影响，互联网企业在跨境经营的过程中应该尽量避免构成常设机构。具体而言，合同的订立权利等是常设机构认定的关键要素，互联网企业应该在综合考虑人力成本和管理效率等因素的基础上选择是否将该权力下放给分支机构。

2. 特许权使用费的认定

该案件中的另一焦点问题在于随硬件设备组合销售的嵌入式软件、程序是否构成技术授权并产生特许权使用费。由于中印协定第 12 条第 2 款规定来源国可以就特许权使用费所得征收10%的预提所得税㊀，故而印度税局和中兴通讯在这一问题上的立场和态度截然相反。印度税局提出虽然软件出售未订立专门的技术授权合同，但已经在实质上授权给印度客户，特别是中兴通讯与客户缔结的合同中还专门提及软件部分的价格，说明合同双方对软件部分有单独的考虑和授予行为，故而该部分所得应认定为特许权使用费。而中兴通讯主张不构成特许权使用费，主要基于以下几点：嵌入式软件是通信设备不可分割的一部分，软件的存在是客户顺利运用硬件设备的必要条件，软件没有独立的价值；软件的相关权限没有授予客户，未向客户授予对软件中的源代码的访问权限；客户支付的这部分对价与客户的使用、用户数量无关；客户无权对软件进行二次商业开发。最终德里法庭支持了中兴通讯的观点，中兴通讯也得以免于向印度补缴该部分所得的预提税款。可以说，中兴通讯在这一问题上取得了胜诉，其税收筹划方法也值得借鉴。

综合来看，该问题的关键点在于内置于硬件设备中的嵌入式软件是否构成特许权使用费。从中兴通讯的实践来看，印度法庭并没有将该部分所得视为特许权使用费。此外，通过对阿尔卡特、爱立信等类似案件的梳理，可以发现大部分国家和地区都支持嵌入式软件不构成特许权使用费的观点。从业务特点上来看，通信等硬件设备和相关软件等均是互联网企业的主营产品，两者的组合销售也为互联网企业避免特许权使用费提供了新的思路。与此同时，互联网企业在运用该方法进行税收筹划时，应注意合同中的两个关键点：其一，合同中应该尽量避免对软件价格做出单独约定，合理运用合同条款的模糊性；其次，应尽量加强软硬件用途之间的因果联系，以降低税收筹划的风险。

㊀ 《中华人民共和国政府和印度共和国政府关于对所得避免双重征税和防止偷漏税的协定》，1994.

7.4 互联网企业的税收筹划建议

7.4.1 建立健全大数据系统与税收筹划体系

1. 建立健全大数据信息系统

在大数据迅速发展的时代背景下，企业的各项信息均公开于社会各界，企业应当完善自身的信息系统，保障其与税务系统之间的信息对称，以防出现税收漏洞。同时也应当在完善基本信息系统的基础上，发展大数据技术。大数据技术的战略目标不仅仅是掌握海量的数据信息，更重要的是要能够筛选有效信息，并对有价值的数据快速进行专业化的分析处理，实现数据驱动下的企业价值管理。在企业进行发展战略的设计及实施过程中，为了获得可持续发展和长久的收益，有必要运用大数据技术对成本和收益进行预估测算，同时参考其他企业的纳税情况，分析不同纳税方案的风险和收益，开发个性化的税收筹划方案。

在技术快速变革的时代，不确定性风险的防控也是极其重要的，企业应当加强自身的涉税风险防范意识。企业利用自身大数据技术，可以不断地对自身的税收筹划方案及其对现行税收政策变化的反应进行实时监控，并对税收筹划方案的时效性进行评估。上述风险防控机制的有效运行建立在企业大数据信息系统完善的基础上，企业数据应当随时根据政策的变化及市场经济的发展实时调整，及时的信息传递才能快速地对各种变化和风险进行反馈和处理，便于企业规避数字时代数据更新过快带来的各种税收筹划风险。

> **知识链接**
>
> **数字化税收筹划软件**
>
> 　　互联网时代下，一些数字化税收筹划软件开始诞生，助力于企业用好税收优惠政策、做好税收筹划，提高税收筹划的全面性和准确性。近年来，税收政策更新频繁，特别是一些税收优惠政策。一些企业对于税收优惠政策的变化不能及时掌握，所以常出现"优惠没享受"的情况，多交了税款。而且一些企业会找税务师事务所的专业人员做税收筹划咨询。传统的税收筹划诊断难、费用贵、诊断结果不准确、没有形成诊断报告，耗时长、费用高，客户体验差。
>
> 　　2021年9月17日，北京行税之星科技有限公司上线了自行开发的"点石税筹星"税收优惠诊断系统。不同于以往靠人来找税收优惠政策，该系统可以一键生成企业税收优惠诊断报告，提供定制化服务，帮助企业合法节税，不交冤枉税。"点石税筹星"根据政策实时更新，构建了税收优惠政策的数据库，然后把税收优惠政策标签化，对企业进行多维度的数据采集，运用大数据和专家经验构建起立体的税收筹划模型，之后再运用税收优惠诊断系统、动态的税收筹划量表技术和解决方案数据库，出具筹划报告，速度快且质量高[⊖]。
>
> 　　运用该系统，一方面可以帮助企业判断自己是否用好了税收优惠，另一方面可以帮助企业制订税收筹划方案。以"点石税筹星"为代表的数字化税收筹划软件运用数字化手段进行税收筹划安排，提高了税收筹划的全面性和准确性。

2. 建立健全税收筹划体系

企业应当建立健全完备的税收筹划体系，转变税收筹划的整体思路和

⊖ 点石税筹星震撼上线技术性税筹进入智能时代[EB/OL].[2021/12/17].https://baijiahao.baidu.com/s?id=1711148221677302023&wfr=spider&for=pc.

理念，迎合大数据时代的市场经济形势。企业税收筹划作为财务管理的重要组成部分，不应当单独进行管理，而应当视作一项系统工作，结合企业总体战略，考虑企业的具体业务特点，运用企业自身的大数据技术，将税收筹划纳入战略管理范畴。这样既可以利用大数据提升企业的税收筹划效率，也可以通过数据共享机制规避纳税风险，保障企业的征信水平。

首先，企业要重视税前筹划，而非事后补救；其次，要全局性考虑税收问题。在大数据背景下，互联网发展带动企业运营模式持续创新、业务范围逐渐拓宽、交易形式演化发展。在数字技术兴起、监管模式变化的数字时代，企业必须转变原本简单地减轻税负的税收筹划理念，税收筹划不应仅仅体现在财务方面，更应该渗透进企业生产经营全局综合考虑成本效益。在企业的采购、生产、销售、重组等流程中均应考虑税收因素的影响，在企业经营全流程中进行系统性的税收筹划，保障税收筹划方案的系统性与完整性，全面服务于企业的总体战略目标。

同时，税收筹划要充分考虑相关非税成本，即企业实施税收筹划方案时产生的非税成本会对税收效果产生重大影响。同时，企业需要培养专业的税收筹划人才以及大数据分析人员等，组成税收筹划专业团队，以大数据为技术支撑，以创新筹划思维为导向，不断完善税收筹划体系。

7.4.2 创新具体的税收筹划路径

1. 合理运用税收优惠政策减轻税负

互联网企业处于目前国家重点扶持的产业之列，可以享受众多税收优惠政策，如增值税、所得税等。比如，互联网企业可以享受15%的企业所得税优惠税率，如图7-8所示。

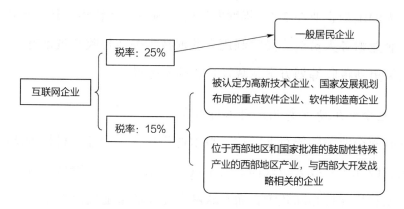

图 7-8　互联网企业所得税税率

对于符合认定的软件企业可享受"两免三减半"的增值税优惠政策,软件企业、动漫企业可享受增值税实际税负超过 3% 部分即征即退的政策。当前大部分互联网企业不仅销售产品,同时也提供服务,对于这样的兼营行为,如果互联网企业没有进行分别核算,那么则无法享受 6% 的优惠增值税税率。因此,互联网企业应当合理运用一些税收优惠政策进行事前税收筹划,以达到减轻税负的目的。

2. 灵活正确地运用税收政策降低税负

作为数字时代下的企业,信息传递如此迅速,更便于紧跟时代政策导向,减少政策效果的滞后效应,充分利用新政策进行税收筹划。例如,在新冠肺炎疫情停工停产及后期鼓励复工复产的背景下,我国政府先后出台了一系列税收优惠及延期纳税等政策:疫情防控人员临时性工作补助和奖金免征个人所得税,发放给个人用于预防新冠肺炎的药品、医疗用品和防护用品等实物(不包括现金)不计入工资、薪金收入,免征个人所得税⊖；对于无偿捐赠应对疫情的货物免征增值税、消费税等；对于受疫情影响较大的困难企业在2020年度发生的亏损最长结转年限延长至八年⊖。因此，企业财务人员应当及时利用大数据技术关注税收政策动态，合理利用新政策更新税收筹划方案，减轻企业的实际税负。

3. 充分利用研发费用加计扣除政策

互联网企业与传统行业相比，技术迭代更快，企业对科技创新的依赖性更大，因此研发投入也较高。为了进一步给企业减税降费，税务机关颁布了研发费用加计扣除政策，而互联网企业在政策适用范围之内。

我国许多互联网企业的经营活动不仅包含传统的以数字平台为依托提供服务，而且如今许多互联网企业开始在人工智能、智能制造等先进技术领域布局，如小米集团宣布造车。从图7-9可知，互联网企业要想享受制造业研发费用100%的税前加计扣除政策，可以将企业内部的智能制造部门单设一个纳税主体，以制造业业务为主营业务，且主营业务收入占总收入的50%以上，这将增加企业整体可享受的税前扣除金额，进而减轻税负。同时，企业也要注意尽量将研发支出费用化，而不是资本化。因为互联网产品的迭代更新较快，研发成果使用期限较短，如果将研发支出资本化形成无形资产，那么根据税法的规定，其税前摊销至少要十年。对于只能使用2~3年的技术或者软件按税法规定用10年进行摊销，企业可享受的加计扣除优惠则会被递延，进而增加了企业的税收成本。

⊖ 《财政部 税务总局关于支持新型冠状病毒感染的肺炎疫情防控有关个人所得税政策的公告》（财税〔2020〕10号）。

⊖ 《财政部 税务总局关于支持新型冠状病毒感染的肺炎疫情防控有关税收政策的公告》（财税〔2020〕8号）。

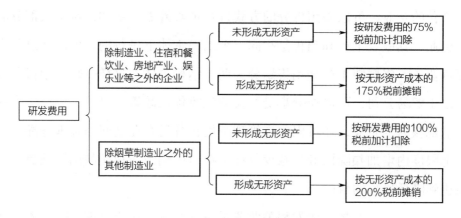

图 7-9 研发费用加计扣除政策

除此之外，互联网企业要想享受研发费用加计扣除的优惠政策，还应对其研发活动进行清晰的界定，最好是设立一个专门的研发部门负责软件或者数字平台等前期的研发，对直接从事研发的技术人员的"五险一金"，研发活动中主要使用的设备（电脑及其他电子仪器）、软件、专利技术等无形资产的摊销费用，以及其他相关的研发费用都可纳入企业的研发费用进行税前扣除。通过这种方式，企业可以在一定程度上合法降低税负。

4. 拆分业务降低实际税负

在"互联网+"广泛应用的背景下，各行各业间的竞争愈发激烈。在此过程中，企业为了自身发展，开创了很多创新的运营模式和全新的业务。大量业务通过互联网大数据的加成，各个流通环节都更加的智能和规范。同时大数据的广泛运用，也使得很多行业与互联网相结合，打造自身的价值链，开发新技术或开展新业务，从单一的运营模式转为网络销售和线下销售相结合的营销模式。

对于进行多种业务环节的企业，即将生产、加工、销售等集于一体混合经营的企业，可以采用拆分的方式进行税收筹划。例如，对于大部分服装企业，其服装生产和销售是在同一个纳税主体下进行的，可以通过分离商贸业务，将服装生产和销售划分为两个纳税主体。这样一来，销售业务归之于贸易公司，可以充分享受相关的税收优惠政策。另外，分设多个独立纳税核算的企业，还可以实现管理费用在分设企业之间的合理分配，在一定限度内增加扣除限额，减少年终申报时应纳税所得额的调增项目，从而达到降低税负的目的。

对于自身含有技术研发相关业务板块的企业，应当合理地将技术部从常规的生产经营部门分离出来，设立符合条件的高新技术企业。我国政府为鼓励企业自主研发，对科技类企业加大财政支持力度。因此，将技术部单独设立成独立纳税主体，可以享受低税率、加计扣除等税收优惠政策，降低实际税负。

5. 以机器代替人工

柜员的工资在一些互联网银行的成本中占有较大比例，但银行无法为柜员工资开具增值税专用发票，因此，银行若通过推广自助柜员机、网银以及手机银行来取代一部分柜员，就可以减轻增值税负担。购买机器不仅节省了柜员工资支出，而且购置机器的费用还可以抵扣增值税，为企业降低税负。

比如，某互联网银行计划推出自助柜员机，计划支出12 000万元（假如6 000万元适用6%的税率，6 000万元适用13%的税率），同时裁撤柜员岗位，可节省15 000万元。银行可抵扣的增值税为$6\ 000/(1+13\%)\times 13\%+6\ 000/(1+6\%)\times 6\%=1\ 029.89$万元，同时节省其附加税$1\ 029.89\times(7\%+3\%+2\%)=123.59$万元，共节省$1\ 029.89+123.59=1\ 153.48$万元。因此，推出自助柜员机同时节省了

3 000 万元的工资支出，获得了 1 153.48 万元的增值税及其附加的利益。

7.4.3　正确运用税收政策变动期的税收筹划

数字经济下互联网企业的发展上限在当前是无法预估的，例如现在比较火热的"元宇宙"系列衍生品已经进入了人们的视野，引来了社会各界的广泛关注。而税收政策应该如何去适应这些日新月异的变化，短时间内无法做出正确的判断。一旦国家对数字服务税进行立法，就意味着该税种上升到了法律层面，其地位和意义就发生了巨大变化。通过对互联网企业的税收征管现状进行分析可知，在短时间内互联网企业的税收政策变化很可能体现在企业所得税和增值税的相关法律法规的变化上。

对于互联网企业来说，尽管目前国内税收政策存在一定的空白，企业尚可借助一些方法去规避税收，但是企业意识到，税收筹划的本质是在符合税收立法精神的前提下，通过对企业经营结构、销售环节等提前做好部署，使企业符合税收优惠政策的适用条件。在当前的税收政策变动的情况下，互联网企业应该加强对数字经济领域的政策解读，关注国内税收法律法规的变动，掌握税收立法精神，对税收政策的变动积极做出应对。

典型的例子就是我国 2001 年的对粮食类白酒进行了消费税改革，新增的一道从量税使得大多数白酒企业税负加重，甚至因此而破产。但也有像水井坊（原全兴大曲）这样的企业，通过提升自身产品质量，从低端酒向中高端酒转型，其销售价格也因此大大提高。企业通过产品转型提高价格的方法弱化了从量税部分的税收负担，最终承担起白酒消费税改革的重压，进一步发展壮大了企业。互联网企业应该保持这样的"机警"，在日常活动中要培养预防税务风险的意识，一旦税收政策出现变动，应该及时根据企业自身的情况做出相应的改变，制定合理的税收筹划方案，减轻企业的税收负担。

7.4.4 运用"税收链"实现税收筹划

税收链是指企业经营活动的目的就是为了创造价值，因此会在企业的融资、生产、销售、投资、重组等环节产生一条价值链，而在这些环节都会涉及各种性质的税收，因此也会产生一条税收链。税收链的构成要素包括：股东、债权人；产品生产链上下游的供应商和分销商；公司管理层和劳务员工；承受税务转嫁的客户和进行税收征管的税务部门等。

通过分析互联网企业的税收链，有助于企业分析各个流程涉及的应纳税种和税收负担大小，同时还能发现各个环节涉及的利益相关者。因此，企业能够很快发现在各个环节进行税收筹划所带来的效果，最后从自身和利益相关方的角度进行综合考虑，以整体的视角眼光去进行税收筹划，实现各方多赢的局面。例如，互联网企业对员工可由"工资化"向"福利化"进行转变，将员工减少的工资转换为各种员工福利，有效地减轻员工的个人所得税税负；还有一些互联网企业因为规模、技术等问题，可能会出现并购重组，在这个环节应使得税务处理尽量符合特殊性税务规定，实现延迟纳税，获得资金的时间价值；互联网企业也可以对供应链上下游做税收筹划，通过合并供应商的行为可以在一些环节减轻增值税和企业所得税，也可以将纳税主体进行拆分，使得拆分后的纳税主体适用更低的税率。当然，一个合适的税收筹划方案绝不是只针对某一个环节，而是要考虑多方利益和企业自身的经营目标，税收筹划方案只是一种更好地实现企业经营目标的手段。

7.4.5 "业财法税融合"视野下的税收筹划

业务是税务产生的根源。业务发生的内容、模式、合同、时间等都会对税收结果产生影响。一笔业务从发生到财务记录、再到税务申报，是一个完整的管理链条。可以说，企业的税务处理基本上在业务开始时就已经确定了。在传统模式下，财务在业务发生之后，以记录经济业务发生和完成的情况。而税务在财务完成记账之后，才开始进行税务处理和税收筹划。在传统情况下，税务处理和税收筹划具有一定的滞后性，税收筹划的效果也不能保障。目前，国内大型集团公司会考虑设置税务部，而大多数企业并没有税务部，都是由财务部门来完成税务工作。税务人员在企业中的权限和地位比较低。

因此，首先，企业必须将税收筹划前置，在业务发生时就考虑税务的问题，提高企业税务人员的权限和地位，让税务人员可以在业务发生前就对业务安排进行税务上的考量和测算。其次，数字时代企业开展税收筹划，税务人员必须对业务流程进行实时监控。在数字时代下，税务人员可以借助互联网和大数据技术，充分收集、利用与税收相关的数据，实现业务全流程的监控。企业可以建立涉税数据库，对税务风险进行预警。通过对收入、成本等数据的实时监控和计算分析，企业可以提前预测自己的税负，将税收筹划环节前置化。例如，某煤炭集团2021年上线了数字化智能风控系统，该系统采集了财务、发票、纳税等一系列数据，可以实现税务风险的监控与预警。通过该系统，其税务管理由"期间型管理"转变为"实时性监控"。这种对涉税数据的利用可以使税收筹划环节前移，实现"业财法税融合"下的税收筹划合规方案设计与操作。

第 3 篇

数字时代的税收筹划典型案例分析

第 8 章 / Chapter Eight
互联网平台企业税收筹划案例

8.1 互联网金融企业税收筹划案例

　　A 集团是一家综合性的互联网金融企业，经营范围广泛。在互联网理财、信贷、保险等方面，均开展了相应的业务，具有基金销售支付资格认证，有信用贷款产品，并成立了保险社。A 集团具有多项经营牌照，如银行、基金、保险、小贷等，集团下属近二十家子公司。公司的主要收入来源是通过向商家、个人用户、金融机构等提供技术服务收取的技术服务费，同时，公司与政府也有深度合作。

　　本案例首先分析了互联网金融企业 A 集团的基本情况，随后引入一些税收筹划方法，比如利用税收优惠政策筹划、会计政策筹划等。由于 A 集团的主要收入来源是服务费收入，因此针对收取服务费进行税收筹划分析，再从关联交易、互联网理财和保险业务、员工激励计划等视角探讨税收筹划的实践操作。

8.1.1 利用税收优惠政策进行税收筹划

A集团设立了一家核心系统基于云计算构架的商业银行B，B银行是一家科技银行，没有线下网点，能够享受一系列的税收优惠政策。B银行在发放贷款时，若贷款对象为国家扶持的小微企业或者个体工商户，贷款所取得的利息收入可以享受增值税的税收优惠政策。

根据国家税务总局发布的财税〔2017〕77号文件的规定，金融机构向个体户或者小微企业贷款时，符合一定的条件可以免征增值税，该条件限制为100万元的贷款额，符合此条件，利息收入即可享受免税政策。企业可以据此进行筹划，在选择放贷对象时，适当考虑小微企业和个体工商户，这样就可以享受增值税上的优惠政策。在企业所得税方面，也有相应的优惠政策，对小微企业进行贷款时，可以按比例计提贷款损失准备金，且允许在企业所得税前扣除。此外，印花税也可以享受免税政策。

A集团下属的分公司是国家重点软件企业，属于高新技术企业，在企业所得税税率上，可以享受10个百分点的折扣。同时，研发费用可以享受加计扣除的优惠政策，未形成无形资产计入当期损益的，可以在据实扣除的基础上，再按实际发生额的75%在税前加计扣除；形成无形资产的，可以按照无形资产成本的175%在税前摊销。

金融机构向小微企业贷款时，利息收入的增值税征收方式有两种，即起征点式和免征额式。所谓的起征点式，即在贷款利率不超过银行同期基准利率1.5倍的情况下，全部利息收入免征增值税；超过1.5倍时，全额征税。所谓的免征额式，即利率不超过1.5倍的部分免税，超过1.5倍的部分需要征税。A集团可以对自己的贷款利率进行税收筹划，选择合适的利率以节省税收。

8.1.2 收取服务费的税收筹划

A集团是一家综合性的互联网金融企业。公司的主要收入来源是通过向商家、个人用户、金融机构等提供数字支付服务而收取的技术服务费，费用的计算标准是根据交易规模的大小来定的。根据营改增相关政策规定，收取技术服务费的增值税税率为6%。此时，进行税收筹划应合理地确定服务费的计算标准即服务费率，若服务费率过高，此时虽然收入变多，但所缴纳的增值税也会变多；若服务费率过低，此时虽然缴纳的增值税较少，但营业收入也较低。因此，应合理确定服务费率，进行事前筹划，才能保证税后收益最大化。

8.1.3 利用会计政策进行税收筹划

企业购进机器设备等固定资产时，在会计上并不能一次性计入成本费用，而是采取计提折旧的方式分期扣除，因此，我们可以利用会计政策的选择进行税收筹划。假设企业选择的是年限平均法计提折旧，则每年计提的折旧额相等；若企业改为加速折旧法计提折旧，例如采取双倍余额递减法、年数总和法，则企业在固定资产使用寿命内前期计提的折旧多，后期计提的折旧少。由于折旧的抵税效应，计提的折旧可以在企业所得税前扣除，因此，采取加速折旧法，可以减少企业前期所缴纳的税收，将税收缴纳期限往后推迟。

8.1.4 利用关联交易进行税收筹划

A集团下属近二十家子公司，由于子公司具有法人资格，独立开展生产经营业务，单独进行会计核算，因此母子公司之间的关联交易可以确认收入与成本费用，有一定的税收筹划空间。例如，当母公司经营处于亏损状态，而子公司处于盈利状态时，可以在母子公司之间签订金融服务合同，由母公司提供服务，取得销售收入。由于母公司处于亏损状态，此时无须缴纳企业所得税，而子公司取得金融服务所发生的成本费用可以在企业所得税前列支，有效地降低了当期应缴纳的企业所得税。利用关联交易进行税收筹划需要注意以下三点。一是关联交易必须要具有清晰完整的证据，例如双方交易所签订的合同，合同内容具有合理的商业目的，具有经济实质，具有合理的交易对价，关联交易业务真实发生。如果没有相关的证据证明关联交易的真实合理性，则有可能被税务机关采取反避税调查措施，认定为是逃避缴纳税款行为。二是提供服务方在会计利润上处于亏损状态，或者虽然会计利润处于盈利，但应纳税所得额为负数，此时无须缴纳所得税或者企业能够享受某种企业所得税率优惠政策。由于提供服务方无须缴纳所得税，此时，若提供服务方通过提供服务取得收入，在取得收入不太大的情况下，可以享受免交企业所得税的优惠。而服务接受方由于在会计利润上处于盈利状态，或者会计利润虽处于亏损状态但应纳税所得额为正数，此时，服务接受方由于取得服务发生成本费用可以在企业所得税前扣除，冲减了应缴纳的企业所得税，当期应缴纳企业所得税减少，这对服务接受方也是有利可图的。事实上，母子公司作为服务提供方与服务接受方的身份是可以互换的，应根据实际情况进行考虑。三是若母公司为服务提供方，虽享受企业所得税的优惠政策，但取得了收入，应缴纳的增值税额有所增加。因此，母公司应综合考虑企业所得税优惠上的利与增值税税负增加上的弊。

8.1.5 互联网理财与保险业务的税收筹划

互联网理财,其实就是通过互联网平台购买传统的理财产品(如股票、基金、保险等)。在传统模式下,客户通过银行、证券公司、保险公司等线下渠道购买理财产品,但随着互联网的深入发展,在互联网上购买理财产品变得更加简单便捷。例如,支付宝、微信支付等都提供理财产品的购买,在同花顺等炒股软件上可以非常方便地进行股票的线上交易。在互联网时代,人们已经无须前往证券交易所进行交易,通过手机、计算机等即可方便快捷地进行交易。

在互联网理财中,运营保险业务的产品经理也需要进行税收筹划。一般情况下,公司会给产品经理设置一定的业务指标,当业绩达到规定的业务指标时,产品经理可以获得一定比例的提成收入。由于公司的保险收入和产品经理的提成收入均需要缴纳增值税,通过税负转嫁的方式,有一定的税收筹划空间。

例如,某产品经理在10月份完成了106万元的保险业务指标,公司取得了106万元的保险费收入(含税),假设产品经理的提成比例为15%,则:

公司应缴纳增值税为:106/(1+6%)×6%=6万元

产品经理获得提成后:

公司实际收入 =(106-6)×(1-15%)=85万元

产品经理的提成收入 =100×15%=15万元

若进行税收筹划,提高产品经理的提成收入,但由产品经理负担增值税,假设将提成比例提高为20%,则:

公司实际税后收入为:(106-6)×(1-20%)=80万元

产品经理税后收入为:(106-6)×20%=20万元

通过税收筹划,公司的实际税后收入减少了5万元,而产品经理的实际税后收入增加了5万元。事实上，这种筹划方法是公司与产品经理零和博弈的结果，在具体实践中，需要由公司与产品经理共同协商确定合理的提成比例与增值税负担归属。

8.1.6　通过员工激励计划进行税收筹划

财税〔2016〕101号文件规定，对符合条件的非上市公司股票期权、股权期权、限制性股票和股权奖励实行递延纳税政策，符合条件的可以递延纳税，不符合条件的当期需要纳税，因此，存在一定的税收筹划空间。当利用递延纳税的税收优惠政策时，纳税人当期无须纳税，缓解了现金流支出的压力，将税款递延到以后期间缴纳。根据财务学观点，资金具有货币时间价值，纳税人当期不纳税，以后期间才纳税，可以看成是纳税人向政府取得了一笔无息贷款，也即纳税人取得了这笔税款的货币时间价值。因此，利用递延纳税政策对于现金流紧张的纳税人来说是非常重要的。

递延纳税的思路主要有两个：一是尽量推迟收入的确认时间；二是尽早确认成本费用，因为成本费用可以抵税。根据财税〔2016〕101号文件的规定，在满足七项规定的前提下，只要员工未转让自己手中所持有的股票期权、股权期权、限制性股票和股权奖励，则员工就不需要交税，因为员工并没有实际的现金收入，难以负担税款；但如果员工将手中所持有的股票期权等进行转让，此时纳税义务就发生了，因为员工取得了现金收入可以负担税款。因此，等到现金流充裕的时间点进行股票期权等的转让，可以合理地利用递延纳税政策推迟实际纳税时间。

若公司不满足财税〔2016〕101号文件规定的七项条件，则只能选择一般纳税方法。在股票期权（以股票期权为例）授予日，员工个人无须缴纳个人所得税。在股票期权可行权日，员工负有缴纳个人所得税的义务，需要缴纳个人所得税，行权所得按照工资薪金税目适用七级超额累进税率纳税。需要注意的是，虽然行权所得按照工资薪金税目交税，但并不与员工当月的工资薪金合并计算，即行权所得单独计算纳税额。若员工后续将行权所得的股票进行转让，此时的转让价差仍需按财产转让所得计算纳税。若公司满足财税〔2016〕101号文件规定的七项条件，则可以选择递延纳税方法，即在授予日与行权日，员工均无纳税义务，等到实际转让股票时，员工取得的转让所得需按照财产转让所得交税，将纳税义务递延到员工实际转让股票时。

在数字时代，一家大型综合性互联网金融企业涉及业务众多，下属子公司众多，有很大的税收筹划空间。上述案例主要从税收优惠政策、主要营业收入、会计政策选择、关联交易、互联网理财与保险业务、员工激励计划等方面来进行了税收筹划，但事实上企业税收筹划的操作远不止这几个方面，还有更加多元化的税收筹划方法。在传统经营模式下，一家企业的经营业务通常比较单一，税收筹划的空间较小，但到了数字时代，企业的业务趋于多元化、复杂化，因此可以从多个方面进行税收筹划。开展税收筹划必须跳出税收本身的学科范围，统筹应用经济学、管理学、法学等多学科知识，将税收筹划视为一项系统工程，用系统思维去设计税收筹划方案。

8.2 美团外卖税收筹划案例

8.2.1 美团公司基本情况

目前，美团的市值已经达到1.43万亿港元，继续稳坐国内互联网公司的第三把交椅。2021年11月26日，美团发布了第三季度财报，虽然由于疫情影响依旧处于亏损状态，但是其营业收入较2020年同期有了不少的提升。具体来看，美团第三季度营收达488.3亿元，同比增长37.9%；外卖业务交易金额同比增长29.5%至1 971亿元，外卖业务收入达到265亿元，占到其营收总额的54.27%。餐饮外卖业务是美团营收的最主要来源。2019年，通过美团外卖获得收入的骑手总数达到399万人，如此庞大的骑手数量对美团而言意味着高成本，2021年第二季度骑手成本支出达到155亿元，美团合理进行税收筹划有其必要性。

8.2.2 税收筹划方案

1. 通过用工平台转换雇佣关系

（1）方案介绍

美团外卖通过灵活用工平台将其与骑手之间的关系由雇佣变为平台合作关系，将提供基础服务的骑手变成个体工商户，这种做法大大降低了公司的税收成本以及其他用工成本，如图8-1所示。

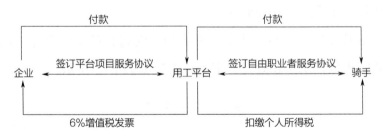

图8-1　美团外卖用工模式图

以北京某外卖员甲为例，如果甲签订的为雇佣合同，该合同往往是骑手与有关配送公司或用工平台签署而不是与美团签署，但用工成本是由美团最终承担的。假设甲一个月税前工资为 9 000 元，仅仅考虑基本费用扣除与专项扣除，纳税情况如表 8-1 所示。

表 8-1 纳税情况表

（单位：元）

甲					
员工每月社保	公司每月社保	公司每月公积金	员工每月公积金	每月代扣代缴个人所得税	员工每月税后收入
918	2 655	450	450	78.96	7 553.04
公司成本	12 105				

其中，员工每月社保 =9 000×（8%+2%+0.2%）=918 元，公司每月承担社保 =9 000×（16%+10.8%+0.8%+1.9%）=2 655 元；公积金按照 5% 的比例计算，假设职工上一年度月平均工资为 9 000 元，个人部分 =9 000×5%=450 元，公司部分 =9 000×5%=450 元。

每月预扣预缴税款的基数 =9 000-5 000-918-450=2 632 元，公司每月代扣代缴的个人所得税 =2 632×3%=78.96 元。一年下来累积的应纳税所得额为 31 584 元，并没有超过 36 000 元，因此公司每月为甲预扣预缴的个人所得税税款均为 78.96 元。

如果甲通过用工平台成为美团外卖骑手时将自己变成个体工商户，假设其经营收入依然为 9 000 元，则纳税情况如表 8-2 所示。

表 8-2 纳税情况表

（单位：元）

个人所得税	甲税后收入	公司成本
275	8 725	9 000

经营所得平均到每月的应纳税额 =[（9 000×12-60 000）×0.1-

1 500]/12=275 元，计算过程中没有考虑到甲支付的社保费用和其他相关费用的扣除，如果加上其他扣除或是采用核定征收的办法，实际应纳税额会更低。

（2）方案分析

从美团的角度，在这种情况下，每月每个骑手的用工成本降低了（9 000+2 655+450）–9 000=3 105 元，大大降低了用工成本。此外，用工平台企业和美团签订服务协议，美团支付骑手的报酬和平台服务费后，平台可开具税率为 6% 的全额增值税专用发票，用于美团的进项税额抵扣。

对于平台而言，平台方与甲构成了外部合作关系，平台不用再对其承担管理、缴纳社保医保等方面的责任，给平台带来的好处不言而喻。平台方可能会去诱导骑手注册成为个体工商户，甚至利用信息不对称设置复杂的环节，增加骑手对合同的理解难度和司法成本。

对于骑手而言，税后收益有一定的增长，但是需要自己缴纳社保，平台能给骑手提供的保障很少。这些从业者的流动性较大，不能保证社保的连续缴纳，他们的收入也很难在大城市安家，不需要通过缴纳职工社保去换取购房、子女读书的权利。因此，他们即使知道成为个体工商户从用工平台得到的保障很少，中间的利益会被美团和用工平台瓜分，但因为这种方法在一定程度上增加了他们的税后收入，所以他们往往也都会遵从平台的要求。

此外，这种税收筹划可能存在一些税收风险：

第一，个人所得税中的经营所得和独立个人劳务报酬所得有类似之处。从骑手角度来分析，如果仅仅进行个体工商户的注册而不办理个体工商户营业执照，骑手可能无法获得个体工商户相应的法律身份，取得的收入可能被确认为独立个人劳务报酬所得。劳务报酬所得预扣预缴时，每月需要预扣预缴的个人所得税为 9 000×(1-20%)×20%=1 440 元，年终和工资薪金等共四项所得一起并入综合所得汇算清缴，可能一年下来相比于计入经营所得和工资薪金所得，骑手的个人所得税税负并没有加重，但是当期到手的报酬变少了，没有递延纳税的效果，其实并不划算。

第二，美团在采用这种方式招募骑手时，需要注意虚开增值税发票的问题。比如，在 2021 年 6 月 16 日，山东省威海市破获一起互联网灵活用工平台虚开增值税专用发票案[一]。在该案中，威海市金融机构发现平台对公账户与当地个人账户存在大量资金流转，这些个人银行账户资金随后又回转至多家用工单位负责人账户，因而被认定存在资金回流嫌疑。在税警银违法信息共享的情况下，这种资金回流极易引起税务机关和警方的调查，极易引发无真实服务虚开发票的认定。

该案可能存在三种情况：

第一，用工单位发布虚假用工信息、提供虚假自由职业者银行账号，灵活用工平台在不知情的情况下出现了虚开发票的行为，但其主观上并没有虚开的故意，更未与用工单位进行合谋，此时不应当追究灵活用工平台虚开发票的刑事责任。

第二，灵活用工平台业务员、高管为牟取业务提成、好处费，在明知用工单位无实际用工、自由职业者银行账号系虚假的情况下，仍然帮助其从平台开票，则业务员、高管具有虚开发票的主观故意，应予追究其个人虚开发票的刑事责任。

第三，灵活用工平台自身为了牟取利益而与用工单位合谋，在收取开票费的情况下为其虚开发票，则平台构成犯罪。

[一] 案例来源：https://www.pkulaw.com/lawfirmarticles/1720ee61b59a027b1bd8661ab6e1d2c5bdfb.html。

不管用工平台是否承担责任，用工单位肯定涉及虚开增值税专用发票的行为，企业如果没有虚开发票的意愿，那么用工平台是不会被牵涉进来的。这就要求美团在日常经营中加强管理，能够对实际用工数量以及发放的报酬总额有一个清晰的预测和判断，时刻注意公司账户与个人账户之间有无异常的资金流动。

2. 入驻税收洼地

（1）方案介绍

我国境内"税收洼地"的成因主要有两个：一是国家为促进部分地区和行业的发展，制定了相应的区域性税收优惠政策及行业、特定类型企业的税收优惠政策；二是一些地方政府使用财政返还、财政奖励、财政补贴等方式来吸引企业投资，实质性地降低了企业税负。如果集团企业利用成员企业多的优势，通过关联交易将集团利润集中到"税收洼地"中的成员企业，就可以降低集团整体税负。

近年来随着我国经济的高速发展，大型企业集团越来越多。一些企业集团在不断发展壮大的同时，利用集团优势，通过境内关联交易，将利润从应按 25% 税率缴纳企业所得税的企业转向处于"税收洼地"的低税率企业，以降低集团整体税收负担。以河北省为例，2020 年河北省存在关联交易的企业超 6 000 户，关联交易总额超过 18 000 亿元，其中境内关联交易金额达到 17 500 亿元，占总关联交易额的比例超过 95%。巨大的境内关联交易额中即便小部分存在税收筹划，也会造成国家税收的大量流失。

有些地方政府为招商引资，往往会设立一个经济园区，对园区内的企业给予税收优惠政策，比如给予企业大量的税收返还。这种情况下，园区便成为一个税收洼地，企业往园区迁移或在园区设立公司，通过关联交易等方式将利润尽可能地留在园区公司，便可以享受到大量的税收优惠政策。

如果美团通过注册新公司的方式入驻重庆荣昌工业园区，根据园区政策，增值税地方留存全额的 30%~60% 对企业进行财政扶持，企业所得税地方留存全额的 30%~60% 对企业进行财政扶持，节税效果十分明显。

重庆现在有多个园区对个人独资企业实行核定征收政策，目前个人独资企业经营所得核定征收率为 0.6%，考虑到增值税与附加税费后综合税负在 1.66% 左右。因此，如果美团让相关人员在重庆园区设立个人独资企业，通过业务往来将部分利润转移到园区企业，那么在税收筹划前，该部分利润的企业所得税税率为 25%，税收筹划后综合税负仅为 1.66%。

（2）方案分析

对于美团而言，入驻税收洼地能够以较低的成本获得大量的节税收益。但是，企业需要注意地方政府给出的税收优惠政策是否符合上位法的规定，如果地方政府违规给予企业大量税收优惠政策，造成恶性税收竞争，被上级政府查处，那么企业就无法继续获得大量税收优惠，甚至有被要求补税的风险。比如，2018 年范冰冰"阴阳合同"事件，霍尔果斯从避税天堂变成重点核查区域，10 月 8 日，国家税务总局部署开展规范影视行业税收秩序工作，相关企业需要补缴税款；2019 上半年，税务机关针对性地督促提醒相关纳税人进一步自我纠正，并对个别拒不纠正的影视企业及从业人员开展重点检查，力争建立健全规范影视行业税收管理的长效机制。在 2021 年 3 月，中共中央办公厅、国务院办公厅印发

《关于进一步深化税收征管改革的意见》，明确提出对企业利用"税收洼地"来逃避缴纳税款的行为加大防控和监督检查力度，加强预防性制度建设。

8.3 滴滴出行税收筹划案例

8.3.1 滴滴出行的背景分析

2012年，被称为阿里巴巴最年轻B2B经理的程维创立了北京小桔科技有限公司，并研发了出行类App"滴滴打车"。滴滴打车凭借互联网大数据时代的发展风口，创造了全新的打车模式，乘客线上下单、司机线上接单、平台负责匹配与结算，缓解了传统出租车行业信息不对称的情况，大大提高了司乘匹配效率，并降低了相关交易成本，彻底改变了"路边拦车"的传统打车模式，取得了良好的市场反应。

近年来，滴滴打车不断发展，现在业务已经涵盖快车、专车、出租车、顺风车、公交、代驾、租车、货运、共享单车等领域，并在2015年更名为"滴滴出行"。同时，在过去的9年中，滴滴完成了多轮融资，在2016年合并Uber中国区业务，全球拥有5亿活跃用户与1 500多万名活跃司机，市场占有率多年保持第一，并在2021年6月30日正式在纽交所挂牌上市。根据滴滴赴美上市递交的招股书显示，其2018年、2019年、2020年的营业收入分别是1 353亿元、1 548亿元和1 417亿元，2021年第一季度实现营收421亿元，净利润为54.8亿元，相比2020年同期增长明显。同时，国内出行业务是其营收的主要来源，占比达93%以上，自

2019年起滴滴的国内出行业务就开始扭亏为盈，2021年第一季度的调整后息税前利润（EBITA）达36.18亿元①。因此，面对数额如此巨大且增长迅速的营业收入，进行合理的税收筹划是非常有必要的。

此外，虽然最近几年有关滴滴安全性的争议一直不绝于耳，且2021年7月滴滴被查出严重违规收集个人用户信息，25款相关App被全网下架，并于12月3日宣布在纽交所退市，但是不可否认滴滴仍是互联网大数据时代"网约车"模式下最具影响力的独角兽企业。作为互联网时代下共享经济模式的代表，本案例以滴滴出行为例研究互联网公司的税收筹划，具有一定的代表性。

8.3.2 滴滴出行税收筹划分析

作为网约车行业的"大哥"，滴滴出行的年订单量已超百亿，每日订单量突破5 000万大关，营业收入也在不断增长，如此庞大的体量加大了公司对制度设计、税收筹划安排等方面的重视与要求。下面我们将具体介绍一下滴滴出行主要的税收筹划方式。

1. 通过"平台经济"实现"灵活用工"进行税收筹划

首先介绍一下"平台经济"的概念，在"十四五"纲要中，对平台经济做出了准确定义，其主要是指依靠数字技术、由数据驱动、平台支撑等单元形成的基于数字平台的新经济系统与各种经济关系。对于滴滴来说，其在2015年成为国内首家拥有网络约租车平台经营资格许可的公司，通过自己这个平台来建立司机与乘客的关系，并不需要直接雇用司机，而是通过抽成的方式来获得收入（如图8-2所示）。

---

① 数据来源：纳斯达克官网，https://www.nasdaq.com/market-activity/stocks/didi。

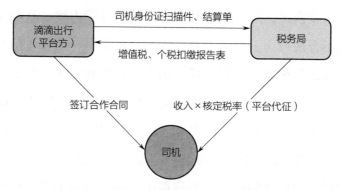

图 8-2 滴滴与司机合作模式的简要介绍

"灵活用工"则主要是指全日制劳动用工以外的其他用工模式，主要形式包括平台型用工、劳务派遣用工等。近年来，为了促进就业，中央对灵活用工的支持力度越来越大。2019 年《政府工作报告》中就提到了要促进灵活就业、多渠道就业。2020 年 7 月 31 日，《国务院办公厅关于支持多渠道灵活就业的意见》（国办发〔2020〕27 号）发布，强调要支持发展新就业形态，进一步表明了中央对于灵活用工的支持力度。

滴滴出行与传统出租车公司最大的不同点之一就是其创新了用工模式。传统的出租车司机需要与公司签订劳动合同，并由公司为其缴纳社保，而滴滴与司机之间则不再是传统的雇佣关系，而是采用一种业务合作模式，将司机全部转化为个体工商户。在这种模式下，滴滴将劳动关系转为合同关系，避免了许多劳动纠纷与用工风险，同时不再需要给司机缴纳社保，另外还可以通过平台获得发票、降低自身税负，这是滴滴主要的税收筹划方式之一，也是其他企业未来税收筹划的趋势。具体的分析如下：

（1）降低企业社保成本

随着"社保入税"改革的不断推进，社会保险费由社会保障局转为税务局征收，税务局以"金税三期"为依托，凭借着全国联网的数据来源与更加严格的审查模式，加大了对社会保险费的征管力度，有利于打击企业缴纳社保的不合规行为。对于企业来说，社保费是一笔较大的开支，无论是由哪方征收，都包含着一些"税"的含义，因此，企业在进行税收筹划时，一定要统筹考虑社保费的缴纳情况，做好社保费支出的安排。

滴滴出行在全球拥有 1 500 多万名活跃的司机，面对如此庞大的司机群体，如果都为其缴纳社保，将是一笔非常大的支出。而在灵活用工的模式下，滴滴与司机之间的关系由雇佣关系转为合作关系，每个司机都变为个体工商户，这样既规避了企业应该缴纳的大额社保费，同时也使得实际个人的收入从工资薪金所得转变为生产经营所得，起到了良好的节税效果。这里，我们用一个简单的例子对比两种用工方式下的税负情况。假设北京的甲、乙两位员工分别与滴滴出行签订了劳务合同与合作合同，税前收入均为 10 000 元/月，则甲与乙的收入与税负情况如表 8-3 和表 8-4 所示。

表 8-3　甲的收入与税负情况分析

甲的收入与税负情况（签订劳务合同）		
个人所得税	甲负担的社保费	甲实际到手收入
134.06 元	531.47 元	9 334.47 元
滴滴承担的社保费		滴滴实际用工成本
1 400.41 元		11 400.41 元

资料来源：北京市人力资源与社会保障局。

表 8-3 中社保费按照北京市人力资源与社会保障局规定的最低基数进行缴纳，个人与单位承担的社保费分别是 531.47 与 1 400.41 元，个人所得税则根据收入情况适用 3% 的工资薪金所得税率。

表 8-4　乙的收入与税负情况分析

乙的收入与税负情况（签订合作合同）		
个人所得税	乙实际到手收入	滴滴实际用工成本
0 元	10 000 元	10 000 元

资料来源：国家税务总局北京市税务局。

乙与滴滴签订合作合同，滴滴不用为其缴纳社保费，而且乙注册成为个体工商户，可以适用个人所得税核定征收政策。根据《国家税务总局北京市税务局关于调整个体工商户个人所得税核定征收率的公告》，按月核定征收个税的个体工商户，月经营收入在 3 万元以下的，个税核定征收率为 0，因此乙无须缴纳个人所得税。

通过甲与乙的对比，我们可以发现，灵活用工方式既可以减少司机的个人所得税税负，也可以减少企业社保费的负担，降低企业的实际用工成本，实现司机与滴滴平台的双赢，较好地解决了企业社保支出贵、用工成本高、利润虚高等一系列痛点问题。

（2）避免发票缺失问题

在滴滴出行的企业所得税方面，成本费用的扣除是重点问题之一，直接关系着企业税负的高低。对于滴滴来说，其成本费用主要是支付给司机的费用，包括收入与激励费用等。如果滴滴与司机之间是雇佣关系，那么用于支付职工工资的内部凭证就可以作为滴滴企业所得税费用扣除的依据，但通过上文的分析，我们知道滴滴与司机之间主要为合作关系，那么滴滴想要进行费用扣除，就必须有发票的支持。但广大的滴滴司机均难以自行给公司开具发票，这时候"平台经济"的优势又得以体现，滴滴可以适用委托代征的方式，代替广大的平台内经营者即司机向税务机关申请汇总代开发票，而开具的发票可以作为企业所得税税前扣除的凭证，避免之前合作关系中公司与私人直接对接支付佣金容易出现的税务问题，降低企业所得税负担。

2. 通过公司形式与架构进行税收筹划

上文我们分析了滴滴如何通过"平台经济"实现"灵活用工"，从而进行税收筹划。而在这部分，我们将分增值税与企业所得税两大主体税种来分析滴滴的税务状况，同时结合公司形式与架构进一步分析滴滴的税收筹划行为。

（1）增值税方面

根据天津市税务局的资料，可以确认滴滴出行为增值税一般纳税人，但是不同于一般计税方法下交通运输服务按 9% 的税率征税，滴滴所经营的网约车服务属于提供非巡游的预约出租车服务，是公共交通运输服务中的一种，可以选择适用增值税简易计税方法，采用 3% 的征收率计税[一]，而滴滴也选择了简易计税，涉税查询介绍中也明确显示滴滴出行为简易办法征收一般纳税人（如图 8-3 所示）。虽然采用这种方法无法抵扣相关进项，但结合滴滴的业务模式考虑，其本来能够抵扣的进项税额就相对较少，这时选择征收率更低的简易计税方法可以更有效地减轻增值税税收负担。另外，在疫情期间，根据《财政部税务总局关于支持新型冠状病毒感染的肺炎疫情防控有关税收政策的公告》第五条的规定，截至 2021 年 3 月 31 日，滴滴从事的公共交通运输服务可享受免征增值税政策，这同样为滴滴减轻了大量的增值税税负。

[一] 资料来源：财税 [2016]36 号附件二：营业税改征增值税试点有关事项的规定。

第 8 章 互联网平台企业税收筹划案例

涉税查询介绍

为了更好地服务纳税人，提高信息公开透明度，国家税务总局天津市税务局推出网上涉税信息查询系统，向广大纳税人和社会公众提供涉税公告、发票流向、纳税人信用级别、纳税人资格、出口退税率等多项查询功能供您查询使用。

（其中：一般纳税人资格查询，纳税人状态查询每月征期后更新一次，其他查询根据业务需要不定期更新。模糊查询最多显示20条）

注：模糊查询只显示20条信息

#	纳税人识别号	纳税人名称	纳税人资格名称	有效期起	有效期止	所属税务机关
1	911201163409833307	滴滴出行科技有限公司	增值税一般纳税人	2015-08-01	9999-12-31	天津经济技术开发区税务局
2	911201163409833307	滴滴出行科技有限公司	简易办法征收一般纳税人	2016-05-01	2022-05-31	天津经济技术开发区税务局

图 8-3　滴滴出行涉税信息查询情况

资料来源：国家税务总局天津市税务局。

（2）企业所得税方面

图 8-4　滴滴公司形式查询结果

资料来源：天眼查。

通过图 8-4 天眼查的数据，我们可以发现无论是滴滴的母公司北京小桔科技有限公司还是滴滴出行科技有限公司，两者均为小微企业，自然可以享受小微企业的相关税收优惠政策，但作为网约车行业的巨头，滴滴仍然是小微企业显然与其体量以及人们对其的印象不太相符。通过在企查查网站上的进一步查询，我们发现滴滴主要通过分拆业务的方式，在全国各地设立子公司，"摊匀"公司的规模与营收，使得自己以及各地的子公司均符合小微企业的认定标准。

从图8-5可知，滴滴在北京、上海、广州、湖北、成都等地均设立了子公司，范围覆盖全国大部分地区。在企业所得税方面，国家进一步加大了小微企业企税的优惠力度，根据税务总局2021年第12号公告的规定，小微企业100万元以下应纳税所得额的实际税率进一步下降，从5%降到2.5%，100万元到300万元应纳税所得额的实际税率继续保持在10%，相比企业所得税25%的一般税率，作为小微企业的滴滴可以降低大部分企业所得税税负。另外，在筹资方面，小微企业与金融机构签订的借款合同可以享受免征印花税的优惠政策，同样降低了滴滴出行的整体税负。

3. 通过园区优惠政策来进行税收筹划

通过企查查等平台的数据查询，我们可以发现滴滴出行的登记注册地为天津经济技术开发区（泰达开发区）。作为最早的一批国家级开发区，天津开发区的投资环境评价排名一直位于全国前列，得益于其优秀的地理位置以及丰厚的优惠政策，吸引了全国众多企业前来入驻。且其对滴滴这类独角兽企业非常重视，除了滴滴外，爱奇艺、货车帮等独角兽企业也先后在那里落户。在开发区里，滴滴不仅可以享受企业所得税相关优惠与扶持政策，降低企业总体税负，还可以享受经营扶持、人才激励等多种优惠政策，进一步降低了企业的运营成本。

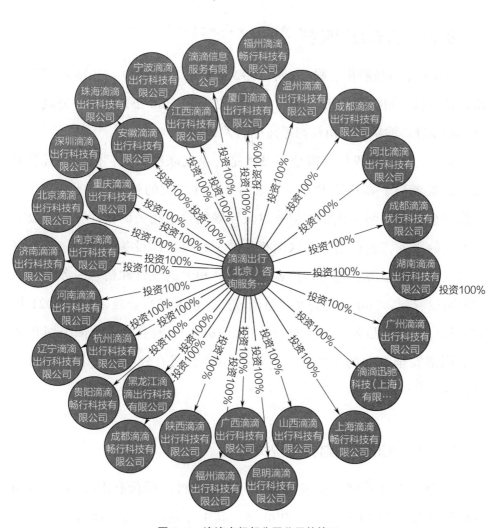

图 8-5 滴滴出行部分子公司的情况

资料来源：企查查。

8.4 360安全科技股份有限公司税收筹划案例

8.4.1 360公司概况

360安全科技股份有限公司于1992年6月20日成立，2018年借壳江南嘉捷电梯有限公司上市。2018年2月28日，360正式更名并完成股权过户后复牌。股票简称由江南嘉捷更名为360。

360安全科技股份有限公司虽然是一家互联网企业，但其经营范围较广，既包括了高新技术方面互联网及软件相关的咨询、转让、推广，网络安全和互联网文化相关服务以及互联网信息相关的云计算与大数据等方面的服务，也包括了互联网相关的硬件及辅助设备的服务，还有更加传统的会议会展、电梯扶梯和电器器械相关的设计和销售服务。从中我们可以看到，360公司的经营范围较广，涉及的行业较多。在2021年的最具价值中国品牌100强排行榜中，360安全科技股份有限公司是唯一的网络安全方面的上榜品牌，可见360公司有较强的知名度和用户黏性。

8.4.2 360公司财务及税负情况

从360的合并财务报表来看，360安全科技股份有限公司在2020年的年度收入为11 614 731 000元，其中互联网广告及服务实现收入7 512 419 000元，利润总额为3 374 317 000元，税前利润率为44.92%。

360安全科技股份有限公司在2020年的所得税费用为536 415 000元，所得税的实际税负率为15.9%，相比于25%的普通企业所得税税率来说，有一定的税收优惠，但仍有一定的筹划空间。

8.4.3 从 360 公司看互联网企业的税收筹划方法

1. 将经营内容细化分解

根据 360 安全科技股份有限公司的主营业务范围我们可以看到，公司的经营内容比较广泛，既包括了互联网高新技术相关的技术咨询、转让及推广等方面的服务，也包括了传统行业的会议会展、电梯扶梯等。从 2020 年公司年度报告中我们可以看到，公司的所得税税率是 0~25%，可以看出公司部分业务确实适用了更低的优惠税率。360 公司可以将其业务细化，成立多个子公司，不同子公司运营不同的项目，以期将部分子公司认定为高新技术企业和小微企业，从而避免企业兼营不同行业业务从高计税而带来的不必要的成本。

根据《高新技术企业认定管理办法（2016 年）》规定的各项条件，该公司于 1992 年成立，符合管理办法中关于成立时间的要求；公司的核心技术同样属于国家重点支持的高新技术领域；公司在其核心业务中有多项专利权，符合管理办法中对其主产品在技术上需要拥有核心知识产权的要求。研发人员、研发费用和高新技术收入占比的要求，对于公司来说，也非常容易实现。那么，只要 360 积极进行相关的资质申请，其大部分子公司就可以认定为国家认可的高新技术企业，享受资质认定带来的一系列税收优惠政策。此外，将公司细化后，部分营业收入较低的子公司，可以申请认定为小微企业，享受小微企业的部分税收优惠政策。

首先，对于资质认定成功的子公司来说，研发费用可以享受按照 200% 的比例加计扣除的优惠政策，对于研发支出较高的互联网企业，此举可以节约相当大的一部分税费。同时，对于成功认定为小微企业的部分子公司而言，还可以进一步降低税负成本，选择以小规模纳税人的身份缴纳个人所得税。

其次是所得税部分，可以按照15%的优惠税率缴纳企业所得税[1]。相比于25%的常规所得税来说，符合条件的收入可以少交应纳税所得额的10%，可以在一定程度上减少企业的税收成本。

对于不能认定为高新技术企业或者小微企业的分公司，也可以按照原有的税率正常缴纳增值税及企业所得税，此筹划手段不会带来额外的税收负担。

从360的年度报告中我们可以看到，目前360公司子公司数量较多，通过计算我们可以看到360公司的企业所得税的实际税负率也达到了15.9%，可见企业也已经采取了税收筹划手段来降低税负，但仍有进一步进行税收筹划的空间。

2. 转换子公司企业形式

360作为互联网公司，其大部分营业收入还是来自于公司内部软件的安装、使用和相关广告费用带来的收入，具有互联网企业相对来说利润率较高的特点。此外，相对来说互联网企业高级管理人员的工资较高，企业股东的分红也较多，因此可以将企业内的部分经营模块注册为股东或者高管的个人独资企业。

若按照原有的经营模式，企业分给股东的相关收入需要在缴纳25%或15%的企业所得税后再缴纳20%股息红利的个人所得税，总体税负率高达45%。而分给公司高管则需要缴纳工资薪金相关的个人所得税，最高的边际税率也可以高达45%。如注册为个人独资企业，则个人生产经营的

---

[1] 来源：《关于实施高新技术企业所得税优惠政策有关问题的公告（国家税务总局公告2017年第24号）》。

边际税率最高仅为35%，也可以减少10%的税收负担。

3. 聘用残疾人以降低企业税负

根据我国现行法律制度的相关规定，安置残疾人员的，在支付职工工资的基础上，可以按照100%进行企业所得税前的加计扣除。对于360公司来说，其大部分子公司的经营范围都属于高新技术方面，同等条件下聘用肢体残疾的员工，对企业的日常经营并没有实质性的影响，而且在企业所得税方面也可以享受到聘用残疾人带来的税收优惠政策。

在增值税方面，若生产销售货物或提供加工、修理修配劳务取得的收入占增值税业务收入之和达到50%以上，还可以享受按月退还增值税的税收优惠，对于360公司来说，部分子公司也可以达到相关的标准。

4. 将部分企业转移至科技园

随着科技的进步，互联网企业的数量不断增加，各地开设了各类针对高新技术企业的科技园区来促进行业聚集、加强行业管理，进一步促进行业发展。为吸引企业搬迁至科技园区，在科技园区的企业可以享受财政政策的扶持。

首先是增值税，增值税的地方留存率是50%，那么可享受的财政扶持资金占增值税总体税负的比率可以达到20%~42.5%。其次是企业所得税，企业所得税的地方留存率是40%，那么可享受的财政扶持资金占企业所得税总体税负的比率可以达到16%~34%。

因此，企业可以选址在科技园区中，一方面响应了国家行业聚集的相关政策，另一方面也可以获得一部分财政补贴，降低企业的税收负担，增加企业的经济利润。对国家和企业来说，这都是一个双赢的选择。

8.5 互联网游戏企业税收筹划——以三七互娱公司为例

8.5.1 三七互娱公司基本概况

1. 公司简介

三七互娱公司总部设在广州,并在国内外设有多个子公司或办事处等分支机构。该公司主营业务为移动游戏和网页游戏的研发、发行和运营为基础的文化创意业务,同时在其他领域也进行了投资和收购,如 5G 云游戏、影音动漫、电竞等。2020 年,三七互娱公司获得了中国互联网游戏企业 A 股顶峰的成绩。公司的业务包括:

(1) 移动游戏业务

三七互娱公司的移动游戏业务主要分为游戏研发和发行业务。在产品研发上,主要致力于扩大产品的深度和广度两个方面,努力提升产品性能和美观度,以及玩法的创新。同时,公司还投资了多个研发商,以进一步打造优质产品。在产品发行上,三七互娱公司拥有庞大的国内外市场,至今已成功发行多个不同游戏品类的产品,尤其是在海外市场取得了优异的营销成绩。

(2) 网页游戏业务

三七互娱公司以 37Games 为平台,开发了《大天使之剑》《武神赵子龙》《镇魔曲网页版》等游戏,公司在海外的品牌囊括了韩国市场、泰国市场等,覆盖 70 多个国家和地区,是全球覆盖面最广的游戏平台之一。

(3) 文娱产业布局

三七互娱公司同时也对其他文创产业进行了布局,力求业务多元化发展，如 5G 云游戏、影音动漫、电竞等。例如，在电竞领域投资了 AG 电子竞技俱乐部。

2. 组织架构

三七互娱公司的业务遍布国内外，组织架构庞大，在广东、上海、新疆、西藏、香港等地均设有子公司和孙级及以下公司；此外，在欧美和亚洲的海外国家和地区也设立了多个子公司，主要分布在美国、新加坡、英属维尔京群岛、开曼群岛等地（如图 8-6、图 8-7 所示）。

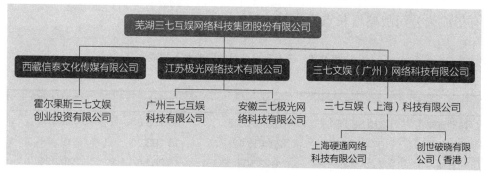

图 8-6　国内股权结构图○一

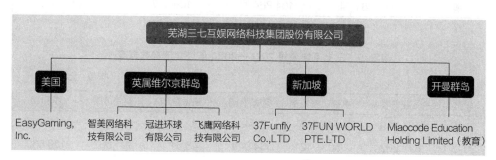

图 8-7　国外股权结构图○二

○一 图中只选取了本案例研究的部分公司。

○二 图中只选取了本案例研究的部分公司，因海外公司信息不全，因此在这里只考虑地域，统一假设为一级子公司。

3. 公司经营情况

三七互娱公司 2020 年的财报显示全年主营业务收入约为 144 亿元，其中，移动游戏收入占营业收入比重高达 92.33%，网页游戏收入占营业收入比重仅为 7.5%，且比重较 2019 年有所下降，其他收入仅占 0.17%（如表 8-5 所示）。公司 2016—2020 年的盈利水平极其可观，主营业务收入逐年递增，尤其是在 2019 年，营业收入急剧上涨，同比增长 73.30%，这主要归功于移动游戏业务的持续高速增长（如表 8-6 所示）。此外，公司全球化战略布局提速显著，2020 年境外收入增长一倍有余，海外市场有望成为公司战略增长点之一。

表 8-5　三七互娱公司的营业收入构成

（单位：万元）

	2020 年	2019 年	增减额	同比增减
移动游戏	1 329 589.54	1 198 865.68	130 723.86	10.90%
网页游戏	107 961.71	123 155.42	-15 193.71	-12.34%
其他	2 419.06	692.50	1 726.56	249.33%
境内	1 225 688.56	1 217 849.48	7 839.08	0.64%
境外	214 281.74	104 864.11	109 417.63	104.34%

表 8-6　三七互娱公司 2016—2020 年经营情况数据表[一]

（单位：万元）

年份	主营业务收入	主营业务成本	管理费用	研发费用	利润总额	净利润
2016	524 789	413 767	51 493	31 767	131 877	121 667
2017	618 882	503 942	34 049	43 617	191 662	183 650
2018	763 268	704 194	24 606	53 771	121 932	115 143
2019	1 322 713	1 058 667	22 186	82 039	269 613	241 684
2020	1 439 970	1 146 891	36 621	111 265	324 897	303 583

[一] 数据来源：三七互娱公司 2016—2020 年年度报告。

三七互娱公司极其重视产品和技术研发，近年来不断推出新的游戏产品，并努力在海外市场推广。因此，在公司各项费用中，研发费用攀升表现明显，2020年公司研发投入11.13亿元，同比增长36.66%，增幅高于营业收入增长水平。近三年，研发投入累积达到24.71亿元，投入巨大。

8.5.2 三七互娱公司纳税情况

1. 涉税情况分析

三七互娱公司作为一家游戏研发公司，业务活动广泛，包括技术转让、技术开发和与之相关的技术咨询、技术服务，图文设计制作，计算机、软件及辅助设备的销售，以及实业投资等，因此涉及多项税收（如表8-7所示）的缴纳。例如，增值税以及对应的城市建设维护税和附加费；企业业绩持续良好，无亏损现象，需要缴纳企业所得税；交易过程涉及技术合同签订等，需要缴纳印花税；此外，公司办公楼自用或出租需要缴纳房产税；公司购买了土地使用权则需要缴纳契税。

表8-7 三七互娱公司2016—2020年主要税种应交税费期末余额⊖

（单位：万元）

	2016年	2017年	2018年	2019年	2020年
增值税	2 016.63	2 277.82	3 357.40	2 738.53	1 793.51
企业所得税	2 675.86	3 124.92	5 103.28	12 731.20	11 111.14
个人所得税	52.76	107.81	97.16	199.81	337.59
印花税	37.13	48.57	59.13	116.71	213.58
房产税	45.50	45.43	—	—	24.73
契税	—	—	—	—	2 358.22

⊖ 由于各项税费当年应纳税额无法从财报中直接得到，这里用"应交税费"科目期末余额近似代替。

从表 8-7 中可知，三七互娱公司的增值税 2016—2018 年逐年递增，但是 2019 年突然下降，而其业务收入仍保持递增趋势，部分原因可能是 2019 年 4 月 1 日增值税税率普遍下调，最高税率下降了 3 个百分点，为增值税减负。除了增值税出现反向变动，企业所得税税负在 2020 年也出现了转头向下的情况，个人所得税、印花税和业务收入增长趋势大体相同。增值税、企业所得税是我国的主体税种，在企业的税负中占比较大，因此本案例主要围绕这两个税种来进行筹划分析（如图 8-8 所示）。

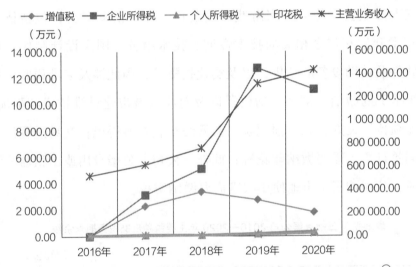

图 8-8　三七互娱公司 2016—2020 年主营业务收入和主要税种的趋势[一]

2. 公司适用的税收优惠政策

为鼓励软件企业研发高质量产品，优化核心技术，加强我国创新能力建设，国家自 2012 年起针对软件企业制定了多项税收政策，分类如下（如表 8-8 所示）。

[一]　数据来源：三七互娱公司 2016—2020 年年度报告。

表 8-8　三七互娱公司财报体现的税收优惠政策

税种	文件名及文号	主要内容
增值税	《关于全面推开营业税改征增值税试点的通知》（财税〔2016〕36号）	提供技术转让、技术开发和与之相关的技术咨询、技术服务，免征增值税
	据《财政部 国家税务总局关于进一步鼓励软件产业和集成电路产业发展企业所得税政策的通知》（财税〔2012〕27号）、《关于软件产品增值税政策的通知》（财税〔2011〕100号）	增值税一般纳税人销售其自行开发生产的软件产品，按17%的法定税率征收增值税后，对其增值税实际税负超过3%的部分实行即征即退政策
企业所得税	《财政部 国家税务总局关于进一步鼓励软件产业和集成电路产业发展企业所得税政策的通知》（财税〔2012〕27号）	软件企业可享受"两免三减半"的所得税优惠，即自获利年度起，第一年和第二年免征企业所得税，第三年至第五年减半征收企业所得税
	《中华人民共和国企业所得税法》及实施条例	国家需要重点扶持的高新技术企业，减按15%的税率征收企业所得税
	《西藏自治区招商引资优惠政策若干规定（试行）》的通知	企业自2018年1月1日至2020年12月31日，执行西部大开发15%的企业所得税税率
	《财政部 国家税务总局关于新疆喀什、霍尔果斯两个特殊经济开发区企业所得税优惠政策的通知》（财税〔2011〕112号）	对在新疆喀什、霍尔果斯两个特殊经济开发区内新办的属于《新疆困难地区重点鼓励发展产业企业所得税优惠目录》（以下简称《目录》）范围内的企业，在2010年至2020年期间，自取得第一笔生产经营收入所属纳税年度起，五年内免征企业所得税

对于企业财报中体现的已享受的部分税收优惠政策，本文主要分析其税收筹划模式，并根据财务报告中列示的其他信息探讨企业的税收筹划路径。

8.5.3　三七互娱公司国内税收筹划分析

1. 增值税税收筹划分析

（1）游戏道具结算方式的筹划

在自主运营模式下，公司先通过各种方式取得产品代理权，再利用自身平台或者其他平台发布并运营产品,玩家在游戏内进行现金充值并获取游戏币,可以购买游戏道具。公司则负责游戏的运营、推广与维护,以及在线客服及充值收款的统一管理。

在平台联合运营模式下,与自主运营模式不同的是,玩家通过第三方平台进行注册,再进入游戏进行上述道具的购买行为,企业和第三方平台合作,负责各自渠道的管理,公司根据与第三方平台的合作协议,双方对收入进行分成,核对无误后再进行确认。在销售计算方式上,三七互娱公司具备税收筹划的空间。

玩家必须先付款才能购买游戏道具,但是玩家并非购买了游戏道具后就会立即使用,或者道具存在时效性,按规定只能在某一期限内使用。此外,也存在玩家充值游戏币但并未进行购买的情况,由此出现了游戏公司预收货款但未发货的情形。根据我国增值税规定,采用预收货款结算方式的,增值税纳税义务发生时间为发出货物的当天。因此,三七互娱公司可以将游戏道具延迟消费作为筹划的核心,在不损害玩家利益的基础上,适当开发一些具备时效性的游戏产品,这样公司可以提前取得货款,且并不需要开具发票,增值税纳税义务不会立即发生,产生递延纳税的间接节税效果。此外,除了税负的降低,企业也可以获得大量现金流,用于投资其他业务。

(2)网络广告业务的销售方式筹划

除了游戏产品制作,公司还负责游戏推广工作。三七互娱公司在成立之初就是一个网络游戏平台,为了获取更多用户,公司不仅通过自己的平台进行推广,还与其他平台公司合作,在这些平台上投放游戏广告,吸引目标用户,由此取得游戏推广收入。由于各大运营商、媒体平台(如腾讯、今日头条等)挤占市场,市场竞争激烈,三七互娱公司向客户收取广告费时采用折扣的方式降低价格，提高竞争力。

我国增值税规定，纳税人采用折扣销售方式可以按照折扣后的金额确认收入，要求销售额和折扣额必须在同一张发票上的"金额"栏分别注明。一方面，公司采取打折的方式实施低价竞争策略，可以吸引更多客户、占领市场；另一方面，只要遵循税法规定，将广告收入的总价拆分为折扣额和剩余收入，分别填入同一张发票内的"金额"栏而非"备注"栏，就可以实现直接节税的效果。

2. 企业所得税税收筹划分析

（1）研发费用加计扣除的税收筹划

网络游戏行业是迭代升级速度较快的产业，内容创新能力尤为重要。因此，三七互娱公司极度重视产品研发工作。2020年，公司研发投入11.13亿元，同比增长36.66%，增幅高于营业收入增长水平，如图8-9所示。为此可以运用税收优惠政策，充分利用研发费用来减税降负。

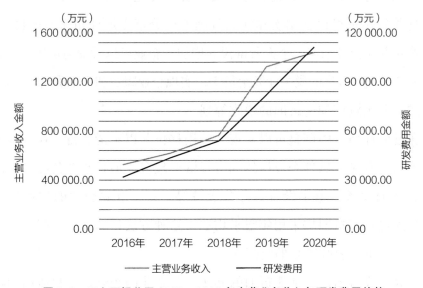

图8-9　三七互娱公司2016—2020年主营业务收入与研发费用趋势

为鼓励企业提高研发能力，2018年我国相关部门发布文件，企业开展研发活动中实际发生的研发费用，在2020年12月31日前可以享受加计扣除优惠政策。发改委2021年将该政策进行了延期。结合国家税务总局公告2017年第40号和财政部、国家税务总局公告2021年第10号文件的规定，直接从事研发活动人员以及外聘研发人员的工资薪金、劳务费用等均被纳入加计扣除的范围中，但与研发活动直接相关的其他费用，如差旅费、会议费等此类费用总额不得超过可加计扣除研发费用总额的10%。

三七互娱公司拥有独立的研发部门，可以利用该优惠政策，增加研发费用支出，充分享受研发费用加计扣除的优惠政策。虽然成立研发部门会带来相应成本的上升，但由于三七互娱的研发费用呈现增长的趋势，研发费用加计扣除的减税幅度大概率会超过成立研发部门的成本。此外，由于差旅费等其他费用存在扣除金额限制，而研发人员的工资薪金无扣除限制，可以将差旅费、交通费、办公费等费用转化为研发人员的工资薪金，从而这些费用也可以在据实扣除的基础上充分享受加计扣除的税收优惠。这种筹划方式会带来员工个人所得税的增加，企业可以考虑与员工协商，通过奖金等形式将节省的税金让渡给员工，实现企业减负和员工涨薪的双赢。

（2）固定资产加速折旧的税收筹划

通过应计项目的调整可以实现"费用移位"以平滑收益，在税收筹划方法中比较常见。软件企业虽然拥有轻资产较多，但日常办公经营也需要房屋、运输设备、电子设备、办公设备等。三七互娱公司的财务报表显示，其固定资产折旧均采用年限平均法，这种方法计算出的折旧额每年一致，因而提供了税收筹划的空间。

采取一般折旧还是加速折旧的办法，与企业的经营状况和适用的税率息息相关。如果企业当年处于亏损状态，无须缴纳企业所得税，此时折旧额应当尽可能减少，从而转移到盈利年度以冲减收入，此时应当采取年限平均法；如果企业未来税率预计降低，例如国家出台特殊企业优惠税率的政策，企业应考虑将折旧额放置在高税率年度，此时应当采取加速折旧的方法，在前期就将折旧尽可能扣除，缓解高税率带来的重税负影响。但我国规定固定资产折旧方法不得随意变更，企业应当结合国家发展目标、政策方针以及企业的预期经营状况，慎重选取固定资产折旧方法。

三七互娱公司作为我国重点关注领域中的软件企业，本身享受了"两免三减半"的所得税优惠，在红利期过去之后，根据国发〔2020〕8号文件，还可以减按10%的税率征收企业所得税，比减半征收的税率更低，因此可以考虑加速折旧方法。

另外，结合企业的发展战略来看，三七互娱公司努力拓展其业务，成立了多家投资企业投资影视、音乐、动漫等行业，需要大量现金流，采用加速折旧的方法可以使企业前期节省更多资金来开展投资业务。

（3）政府补助作为征税收入的税收筹划

国家为鼓励高新技术发展而制定相应的财税政策时，较多采取拨付专项财政资金或者成立专项基金的方式。企业可以将政府补助划作不征税收入，但相应的费用不得扣除。

2020年，三七互娱公司的政府补助发生额为1.6亿元，研发费用高达11.1亿元，远超政府补助收入。如果将政府补助作为不征税收入，则对应的研发费用可能无法加计扣除，对于企业来说，相当于损失了研发费用的75%的收入。但若企业将政府补助用于其他无税收优惠政策的支出项目，企业仍然可以从中获利。因此，将政府补助作为不征税收入并不一定能使企业绝对获益，应当对政府补助进行科学管理，使企业税负下降最大化。

8.5.4　三七互娱公司国际税收筹划分析

2021年，三七互娱公司海外布局提速，以全球视野推动优质的中国游戏产品"走出去"，向海外讲好中国故事。2020年，三七互娱公司海外市场收入同比2019年增长104.34%。未来海外市场是企业全球化战略的重要发展领域，有必要进行税收筹划的分析。

1. 公司组织架构的税收筹划

在经营实践中，组织架构的筹划是跨国公司使用的常见避税手段，选址地、公司形式对于企业的经营管理和税负都会产生一定的影响。三七互娱公司已在亚洲市场保持了一定的优势，在中国香港、新加坡、日本、韩国均设有子公司，此外，在开曼群岛、英属维尔京群岛、美国也新设立了子公司，这些国家和地区均制定了税收优惠政策（如表8-9所示）。由于公司下一步的目标是向欧美市场进军，因此，表8-9还选取了设立子公司可能性较大的欧洲国家，并梳理了其税收政策。

表8-9　境外业务分布国家和地区的税收政策[一]

国家/地区	政策规定
中国香港	实行完全单一的地域管辖权；执行16.5%的企业所得税税率；不征收股息预提税
新加坡	境外所得汇回才缴税；执行17%的企业所得税税率；不征收股息预提税
开曼群岛	不开征企业所得税
英属维尔京群岛	不开征企业所得税
美国	执行15%~35%的企业所得税税率

[一]　资料来源：依据三七互娱公司2020年年度报告和互联网资料自行整理。

（续）

国家/地区	政策规定
韩国	净利润在2亿韩元之内（含2亿韩元）应纳税所得额执行11%的企业所得税率，超过2亿韩元至200亿韩元部分执行22%的企业所得税率，超过200亿韩元至3 000亿韩元部分执行24.2%的企业所得税率，超过3 000亿韩元部分执行27.5%的企业所得税率
日本	对于资本金不足1亿日元的法人，对于净利润在800万日元以下的部分执行15%的企业所得税率，对于净利润在800万日元以上的部分执行23.4%的企业所得税率
荷兰	专利盒（patent box）：对来自专利、商标等无形资产的收入提供低税率，因此特许权使用费可享受低至5%的优惠税率；对利息、特许权使用费的支付不征收预提税，居民企业向非居民企业支付股息征收15%的预提税，适用于欧盟母子公司指令则免征预提税
西班牙	用于并购外国公司的贷款所产生的利息，可以进行税前扣除。同时，在参与免税制度下，该企业从其并购的外国公司取得的股息所得在西班牙免税
爱尔兰	企业所得税税率仅15%；对股息所得征税，但是允许进行外国税收抵免，从而可以全部或部分解决双重征税

不同国家或地区的税收法律法规有所差异，不仅体现在对某一税种给予税收优惠政策上，如荷兰、西班牙等；而且某些国家或地区实行地域管辖权，对来自境外的所得不征税，如中国香港、爱尔兰等。这些国家或地区的政策规定给国际税收筹划带来了一定空间。表8-9列出的国家或地区的企业所得税税率大多低于我国内地25%和23.85%国际平均税率，实际设立子公司不仅要考虑市场潜力，也要结合当地的政策选择公司类型。例如，西班牙对于股息所得免税，可以考虑在当地设立控股公司，将利润转移至西班牙，避免企业所得税的缴纳；中国香港实行地域管辖权，对来自境外的所得不征税，在中国香港注册子公司，海外利润汇回中国香港也不失为一种筹划手段。

2. 知识产权创造阶段的税收筹划

对于软件企业来说，无形资产是其主要资产，包括商标、专利、软件、设计等。打造精品内容、建立优质内容品牌是三七互娱公司的长期发展目标，其通过内部孵化及外部获取等方式持续挖掘优质 IP。基于此，结合企业在海外市场的拓展，可以在知识产权的创造阶段设计更优的筹划方案。

以产品专利为例，可以采取的筹划方式为：低税率国家公司出资，将研发项目承包给高税率国家公司，知识产权被创造出来后再转移给低税率国家公司。这样筹划带来的好处是高税率国家公司可以充分利用研发费用扣除，降低税率影响。低税率国家公司拥有知识产权后，由该知识产权带来的盈利可以一直享受低税率待遇。但部分国家出于避税或其他因素的考量，可能会限制知识产权的转移。此外，还需要关注相关国家对于研发活动的税收优惠政策。

8.6 数字时代互联网企业税收筹划升级
——以芒果超媒为例

8.6.1 芒果超媒概况

1. 公司简介

芒果超媒股份有限公司原名快乐购物股份有限公司，于 2005 年在湖南省长沙市登记注册，2015 年在深圳证券交易所挂牌交易。芒果超媒作为行业领军者，以芒果 TV 为主体平台，在此基础上构建出包括会员、广告、影视剧、综艺节目、艺人经纪、音乐版权运营、游戏及 IP 衍生开发、内容电商、OTT（Over The Top，意指通过互联网向用户提供各种应用服务）、IPTV（Internet Protocol Television，交互式网络电视）等在内的上下游协同发展的传媒全产业链生态。

2. 组织架构

快乐购于 2017 年向外披露了重组方案，计划以发行股份的方式收购湖南广电旗下快乐阳光、芒果互娱、芒果影视、芒果娱乐和天娱传媒 5 家公司的全部股权，估值合计 115.5 亿元。2018 年 6 月 21 日，快乐购发布公告称重大资产重组方案获批通过，快乐阳光等 5 家公司整体注入快乐购。2018 年 7 月 11 日，快乐购发布公告拟更名为芒果超媒，代表着重组计划历时两年后正式落下帷幕。目前，芒果超媒及其主要子公司的股权结构如图 8-10 所示。

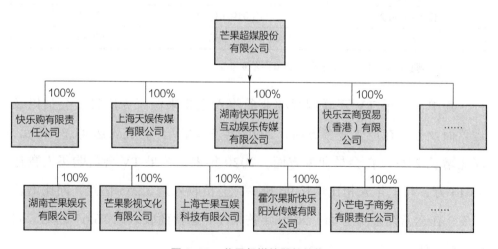

图 8-10　芒果超媒的股权结构

其中，快乐阳光的核心资产为芒果 TV。依托芒果 TV 的内容优势，快乐阳光于2021年新设小芒电子商务有限责任公司，力图打造视频直播、精选内容、优质产品三者相结合的新型内容电商体系。

8.6.2 芒果超媒财务及纳税现状

1. 公司财务情况

根据2020年财报，芒果超媒当年实现了超过140亿元的营业总收入，具体构成如表8-10所示。

表8-10 2020年营业收入构成

项目	金额（元）	占比（%）
芒果TV互联网视频业务	9 060 568 867.27	64.69
新媒体互动娱乐内容制作	2 764 980 756.83	19.74
媒体零售	2 104 532 724.46	15.03
其他主营业务	61 533 468.52	0.44
其他业务收入	13 919 138.28	0.10
合计	14 005 534 955.36	100.00

数据来源：芒果超媒股份有限公司2020年年度报告。

其中，芒果TV互联网视频业务收入主要来源于为广告、会员以及运营商业务。在广告业务方面，2020年芒果TV广告收入达41.39亿元，同比增长24%。在会员业务方面，2020年末，芒果TV会员购买人数达3 613万，与上年末相比增长96.68%，会员收入达32.55亿元，同比增长92%。在运营商业务方面，2020年芒果TV运营商收入达16.67亿元，同比增长31%。

从成本费用方面来看，2020年芒果超媒营业总成本约为121亿元，具体如表8-11所示。

表 8-11 2020 年营业总成本

项目	金额（元）
营业成本	9 230 288 644.44
税金及附加	21 977 750.48
销售费用	2 164 415 269.87
管理费用	629 200 722.73
研发费用	184 384 948.72
财务费用	−86 619 854.07
合计	121 43 647 482.17

数据来源：芒果超媒股份有限公司 2020 年年度报告。

其中，销售费用同比增长 1.11%，主要是由于随着节目投放量和广告收入的上升，宣传推广费和广告代理费相应增加，以及市场推广和营销团队激励力度加大。研发费用同比减少 22.95%，原因在于研发资源投向云存储平台项目增加，费用化的研发支出相应减少。

2. 公司纳税现状

芒果超媒每年涉及的主要税种及相应税率如表 8-12 所示。由于芒果超媒是集团公司，存在不同的所得税纳税主体，其所得税率分布较为广泛。

表 8-12 主要税种及相应税率

税种	税率
增值税	13%、9%、5%、6%、3%
消费税	5%
城市维护建设税	7%、5%
企业所得税	免税、8.25%、12.5%、15%、16.5%、25%
房产税	1.2%、12%
教育费附加	3%

(续)

税种	税率
地方教育附加	2%
文化事业建设费	3%

数据来源：芒果超媒股份有限公司2020年年度报告。

根据2020年财报，芒果超媒应交税费情况如表8-13所示。

表8-13　2020年应交税费

项目	期末余额（元）	期初余额（元）
增值税	17 317 973.41	31 925 708.15
企业所得税	4 183 186.13	1 020 008.15
个人所得税	17 925 339.96	11 616 474.32
城市维护建设税	422 228.46	611 160.04
印花税	2 395 805.75	2 556 733.85
教育费附加	315 577.50	533 271.72
文化事业建设费	88 789 083.88	89 141 920.66
其他税费	178 690.86	158 231.76
合计	131 527 885.95	137 563 508.65

数据来源：芒果超媒股份有限公司2020年年度报告。

从表8-13可知，增值税、企业所得税、文化事业建设费以及代扣代缴的员工个人所得税占芒果超媒应交税费的比重较大。因此，在进行芒果超媒税收筹划分析时，本文将重点关注以上税种，并围绕这些税种提出筹划建议。

8.6.3　芒果超媒税收筹划分析

1. 整体规划

通过对芒果超媒财报以及其他相关资料的搜集和分析，围绕公司涉及的主要税种，梳理出目前的税收筹划点并形成如图 8-11 所示的框架。

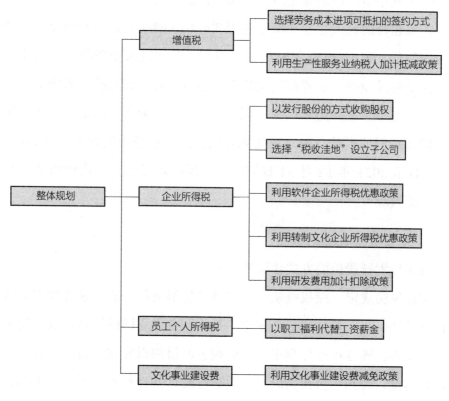

图 8-11　芒果超媒税收筹划的整体规划

2. 增值税筹划分析

（1）选择劳务成本进项可抵扣的签约方式

互联网服务企业，特别是从事直播、短视频等业务的企业面临着共同的难题，即支付的劳务成本难以取得增值税专用发票，导致进项抵扣不足。芒果超媒旗下的互联网视频平台和电商平台有大量直播或短视频业务，为解决主播或短视频创作者劳务成本无进项抵扣的问题，芒果超媒选择将部分业务外包给专门对接平台和创作者的中介机构，或者是与主播或短视频创作者的公司进行签约,从而取得可抵扣的增值税专用发票。

(2)利用生产性服务业纳税人加计抵减政策

芒果超媒的收入主要来源于芒果TV互联网视频业务和新媒体互动娱乐内容制作,根据2020年财报,其当年互联网视频业务收入在营业收入中的比重超过60%,新媒体互动娱乐内容制作收入在营业收入中的比重接近20%。显然,芒果超媒以提供现代服务为主营业务,所取得的销售额超过了销售总额的半数,属于税法规定的生产性服务业纳税人。在2019年4月1日至2021年12月31日期间,芒果超媒可享受生产性服务业纳税人加计抵减政策。

3. 企业所得税筹划分析

(1)以发行股份的方式收购股权

按照税法规定,股权收购应根据具体情形适用一般性税务处理或特殊性税务处理。在一般性税务处理中,被收购方应立即确认转让股权发生的损益;而在特殊性税务处理中,被收购方取得的以股权支付的部分暂不需要确认损益,等到销售相关股票时再进行确认并计征所得税。芒果超媒的前身快乐购以发行股份的方式收购快乐阳光等5家公司的全部股权,符合特殊性税务处理的相关要求,被收购方可以暂不确认损益,从而实现合理避税或延迟纳税。

(2)选择"税收洼地"设立子公司

芒果超媒在设立子公司时将注册地的税收政策作为重要考虑因素。其子公司霍尔果斯快乐阳光传媒有限公司设立于新疆霍尔果斯,属于《新疆困难地区重点鼓励发展产业企业所得税优惠目录(试行)》范围内的企业,因此该子公司自2018年取得第一笔生产经营收入起,5年内可免缴企业所得税。子公司快乐云商贸易（香港）有限公司、我是大美人全球购贸易有限公司、快乐阳光（香港）传媒有限公司设立于中国香港，所得税从2018年4月1日起实行两级税率，未超过200万港元的利润适用8.25%低税率，超过部分按照16.5%缴税。

（3）利用软件企业所得税优惠政策

芒果超媒子公司芒果互娱公司、湖南快乐通宝小额贷款有限公司从事软件开发及相关业务，符合软件企业的认定标准，被评估为软件企业并取得相应证书。其中，芒果互娱公司于2017年首次获利，因此自当年起计算优惠期，2020年可按照25%税率减半缴纳企业所得税；湖南快乐通宝小额贷款有限公司2020年也减按12.5%的税率缴纳企业所得税。

（4）利用转制文化企业所得税优惠政策

芒果超媒子公司快乐购有限责任公司、快乐阳光公司、芒果影视公司、芒果娱乐公司、芒果互娱科技有限公司、湖南天娱影视制作有限公司过去为经营性文化事业单位，在2018年12月31日之前完成了所有制转变，因此按照有关政策规定，这5家子公司自2019年1月1日起可免缴5年企业所得税。

（5）利用研发费用加计扣除政策

为紧跟行业发展趋势，提升公司市场竞争力，芒果超媒大力推进芒果TV云存储及多屏播出平台建设项目。同时，芒果超媒依托内容生产矩阵和互联网电视牌照，持续与智能硬件厂商展开合作，进行智能硬件的创新研发与设计生产。根据2020年财报，芒果超媒当年的研发投入金额约为3.2亿元，其中，研发费用超过1.8亿元，资本化的金额超过1.3亿元。在2018年1月1日至2020年12月31日期间，芒果超媒在据实扣除的基础上，可再加计扣除75%的研发费用，资本化的部分则以无形资产成本的

175%为基数进行摊销。

4. 员工个人所得税筹划分析

按照税法规定，职工取得的所有与工资一并发放的现金补贴应合并计征个人所得税。为提升福利待遇以吸引人才，同时避免职工税负过高，芒果超媒及其子公司和多数互联网企业一样，向职工提供了许多非现金福利，包括班车、餐食、职工宿舍、定期体检等。相比直接发放现金形式的补贴，向职工提供衣、食、住、行服务，既可以切实提升职工的福利水平，又不必并入职工的工资计征个人所得税，而公司租用班车的费用、采购餐食的成本等还可以凭借合法凭证税前列支。

5. 文化事业建设费筹划分析

根据营业收入分析，芒果超媒主营业务中规模最大的为广告服务，需要按3%的费率缴纳文化事业建设费。按照《关于调整部分政府性基金有关政策的通知》（财税〔2019〕46号）的规定，在2024年12月31日之前，归属于中央的文化事业建设费部分，按照应缴费额的50%减征；归属于地方的文化事业建设费部分，各地可自行决定在应缴费额50%的幅度内减征。根据调查，芒果超媒所在地湖南省的减征比例恰好为上限50%。

8.6.4　芒果超媒税收筹划建议

通过对芒果超媒经营业务以及现行筹划方案的分析，笔者认为仍然存在一些未被利用的筹划空间。以下将结合芒果超媒的经营业务给出具体的筹划建议，并提醒公司注意税收筹划风险的防范。

1. 以打折卡代替购物券

芒果 TV 经常推出会员优惠，近期的优惠活动是"全额返小芒购物券"，消费者开通会员即可获得小芒购物券组合包，直接用于购买小芒上的商品。具体优惠如下：购买连续包月套餐即赠送 25 元小芒购物券组合包；购买连续包季套餐即赠送 68 元小芒购物券组合包；购买连续包年套餐即赠送 228 元小芒购物券组合包。按照税法规定，虚拟购物券抵扣的这部分金额应当视同销售，全额计入增值税计税依据。假如改为赠送虚拟打折卡，允许会员在芒果 TV、小芒等平台消费时享受折扣优惠，则符合税法中商业折扣的情形。只要平台在进行折扣销售时，按照税法中关于商业折扣增值税发票开具方法的规定进行填写，即可以折扣后的销售额为依据计缴增值税。

2. 以提供服务代替销售货物

于 2021 年上线的小芒是一个综合电商平台，商家入驻平台有三种模式：①一件代发商家店铺：商家入驻平台开店，商家给平台供货，订单由商家代平台发货，并按商品供货价与平台结算；②国内 POP 店铺：国内商家入驻平台开店，商家自己管理店铺，平台只按交易金额的扣点与商家结算；③国外 POP 店铺：国外商家入驻平台开店，商家自己管理店铺，商家需要有保税仓系统并与海关对接，平台只按交易金额的扣点与商家结算。

在第一种模式中，小芒和商家属于商品直送的供货关系。小芒从商家处采购商品后，将在小芒自营店进行销售，交易金额按照销售货物的税率计征增值税。而在第二、三种模式中，小芒仅向商家提供电子商务交易平台及相应技术支持服务，不参与商家的店铺经营，小芒收取的技术服务费和平台使用费可以按照提供服务的较低税率计征增值税。目前，小芒自营店有超过 2 万件商品在售，是三种模式中规模最大的一种。

3. 防范税收筹划风险

在进行税收筹划时，芒果超媒需要注意防范以下风险：第一，对于许多阶段性优惠政策，例如研发费用加计扣除政策、转制文化企业所得税优惠政策等，其中部分政策有延长有效期的可能，而部分政策则明确规定了企业的优惠年限，超过年限后便不再享受优惠待遇。芒果超媒需要注意阶段性优惠政策的失效时间，做好政策失效后公司税负上升的准备。第二，针对"税收洼地"的规范措施正在不断加码。霍尔果斯因其注册成本低、税收优惠大吸引了大批影视行业企业和互联网企业入驻，但 2018 年随着范冰冰"阴阳合同"事件的曝光，霍尔果斯的税收优惠政策引起了大量的社会讨论，当地政府也开始调整其优惠政策和监管力度。芒果超媒在霍尔果斯设立子公司，如果仅为空转而没有真正地开展业务，则可能会面临补缴税款和其他处罚措施。

第9章 / Chapter Nine
数字企业特殊业务的税收筹划案例

9.1 供应链视角下京东存货管理的税收筹划

线上购物平台采用典型的 online to offline 的模式，用户在网上下单，电商在线下运送产品，从而实现销售。在此过程中，存货管理是供应链成本控制的重要一环，企业如果能够管理好库存，则可以极大地提高资源配置效率，降低营运成本，盘活流动性。而当今大数据的广泛运用，为电子商务企业优化供应链成本管理提供了良好的解决途径，有效地降低了商品库存量，提升了存货和资金的周转效率，从而实现了流转税进项和销项的高度匹配，降低了企业的流转税税负，节约了税收成本。下面以我国电商龙头之一京东为例，从"质""量""位置"三个角度，分析其库存管理模式，将其与传统超市、百货等库存管理方式进行对比，并分析大数据在供应链成本控制中扮演的角色和起到的作用，旨在从特殊到一般，归纳演绎到更多的电商企业，为之提供更广泛的税收筹划模式的参考。

9.1.1 质：预测需求，精准采购

传统超商的采购模式一般为"竞标孰低"式的一次性交易，进货门槛较低。该采购方式只看中产品的价格，注重压价，不注重品质。其带来的缺点就是售后保障问题：一旦有质量问题，客户会要求退货或换货，此时传统超商只得自负赔偿责任；且该方式只注重短期效益，无法根据顾客反馈优化产品质量，带来长期效益。

如图9-1所示，京东的采购环节采用大数据辅助收集客户的历史消费评价，一方面在需求端推测消费者偏好，精准推荐商品，提升用户体验；另一方面在供给端汇总受欢迎产品的特征，如材质、性能、设计等，先进行初步筛选，得出优质厂家货源，然后再把该信息传导给上游的优质供应商和生产商，使之可以有的放矢地精进产品质量，根据消费者的评价，准确地解决产品使用过程中出现的问题。

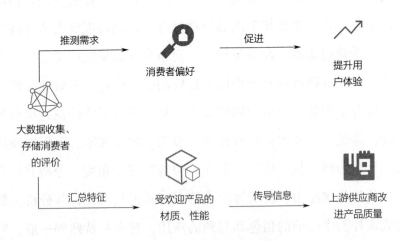

图9-1 预测需求，精准采购

9.1.2 量:实时管理,自动补货

采购之后,就是存货的仓储管理环节。该环节容易出现的问题,一是存货积压,二是断货缺货。传统超商一般会选择高水平的安全库存量,加之较长的盘点库存周期,成本高、效率低的存货管理模式容易出现安全库存过剩、商品积压、存储管理费用增加,同时也会浪费资源,保质期较短的食品等货物甚至可能出现商品过期还未发现的情况。

京东利用大数据分析技术,预估出一个建议存货量,针对不同类型的存货,个性化地形成合理的盘点与采购周期以及补货临界库存点和具体的补货量,由此进一步计算出对应的持有成本、缺货成本、人工成本,使存货管理点对点、更加精确,既避免了商品的积压冗余,减少了不必要的持有成本,又可以在存货量减少到警戒线附近时自动补货,使存货始终保持在合适的水平。此方法有效地提高了存货周转率和资金利用效率,从流转税角度来看,还实现了进项税和销项税的高度匹配,减少了大额进项抵扣不足的可能性,不会出现流转税忽高忽低的现象,平滑了税收。

9.1.3 位置:智能选址,优化物流

一方面,传统超商囿于地理因素,在选址方面必须十分谨慎,因为一旦选址出现错误,前期投入大,搬迁成本较高,无法再次轻易改变其地理位置;另一方面,消费者也只能在线下去选购产品。

京东拥有独特的物流配送网点群,其物流成本主要发生在库存点选择和人工配送上。应用大数据技术,京东建立了潜在消费者分布图像,根据历史经验,大数据可以对各个仓储中心的位置、不同仓储中心之间产品库存的分配比例选择给出最优建议。配送时,大数据也可以实现多仓库间的

远程调配，合理布局离消费者距离最短的仓储中心和快递员，既能保证订单的配送速度，提高消费者的使用体验，又能降低运输成本，运输过程中对应的流转税也得到了节约。

9.2 VIE架构下阿里巴巴税收筹划案例

9.2.1 阿里巴巴集团概况与纳税分析

1. 阿里巴巴集团简介

阿里巴巴集团于1999年在浙江省杭州市成立，是一家综合性电子商务平台，销售包含美妆、电子科技、服饰、珠宝首饰、家具家电等产品，为用户提供一站式购物体验，并通过数据分析为不同的消费者提供个性化服务。经过数十年的快速发展，阿里巴巴已成长为具有庞大体量、以技术驱动的互联网公司，其业务边界拓宽到商业、云计算、数字媒体及娱乐以及创新业务，是我国目前体量最大的电子商务销售平台。

2014年，阿里巴巴集团在纽约证交所上市，是典型的通过VIE架构上市的互联网企业。阿里巴巴将其母公司设立在开曼群岛，以设立全资子公司的形式在中国香港和中国内地开展主要业务。根据阿里集团发布的2021年企业年度财务报告（截至2021年3月31日），阿里集团收入总额达7172.89亿元，同比增长40%，创IPO以来收入的最高额。同时，财务报告中对阿里巴巴集团当前的VIE结构进行了进一步的优化。阿里巴巴集团的VIE架构如图9-2所示。

第9章 数字企业特殊业务的税收筹划案例

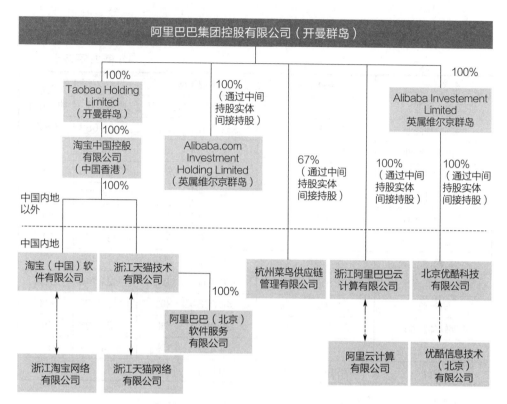

图 9-2　阿里巴巴集团的 VIE 架构

2. 阿里巴巴主营业务

阿里巴巴是全球最大的零售商业体公司，有中国最大的社交电商平台淘宝和世界上最大的商业平台天猫。阿里巴巴的主营业务是核心商业，2021 财年的收入占公司总收入的 87%，其中中国零售商业收入贡献最多（66%），而其他三项业务云计算、数字媒体及娱乐和创新业务的收入分别占公司总收入的 8%、4%、1%⊖。阿里巴巴 2019—2021 年的主营业务情况如表 9-1 所示。

⊖ 阿里巴巴集团控股有限公司公司年报 https://doc.irasia.com/listco/hk/alibabagroup/annual/2021/car2021.pdf.

表 9-1 阿里巴巴 2019—2021 年的主营业务情况

（单位：百万元）

核心商业	2019 年		2020 年		2021 年	
	收入金额	收入占比	收入金额	收入占比	收入金额	收入占比
中国零售商业	247 615	66%	332 750	65%	473 683	66%
中国批发商业	9 988	3%	12 427	3%	14 322	2%
跨境及全球零售商业	19 558	5%	24 323	5%	34 455	5%
跨境及全球批发商业	8 167	2%	9 594	2%	14 396	2%
菜鸟物流服务	14 885	4%	22 233	4%	37 258	5%
本地生活服务	18 058	5%	25 440	5%	31 537	5%
其他	5 129	1%	9 337	2%	15 495	2%
核心商业合计	323 400	86%	436 104	86%	621 146	87%
云计算	24 702	7%	40 016	8%	60 120	8%
数字媒体及娱乐	24 286	6%	29 094	5%	31 186	4%
创新业务及其他	4 456	1%	4 497	1%	4 837	1%
总计	376 844	100%	509 711	100%	717 289	100%

数据来源：公司年报整理。

3. 阿里巴巴纳税分析

2018 年，阿里巴巴税款缴纳日均超 1.4 亿元、总额达 516 亿元。2020 年民营企业纳税排行榜显示，阿里巴巴在疫情严重的 2020 年纳税总额位列第九，甚至领先茅台 66 亿元，相当于日均纳税 1 亿元[1]。

根据阿里巴巴的股权架构，阿里巴巴要在开曼群岛、中国香港以及中国内地进行纳税，表 9-2 总结了阿里巴巴近年来在各地适用的主要税收政策。

---

[1] 2020 中国民营企业 500 强报告 http://www.hebei.com.cn/att/003/025/517/00302551792_d42f49a8.pdf.

表 9-2 阿里巴巴纳税情况一览表

纳税地	税目	集团内适用公司	适用税率
开曼群岛	所得税、公司税、资本利得税、股息预提所得税	所有	0
中国香港	香港利得税	淘宝中国控股有限公司（香港）	16.5%
中国内地	企业所得税	阿里巴巴（中国）网络技术有限公司、淘宝（中国）软件有限公司、浙江天猫技术有限公司	10%（2017年~2019年） 15%（2020年）
		阿里巴巴（北京）软件服务有限公司	0（2017年~2018年） 10%（2019年） 12.5%（2020年）
		集团内的其他企业	25%
	增值税	集团内的境内子公司	6%
	预提股息所得税	集团的境内子公司	5%

数据来源：根据公司年报整理。

9.2.2 阿里巴巴税收筹划实践

1. 重视税收筹划操作

从公司披露年报中的费用来看，阿里巴巴在税收筹划上的投入比重不断扩大，2019 财年公司未聘请外部机构进行税收筹划，而自 2020 财年起，公司花费 70.8 万元聘请了普华永道会计师事务所进行税收筹划服务，到了 2021 财年这一数字增长至 234.6 万元。阿里巴巴 2019—2021 年主要会计费用及服务如表 9-3 所示。

表 9-3 阿里巴巴 2019—2021 年主要会计费用及服务

（单位：千元）

	2019 年	2020 年	2021 年
审计费用	87 545.00	149 298.00	104 501.00
审计相关费用	14 212.00	4 424.00	10 128.00
税费	—	708.00	2 346.00
全部其他费用	5 982.00	8 082.00	15 405.00
合计	107 739.00	162 512.00	132 380.00

数据来源：根据公司年报整理。

2. 设立全资子公司进行转让定价

我国对高新技术企业有诸多优惠政策，因此许多公司申请双软企业和高新企业认证以实现税收筹划。在阿里不断扩张进行集团化发展的过程中，建立了全资子公司进行转让定价，以降低税负。假定不设立全资子公司，那么阿里旗下的阿里巴巴（北京）软件服务有限公司会面临缴纳企业所得税和个税的双重压力，但阿里巴巴通过设立全资子公司进行了税收筹划。阿里巴巴（北京）软件服务有限公司的主营业务为技术、软件开发及相关服务，在 2017 年至 2019 年被认定为软件企业，因此无须纳税。2019 年，该公司被认定为重点软件企业，减按 10% 纳税。

3. 选取避税天堂为注册地

在注册地的选择上，阿里巴巴选择了开曼群岛，通过设立 VIE 结构除满足其海外上市需要外，还方便进行税务筹划。开曼群岛十分利于避税，它主要有三个优势：一是开曼群岛的公司注册成本较低，拥有除印花税外的永远豁免缴税义务；二是开曼群岛未限制企业经营范围，上市审批较为宽松；三是开曼群岛充分保护注册公司的隐私，不对外公开公司的资料。阿里巴巴选择开曼群岛作为避税地，在很大程度上降低了企业税负。

4. 合理筹划组织架构

非法人分支机构（分公司）不独立缴纳企业所得税，可以与总公司汇总纳税，具有盈亏抵补的好处。子公司独立纳税的法律风险较小，但不享受盈亏抵补。阿里巴巴通过在享受税收优惠政策的地区（如英属维尔京群岛、开曼群岛和中国香港）成立子公司，享受税收优惠单独纳税；而在不享受税收优惠的地区成立分公司，可以用其费用冲减总公司利润，从而实现企业整体税负的有效减轻。

5. 充分利用税收优惠政策

在国内，互联网行业税收优惠政策很多，阿里巴巴（北京）软件服务有限公司利用国家对于高科技企业的优惠政策达到了节税的目的。除此之外，互联网专利技术转让、公司注册地址迁至税收优惠地等都可以享受互联网行业的税收优惠政策。利用税收优惠政策是降低税收筹划风险的重要手段。

在国外，阿里巴巴也积极享受税收优惠政策。如新加坡制定了先锋企业优惠计划、发展与扩张优惠计划以吸引企业入驻。2020年5月，阿里巴巴以收购新加坡写字楼股权的方式，迈出了在东南亚地区税收筹划的关键一步。

6. 利用会计筹划递延纳税

在互联网企业经营发展的过程中，优质的账务处理水平有利于企业减少税负。阿里巴巴在中国和中国境外设立和经营的子公司需要缴纳所得税，从2019年到2021年，阿里巴巴的当期所得税费用稳步上升，而在递延所得税部分，在2019年、2020年税收负担较轻时，阿里巴巴分别确认了递延所得税资产21.97亿元和34.43亿元；在2021年税收负担较重时，阿里巴巴确认了递延所得税负债32.36亿元，这在很大程度上降低了企业的税收负担，如表9-4所示。

表 9-4　阿里巴巴所得税费用构成

（单位：百万元）

	2019 年	2020 年	2021 年
当期所得税费用	18 750.00	24 005.00	26 042.00
递延所得税费用	（2 197.00）	（3 443.00）	3 236.00
应纳税所得额	16 553.00	20 562.00	29 278.00

数据来源：根据公司年报整理。

互联网企业开展税收筹划时，利用会计账务处理进行税收筹划的效果与筹划者本身的业务素质水平紧密相关。税收筹划人员对于税法和会计政策了解越深刻、税收筹划的经验越丰富，制订的税收筹划方案就会越合理。

7. 巧用股权激励方案筹划纳税

除吸引员工、留住员工外，股权激励也可以用来进行税收筹划。2016 年 101 号文件允许实施股权激励的上市公司延长纳税期限，也允许该类公司的员工延递税款缴纳至股权转让时（适用税率为 20%，不同于工资薪金的适用税率 3%~45%）。从 2019 年至 2021 年，阿里巴巴的股权激励数额从 37.49 亿元增长至 50.12 亿元，这些股权激励对于高收入员工的激励较大，同时也有利于公司的税收筹划和长期发展，如表 9-5 所示。

表 9-5　阿里巴巴按功能划分的股权激励费用

（单位：百万元）

	2019 年	2020 年	2021 年
营业成本	8 915.00	7 322.00	11 224.00
产品开发成本	15 378.00	13 654.00	21 474.00
销售和市场费用	4 411.00	3 830.00	5 323.00
一般及行政费用	8 787.00	6 936.00	12 099.00
总计	37 491.00	31 742.00	50 120.00

数据来源：根据公司年报整理。

9.2.3 阿里巴巴 VIE 模式及筹划分析

1. VIE 模式的概念与基本架构

（1）VIE 模式的概念

VIE 的全称为 Variable Interest Entity，即可变利益实体。在这种模式下，境外上市主体与境内运营实体分离，外国投资者和境内运营实体的股东通过在境内成立具有百分之百控制权的外资公司（即 WFOE），并签订协议来实现最终控制。由于投资企业的控制权不是通过多数投票权来取得，而是签订协议而达成的，所以 VIE 模式也叫作"协议控制模式"。自新浪首次采取 VIE 模式在美上市后，二十多年来，阿里巴巴、小米、蘑菇街、奇虎 360 等知名互联网企业纷纷选择 VIE 模式赴海外上市。VIE 模式已经成为我国互联网企业海外上市的首选方案。

（2）VIE 模式的基本架构

VIE 架构的建设一般包括以下五个步骤：

首先，创始股东在英属维尔京群岛等避税地设立离岸公司。英属维尔京群岛对股息红利等分配有免税的规定，因而纳税人在这个环节可以获得一定的税收利益。但是，由于这些避税地的法律严谨性差、税收的透明度低，因而证交所一般不会接受英属维尔京群岛等地的注册公司作为上市主体。其次，将上市主体设立在开曼群岛，并引入 VC、PE 以及其他投资者共同作为股东。因为开曼群岛具有法律规范且信息公开的特点，因而全球各地的交易所均接受开曼群岛的公司作为上市主体进行交易。再次，离岸上市主体在中国香港设立特殊目的公司（SPV）。正常情况下，香港的所得税率为 10%，但由于香港与内地签有税收安排，来自境内符合条件的股息预提所得税税率仅为 5%，因而在香港设立 SPV 能够享受到股息、利息的优惠税率。然后，香港的 SPV 在我国境内投资设立 WFOE，WFOE 按照规定在我国负有居民纳税人的纳税义务。最后，WFOE 与境内 VIE 实体签订一系列合约安排，达成"协议控制"，外国独资企业获得境内经营实体的有效控制权（如图 9-3 所示）。根据我国法律，WFOE 本不能在我国获得相关业务执照而从事有关业务，但是通过协议的签订，WFOE 可以控制国内实际经营实体，从而开展有关的业务。所以，位于开曼的上市主体可以将国内 VIE 实体的财务报表合并到集团整体的财务报表中，这也是美国的会计准则所允许的。

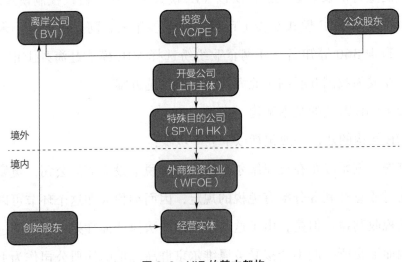

图 9-3　VIE 的基本架构

（3）VIE 架构下转让定价的条件分析

在投票权协议下，境内的运营实体股东实际上已经丧失了公司经营的实际控制权，其控制权由 WFOE 所有。在 VIE 架构中，境内经营实体的主要股东同 WFOE 的主要股东具有一致性，企业的管理层可以对集团内部的各个关联交易实行集中的控制，通过转让定价来实现税收筹划。协议控制不仅能够从整体上对 VIE 架构下企业之间的各个应税行为做出合理安排,从而扩大企业税收筹划的空间,提高税收筹划的效果,并且能够尽可能地降低企业被纳税调整的风险。

2. 阿里巴巴 VIE 架构与转让定价筹划

根据我国的法律规定,外资在 ICP 等方面的投资、持股等受限,因而阿里巴巴的互联网业务和其他相关业务不能由外商直接投资控股。在这种情况下,阿里巴巴的控制主要是通过与中国籍自然人持有的境内运营实体签订合约安排来实现的。目标 VIE 实体持有 ICP 等牌照,从而能够从事限制、禁止外商投资持股的业务。具体来说,阿里巴巴集团重要的境内运营实体主要有阿里云计算有限公司、优酷信息技术(北京)有限公司、浙江天猫网络有限公司、浙江淘宝网络有限公司等,阿里巴巴集团同这些境内经营实体签订多个合约,以达到对 VIE 实体实现有效控制的目的。并且,这样的做法同时能够符合美国的会计准则,阿里巴巴集团可以将境内的每一个运营实体的财务报表合并到开曼上市主体的财务报表中。

阿里巴巴通过控制境内的多个 VIE 实体,掌握企业资产,开展经营业务,取得了阿里巴巴集团 80% 以上的收入。在此过程中,阿里巴巴并非直接取得收入,而是依靠境内 VIE 实体来取得利润,然后通过众多的合约安排将收入从境内 VIE 转移至 WFOE。阿里巴巴集团的典型合约安排主要包括借款协议、独家购买协议、股东代表权委托协议、股权质押协议以及独家服务协议等。以借款协议和独家购买协议为例,根据相应的借款协议,阿里巴巴集团的境内运营实体从 WFOE 获得贷款,贷款主要用于境内全资子公司所认可的 VIE 的日常经营。获得贷款后,境内运营实体应当按照协议规定,向全资子公司支付贷款利息。这样一来,境内 VIE

的利润就以合理的名义转到了WFOE的名下。在独家购买协议下，各有关境内运营实体同相应的全资子公司签署独家服务协议。依据该协议的规定，境内WFOE向VIE提供独家服务；同时作为对价，境内运营实体向阿里巴巴全资子公司支付服务费。在我国法律允许的范围内，服务费由境内全资子公司认定的金额来确定，从而将境内运营实体的绝大部分利润转移给全资子公司。

3. 阿里巴巴集团的转让定价分析

（1）转让定价的目的分析

过于激进的转让定价方案会导致境内运营实体的收益下降，利润低于同行业的平均水平，容易面临税务机关纳税调整的风险；过分保守的转让定价方案会导致境内运营实体的利润无法转移到WFOE，使税收负担增加。阿里巴巴集团在VIE架构下进行转让定价主要包含两层战略目的：一方面是将VIE主体的利润转移到WFOE主体，以减轻税收的缴纳；另一方面是将转让价格合理化，避免税务机关的稽查。

（2）转让定价的策略分析

阿里巴巴集团的境内运营主体持有互联网的经营牌照，经营企业的核心业务，创造了阿里巴巴集团80%的收益。WFOE的主营业务是集团中后台的服务支持、技术研发以及对销售软件产品产生收入等。阿里巴巴集团通过建立合理合法的商业关系，由WFOE主体向境内运营实体提供其核心业务服务，而境内运营实体根据接受的具体服务内容向WFOE支付相关的费用。为保证业务的合规性，阿里巴巴集团在关联交易的规模、转让定价的方式以及加成率的选择、资源在双方之间的配置等都有所考虑。

(3) 转让定价的合理性分析

阿里巴巴在转让定价实施的整个过程中，无论是境内实际运营实体经营收入的获得还是利润向 WFOE 的转移，都符合税法的规定。但是，从阿里巴巴的整体财务报表来看，集团整体盈利水平较高，处于电子商务行业的前列，但是 VIE 的单体报表却显示，其境内实际运营实体的利润率低于同行业水平。前有网易集团因 4.63 亿元不合理的关联交易被税务机关稽查的案例，阿里巴巴集团应当以此为戒，合理设置境内 VIE 实体与 WFOE 的利润率水平。

4. 互联网企业在 VIE 架构下的转让定价方法

互联网企业搭建 VIE 架构的最终目标是将 VIE 的利润转移到境外的上市主体。由于境外上市主体不能够对境内的运营实体实现直接的控制，无法通过股息分配的方式直接向境外主体输送利润，因而互联网企业在 VIE 架构下实现利润的转移主要包括了两个方面：一方面是 VIE 实体将利润转移至 WFOE；另一方面是 WFOE 将利润分配至境外上市实体，从而完成利润向最终投资者的分配。由于向境外交易付汇需缴纳 10%~20% 的预提所得税，所以在实际的操作中，互联网企业往往采取以下方法：

开曼上市公司在英属维尔京群岛设立离岸公司，同时在中国香港设立 SPV，由香港公司控股中国境内的全资子公司。之后，WFOE 同境内 VIE 签订各项协议，由 WFOE 承担境内 VIE 主体的各项运营，同时境内 VIE 主体向 WFOE 支付各项服务费用，在此过程中实现利润转移的目的。境内 WFOE 获得利润之后，理应向境外的香港母公司进行利润分配。按照我国的税法规定，非居民企业取得来源于我国境内的股息红利等权益性投资收益，减按10%的优惠税率征收企业所得税；根据内地与香港的避免双重征税安排，如果香港母公司持股比例超过25%，减按5%的税率执行，因而阿里巴巴在这个环节可以享受到5%的优惠税率，而香港母公司对其境外主体支付股息在当地则不需要承担税负。最后，设立在香港的SPV向开曼上市主体转移利润，并向英属维尔京群岛的离岸公司进行分红。

在利润从境内转移至英属维尔京群岛的过程中，首先就避免了在中国应当缴纳的25%的企业所得税；其次，境内全资子公司向香港公司转移利润时，由于税收协定的存在，又能够减少相应税收的缴纳；再次，在境外进行股息红利的收入分配时，由于离岸公司往往设立在避税地，因而几乎无须缴纳税收。此外，境外离岸公司在分得利润时，往往不会马上对境内自然人股东进行分红，而是将利润留在企业内部继续进行投资活动，这样一来又能规避个人所得税的缴纳。总的来说，在VIE架构之下，互联网企业进行转让定价的核心在于利润在各个环节的转移，而利润转移的核心是VIE同WFOE一系列协议安排的签订。

5. 结论与政策建议

通过VIE架构转让定价是跨国互联网企业实现税收利益的重要途径。但是，类似于阿里巴巴的互联网企业在VIE架构下制订节税方案时，往往会为获得更多的税收利益而采取激进的转让定价措施，从而给企业带来一定的税收风险。因而，互联网企业在VIE架构下如何权衡利润转移和合法避税是当前的一大难点。

在上述案例中，阿里巴巴集团为实现利润的转移也存在不合理的定价情况——其在行业内领先，但其境内运营实体的利润竟低于同行业水平。

阿里巴巴作为我国的头号电商企业,其财务情况、经营布局、战略规划等都受到同行业及普通大众的密切关注,一旦受到了税务机关的关注,出现税务处罚、财务通报等负面新闻,其在电商行业的地位、在消费者心目中的形象、品牌价值等都会受到重大影响。站在VIE架构下互联网企业的角度,基于阿里巴巴集团利润转移与税法遵从的双重目的,我们对阿里巴巴在VIE架构下转让定价的问题提出以下建议:

(1)合理平衡转移利润与遵从税法的目的

首先应当对行业内的关联交易情况有所了解,分析互联网企业关联交易的实质,根据现实情况合理选择转让定价方法,利用好可获得的外部价格。互联网企业在完成利润转移的目标时,应当以遵从税法为前提,合理制订利润转移方案。当只能采取较低的利润指标进行加成收取境内运营实体的交易费用时,可以通过增加关联交易量的方式来达到转移利润的目的。然而,如果企业最大限度地扩大交易量仍然不能满足既定的利润转移目标,此时就应当对利润转移目标进行重新的调整,降低转移利润的比率。

(2)谨慎选择转让定价方法

首先,关联交易应遵循独立交易原则。在独立交易原则下,企业以市场的正常交易价格作为交易定价的基础,并在此基础上参照同行业其他企业的正常利润水平确定利润转移方案。企业切不可只为实现最大程度的利润而采取不合理的市场价格,以至于被税务机关稽查。

其次,尽可能同税务机关签订预约定价安排。预约定价安排是当前许多发达国家通常采用的转让定价调整方法,纳税人同税务机关就未来可能采取的转让定价标准和安排达成协议,是事先进行规划的一种制度安排。VIE架构下的互联网企业可以先通过预约定价安排同税务机关达成一致,采取税务机关同意的转让方法和利润率指标，尽可能地降低税务机关的纳税调整税收风险。

（3）促进企业内部资源的合理配置

互联网企业转让定价的一个关键点在于 WFOE 同境内 VIE 主体资源的合理配置。在制定好转让定价的价格后，应当对企业的支出费用、硬件设备及软件设备的采购、企业人员的管理等进行合理的规划，进而达到利润转移和税法遵从的目的。一方面，由 WFOE 主体承担主要的软件技术等研究开发任务，开发支出及资源的使用等尽可能地由 WFOE 承担，提高 WFOE 主体使用设备、研发经费支出的百分比。另一方面，由于在业务流程管理方面存在不动产折旧、员工工资支出等大额的费用，因而在管理费用上实现利润转移的空间比较小，因此只能降低管理费用的利润转移率。在这方面，VIE 主体除了必要的管理费用，其他均可交由 WFOE 主体进行管理。

9.2.4　阿里巴巴税收筹划的难点与突破

1. 难点分析

（1）企业综合税负逐年升高

以所得税为例，阿里巴巴 2019 财年、2020 财年、2021 财年的所得税费用分别为 16.55 亿元、20.56 亿元、29.28 亿元，相应地，所得税增长率分别为 24% 和 42%。所得税的增长一方面来自于公司营业收入的逐年攀升，而另一方面则来自于公司有效税率的居高不下——2019 财年为 17%、2020 财年为 12%、2021 财年为 18%，相较 2020 财年，阿里巴巴 2021 财年的税收负担明显加重。

（2）税收优惠政策的缩减

中国政府对互联网行业长达数年的税收优惠将开始缩减，阿里巴巴的税收负担面临加大的风险。阿里巴巴部分公司未入选2021年的重点软件行业，从而不再享受10%的税收优惠政策。

从阿里巴巴在中国内地设立的子公司来看，它们在税收上都享受了从国家到地方极大的税收优惠，但是出于对国家安全的考虑，目前国家正在考虑缩减此类税收优惠。这种对平台型互联网企业的不利政策从国家监管部门的干预中就可以初见端倪——阿里巴巴发生了两件震惊资本市场的大事：2020年11月，证监会未通过蚂蚁集团的公开上市申请；2021年4月，阿里巴巴因涉嫌垄断被处以巨额罚款182亿元。

（3）被认定为中国税收居民企业身份的风险

国税发《82号文》规定了"实际管理机构"必须缴纳中国企业所得税，阿里巴巴不属于该条文规定的"在中国境内的中国居民企业"。但是，企业的税收居民身份很大程度取决于中国税务部门的认定，对于境外主体的"实际管理机构"的认定和解释依然存在不确定性。如果阿里巴巴被视为中国税收居民企业，则该公司支付给非居民企业的境外股东或美国存托股持有人的任何股息，须按10%的税率缴纳中国预提所得税。

（4）缴纳数字服务税的潜在风险

在传统税收协定下，企业需要保持一定的物理存在，即设有固定的营业场所等，然而，在平台型互联网企业的商业模式下，这种物理存在可能不复存在。因此，许多国家判定互联网企业对多个国家造成了税基转移与侵蚀等税收流失的问题，英国、法国、德国等欧洲国家已经开始单边对跨国互联网平台企业征收数字服务税。我国已经有许多学者研究和探讨了是否应征收数字服务税的问题。未来，阿里巴巴等一系列平台型互联网企业将会面临缴纳数字服务税的风险，其税收负担会进一步加重。

2. 阿里巴巴税收筹划突破思路

（1）发展重点软件企业

我国企业所得税法对重点软件企业给予极大优惠，实施前期免税、之后减税（10%）的税收优惠政策。而阿里巴巴在2021年并未取得重点软件企业资格，这在很大程度上增加了企业税负。因此，阿里巴巴的管理层需要进行决策，比较取得重点软件企业资格的成本与其预期收益，若取得重点软件企业资格的预期收益显著高于其成本，则可以考虑加大研发投入。

（2）根据不同的经营场所实施不同的经营模式

越来越多的国家对外国非居民企业征收间接税，尤其是对本国市场消费者提供数字服务的公司。除中国消费市场外，阿里巴巴也有一部分海外业务，为了降低增值税、服务税、消费税的缴纳以实现最大程度上的税收优化设计，根据不同的经营场所，阿里巴巴可以实施不同的经营模式。

如韩国、澳大利亚等国家只要求外国非居民企业针对B2C业务履行税收登记及税款缴纳义务，不对B2B业务征收间接税，在这些国家，阿里巴巴可以使用针对平台商户收取佣金/抽成的模式而不是向个人消费者直接收费的模式。但有些国家实际只在B2B业务中要求海外市场国平台商户缴纳间接税，不对B2C征收间接税，阿里巴巴就可以考虑实行从个人消费者直接收费的模式。

（3）优化人力资源配置

中国税法规定，当企业招聘的员工是退役士兵、残障人士、应届高校毕业生等特殊人群时，可以享受减免税的税收优惠政策。互联网企业开展税收筹划时，可以通过人才招募上的倾斜来减轻企业纳税负担。目前，阿里巴巴的员工数量庞大，已经从 2019 财年的 101 958 人增长至 2021 财年的 251 462 人，但高学历员工和高技术员工并未同员工总数成比例增长，因此，阿里巴巴的人力资源仍有优化配置的空间。

（4）避免在高税收的海外经营中被视为常设机构

在国际税收中，很多国家要对构成常设机构的外国非居民企业的营业利润征收所得税。作为跨国企业，即使没有在当地设立分支机构或者子公司，阿里巴巴也有可能被非避税天堂的海外税务机关认定为常设机构，并缴纳公司所得税。为了使得企业集团税负最优化，阿里巴巴要尽量避免在高税收的海外市场国被视为常设机构。

9.3 跨境电商税收筹划
——天泽信息并购有棵树案例

以物联网为核心的天泽信息公司（以下简称"天泽信息"）为客户提供 IT 服务，是以互联网服务为其主营业务的高新技术公司。深圳有棵树公司（以下简称"有棵树"）是我国声名远扬的从事跨境电子商务贸易的知名企业。不论是在业务上还是在服务领域上，天泽信息和有棵树的重合度都很高，此案例中的并购是典型的横向并购。

9.3.1 增值税税收筹划

1. 合理选择纳税人身份

在此次并购案中，天泽信息可以通过比较，选择将有棵树作为一般纳税人或者是小规模纳税人。在售价相等的时候，增值率了决定税负的高低。

（1）当增值率＜无差别平衡点的增值率时，小规模纳税人的税负＞一般纳税人的税负，此时选择将有棵树作为一般纳税人比较合适。

（2）当增值率＞无差别平衡点的增值率时，小规模纳税人的税负＜一般纳税人的税负，此时选择将有棵树作为小规模纳税人比较合适。

2. 合理运用税收优惠政策

在企业并购过程中，与实物资产相关的债权、债务通过合并、分立进行转移，此过程中涉及的转让相关房地产和土地使用权可以享受增值税免税。基于此，天泽信息可以通过合理的税收筹划，转变资产性质，从而将需要交税的普通资产转让行为转化为享受增值税免税政策的净资产转让行为。

9.3.2　股权支付税收筹划

在天泽信息收购有棵树的过程中，必然涉及收购价格与支付方式。我国现行制度中有股权支付、非股权支付和混合支付三种股权支付方式，选择不同的方式会对企业税负产生一定的影响。股权支付不存在现金流入和流出，不产生企业所得税，但是发行新股会稀释企业控制权。非股权支付会使得企业在短期流出大量资金，易引发财务危机。混合支付弥补了股权支付和非股权支付的一些缺陷，在应用过程中更为灵活。

在该案例中，2017年12月31日，对有棵树的股份运用收益法进行评估，估值约为340 300万元，此外，根据该公司董事长为有棵树创立和发展过程中做出的贡献给予适当的现金作为补偿。由于该项并购需要支付的金额巨大，仅靠股权支付或非股权支付都有可能导致天泽信息的财务面临较大的风险，所以天泽信息最终选择了结合"现金"和"股权"的混合支付方式。

9.3.3 融资环节税收筹划

相比于股权融资，债权融资既不会对股权进行稀释，也不会分散控制权，并且利息还可以税前扣除，从而使企业的应纳税所得额相应减少。在此次并购案中，天泽信息只披露了部分融资渠道，采取了配股方式进行融资，即通过非公开发行股份向5名特定投资者募集了不超过130 000万元的资金。这种定向增发方式使原有投资者的股权遭到了稀释，且融资的成本和费用不能税前抵扣。

9.3.4 整合环节税收筹划

分公司与总公司合并计算缴纳企业所得税，可以实现总公司与分公司的盈亏互补，但分公司不具有法人地位，无法享受国家税收优惠政策。天泽信息要经过合理规划，选择将有棵树作为自己的子公司或分公司。

在此次并购中，有棵树2018年的营业收入超过34亿元，增长率为46.57%；净利润为2.6亿元，增长率高达55.75%。从有棵树披露的财务报告来看，2018年以前它连续三年保持净利润以较高的速度不断增长。由于有棵树营业收入和利润可观，天泽信息应当选择将有棵树作为其子公司，使其保持原先的跨境业务不变，并且仍然适用高新技术企业所得税适用税率15%的国家税收优惠政策。

9.4 互联网金融机构
——蚂蚁集团第三方支付税收筹划案例

9.4.1 蚂蚁集团公司概况

2004年,支付宝作为解决淘宝网买家与卖家交易信任危机的桥梁应运而生。2004年至2013年间,中国的移动互联网蓬勃发展,支付宝的业务范围也逐渐从仅限淘宝网使用拓宽到各种网络平台和交易当中。随着支付宝的不断壮大,阿里巴巴成立小微金融服务集团,将其金融服务划分出来,并推出余额宝、招财宝等金融服务。2014年小微金服正式更名为蚂蚁金服,并大力发展小额信贷、基金理财、保险等业务。蚂蚁金服于2020年正式更名为蚂蚁集团,并计划于当年上市,但最终未能成功上市。

1. 主营业务情况

蚂蚁集团的主营业务主要分为数字支付与商家服务、数字金融科技平台、创新业务三个部分,其中数字支付与商家服务是指通过向商家提供向消费者收款的服务来收取交易平台费和手续费,同时也就部分业务向消费者收取一定费用;数字金融科技平台主要包含微贷、理财和保险平台,通过支付宝等平台链接金融机构与消费者,使得消费者可以通过支付宝购买基金、理财、保险等金融服务,并收取一定的技术服务费;创新业务为公司推出的蚂蚁链、金融云等服务,此部分占比较小。具体业务情况如表9-6所示。

第 9 章 数字企业特殊业务的税收筹划案例

表 9-6 业务情况表

(单位:百万元)

项目	2017 年度		2018 年度		2019 年度		2020 年 1—6 月	
	金额	占比(%)	金额	占比(%)	金额	占比(%)	金额	占比(%)
数字支付与商家服务	35 890	54.88	44 361	43.03	51 905	43.03	26 011	35.86
数字金融科技平台	28 993	44.33	40 616	56.20	67 784	56.20	45 972	63.39
创新业务	514	0.79	745	0.77	930	0.77	544	0.75
营业收入合计	65 397	100.00	85 722	100.00	120 619	100.00	72 527	100.00

数据来源:蚂蚁集团招股说明书。

可以看出,蚂蚁集团的数字金融科技平台板块业务收入占比最高,并且保持持续上升态势,数字支付与商家服务板块业务对收入的贡献也很大,但增速较为缓慢。

2. 纳税情况分析

蚂蚁集团是一般纳税人,其涉及的税种有企业所得税、增值税、城市建设维护税等,其中最主要的是企业所得税和增值税,也是主要的税收筹划对象。具体纳税情况如表 9-7 所示。

表 9-7 纳税情况表

(单位:百万元)

项目	2017 年度		2018 年度		2019 年度		2020 年 1—6 月	
	金额	占比(%)	金额	占比(%)	金额	占比(%)	金额	占比(%)
企业所得税	2 437	59.37	2 784	47.44	1 441	23.97	1 437	28.81
增值税	1 668	40.63	3 084	52.56	4 570	76.03	3 551	71.19
合计	4 105	100.00	5 868	100.00	6 011	100.00	4 988	100.00

数据来源:蚂蚁集团招股说明书。

此外,蚂蚁集团 2017~2019 年度及 2020 年 1~6 月的净利润分别为 82.05 亿元、21.56 亿元、180.72 亿元和 219.23 亿元。从表 9-7 中可以看出,蚂蚁集团的企业所得税逐年下降,增值税逐年上升,税负总额也逐年上升,因此进行合理的税收筹划具有重要意义。

9.4.2 不同视角的税收筹划

1. 股东分配视角的税收筹划

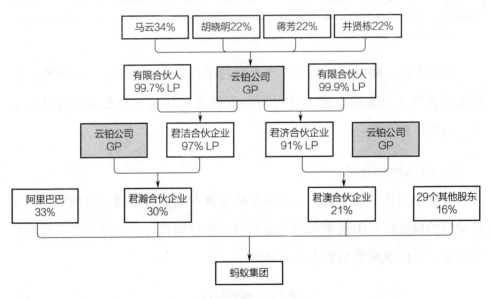

图 9-4 蚂蚁集团股权结构图

图 9-4 为蚂蚁集团股权结构图,可以看出最终控制人透过三层实际持股,实际分红时,可根据《证监会关于创业投资企业个人合伙人所得税政策问题的通知(财税〔2019〕8号)》自由选择按照单一投资基金进行核算或者按照年度整体进行核算。当按照单一基金进行核算时,个人将缴纳

20%的个人所得税；当按照整体所得进行核算时，将适用5%~35%的超额累进税率。一般而言，个人采用单一投资基金进行所得税核算时能够缴纳更少的税款，企业应当在做出选择前就以上两种缴税方式进行为期3年的测算，进而做出最有利的选择。

2. 税收优惠视角的税收筹划

蚂蚁集团作为互联网金融的龙头企业，研发出许多高新技术，属于国家给予税收政策扶持的高新技术企业，且属于重点企业，可以享受15%的企业所得税政策。由财税〔2017〕34号文可知，其研发费用也按照是否形成无形资产，分别加计75%和175%在税前进行扣除。此外，蚂蚁集团也向其他企业提供技术服务，技术服务在增值税的纳税过程中也享受免税政策。

蚂蚁集团于2015年开办了全国首批民营银行之一的网商银行，其享受了诸多税收优惠政策，如其向小微企业发放贷款（财税2018 77号文）、向涉农企业发放贷款（财税2019 85号文）时均可享受一定程度的增值税、印花税的减免。

此外，蚂蚁集团在其旗下支付宝等平台大力推进公益项目，其用于公益及环保项目的设备和费用均可进行相应抵扣。

3. 数字支付与商家服务业务视角的税收筹划

数字支付与商家服务是蚂蚁集团旗下支付宝App的重要业务收入来源之一，具体而言，支付宝向商家提供收款服务时收取手续费；对于个人用户提现至银行卡服务收取手续费（约为0.1%）；对于通过支付宝平台进行小微贷款（如花呗、借呗等）、购买理财产品和保险产品的用户收取手续费（约为0.6%）；对于用户在境外使用支付宝支付外币收取换汇手续费等。

根据《财税〔2016〕36号：营业税改征增值税试点实施办法》，对于上述数字支付与商家服务业务，其中仅涉及支付功能的提现、外汇支付等业务应归属于金融服务，缴纳6%的增值税；而对于买卖理财产品、保险产品等服务，应归属于现代服务中的经纪服务，缴纳6%的增值税。

在进行税收筹划时，企业应当注意区分这两类增值税，虽然目前的征收税率同为6%，但仍需分类规划，以防后续政策变动。同时，企业应做好市场调查，设计科学合理的手续费率，从而达到供给、需求、成本、税费的平衡，以实现企业利益的最大化。

4. 闲置现金流收入视角的税收筹划

消费者通过线上购物平台预先支付商品价款，而商家则需要等待消费者确认收货后才能收到钱款，在这期间消费者支付的资金由平台代为保管，平台就可以利用这7~20天的时间对闲置资金进行再投资来产生收益。2013年6月7日，中国人民银行发布《支付机构客户备付金存管办法》，肯定了第三方支付机构可以获得备付金的利息收入，并且此部分利息收入按规定免征增值税。

此外，企业也可以将该部分闲置资金投资于其他金融理财产品，但按照企业所得税法，该部分收入（含利息收入）应当按规定缴纳企业所得税，规定中免于征税的金融产品除外（如国债）。因此，企业可以合理规划自身闲置资金，结合流动性需求、投资收益、税款缴纳等来制定闲置资金使用策略，进而达到企业利润的最大化。

5. 研发费用视角的税收筹划

国家为鼓励企业研发与创新，对企业研发费用进行加计扣除的税收优惠政策，表 9-8 为 2017~2019 年度及 2020 年 1~6 月蚂蚁集团研发费用的情况。

表 9-8 蚂蚁集团研发费用的情况

（单位：百万元）

项目	2017 年度 金额	2017 年度 占比（%）	2018 年度 金额	2018 年度 占比（%）	2019 年度 金额	2019 年度 占比（%）	2020 年 1—6 月 金额	2020 年 1—6 月 占比（%）
职工薪酬	2 352	49.10	3 828	55.45	5 765	54.36	3 295	57.60
股份支付费用	1 771	36.98	2 171	31.45	3 213	30.30	1 619	28.30
技术服务	231	4.83	376	5.45	989	9.33	621	10.86
折旧摊销	261	5.46	196	2.84	193	1.82	80	1.40
其他	174	3.63	332	4.81	445	4.20	105	1.84
合计	4 789	100.00	6 903	100.00	10 605	100.00	5 720	100.00

数据来源：蚂蚁集团招股说明书。

从表 9-8 可知，蚂蚁集团的研发费用不断增加，其中占比较大的为职工薪酬。研发人员的职工薪酬计入企业研发费用，因此蚂蚁集团可以考虑将研发人员的各项福利待遇等都以薪酬形式下发，这样一来这部分费用便可作为研发费用在企业所得税缴纳时加计扣除，从而达到节税的目的。此外，企业也可以在条件允许的范围内加大研发力度，一方面可以加强企业核心竞争力、推陈出新，另一方面也可以达到节税的目的。

6. 广告费收入视角的税收筹划

蚂蚁集团旗下的支付宝作为行业领先的第三方支付软件，拥有众多的使用者和大额流量，因此众多商户都会选择和支付宝平台进行合作，推出各项活动占据应用首页以达到宣传推广的目的，支付宝在此过程中也会获得许多广告费。

此部分广告费归属于现代服务下属的文化创意服务，应该按规定缴纳 6% 的企业增值税。此外，支付宝在向其合作企业收取广告费时，会以赠送广告时长的方式来给予大客户以及长期合作者优惠。根据税法的规定，此部分赠送的时长虽无实际收入，但仍视同销售，按照常规价格进行纳税。因此，建议企业采取折扣的方式对友好企业进行广告费用的促销活动，这种方法可以节省部分应纳税额。

广告收入的确认以广告真正投放的时点为准，而广告成本或费用的确认则按照相应制作进度来进行确认，因此企业可以根据自身需求，灵活变通广告投放的时间以及广告制作的进度，以达到按计划缴税和延期纳税的目的。

7. 收回逾期贷款视角的税收筹划

蚂蚁集团的小微贷款服务也是其重要收入来源之一，目前已有约 5 亿消费者通过微贷科技平台获取贷款服务，超过两千万经营者获取信贷，而在贷款服务中不可避免地会出现逾期情况。图 9-5 为公司 2017—2019 年信贷余额逾期率。

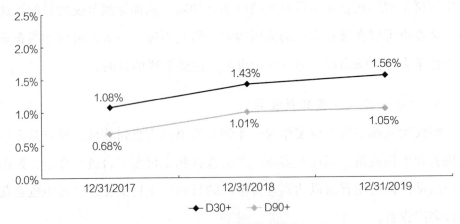

图 9-5　信贷余额逾期率

数据来源：蚂蚁集团招股说明书。

依据财税 2016 第 36 号文件所述，对于金融机构的应收而未收利息分两种情况缴纳增值税和企业所得税：对于逾期 90 天内收回的应收未收利息，需缴纳增值税；对于逾期 90 天以上的利息，则暂缓缴纳增值税直至收回利息为止，对于已缴纳税款的利息，若 90 天后仍未收回则可抵扣当期税费。企业可以根据实际情况利用延期纳税和抵扣税费来进行税收筹划。

8. 理财产品收入视角的税收筹划

企业在进行理财产品服务时，将理财收入按照一定比例和标准奖励给投资经理或基金经理，而企业的理财收入会缴纳增值税。此时，企业可以通过提前测算的方式来制定合理的薪酬奖励比例和机制，从而将税负从企业转移到投资经理个人，进而减少企业的实际税负。

举例来说，当公司收入为 500 万元时，给投资经理的激励为 18%。此时，公司缴纳增值税为 500×6%=30 万元；投资经理的收入为 500×18%=90 万元；公司缴纳增值税后的收入为 500-30-90=380 万元。若投资经理的激励为 20%，此时公司需缴纳增值税为（500-500×20%）×6%=24 万元；投资经理的收入为 500×20%×（1-6%）=94 万元；公司缴纳增值税后收入为 500-24-94=382 万元。综上所述，公司可以通过此手段节税 2 万元。

9.4.3　案例结论与分析

本案例选取了互联网金融企业中各方面综合排名第一的蚂蚁集团为研究对象，首先分析了其主营业务、纳税情况等信息，再结合具体数据和业务从公司的股东分配、税收优惠政策、现金流闲置资金、数字支付与商家服务业务收入、广告费收入、研发费用、逾期贷款利息收入、理财产品收入八个视角对公司进行税收筹划分析。本案例也从侧面证明了互联网金融公司根据自身多元化的业务收入类型进行税收筹划的重要性和必要性。

9.5 云计算模式的税收筹划——阿里云案例

9.5.1 阿里云业务概况

1. 阿里云企业架构

2008年,阿里云计算有限公司成立于浙江省杭州市,主要业务是提供计算和数据处理能力,可为企业、开发者和政府机构提供物联网、新金融、新能源、大游戏、大制造等领域的服务。

(1) 阿里云的股权架构

目前,阿里云的股权架构如图9-6所示,这是一种有限公司加合伙企业的多层股权架构。上层是臻悦有限公司,中间层是臻晟和臻强两家有限合伙企业,下层是主体公司,即阿里云计算有限公司。中间层的有限合伙企业的特征是必须具备一名普通合伙人,在阿里云的架构中,臻悦有限公司是唯一的普通合伙人,拥有对有限合伙企业的控制权,而其他有限合伙人为阿里巴巴系统内的员工,通过有限合伙企业对阿里云进行持股。

穿透夹心股权架构的上层,是张勇、赵颖、郑俊芳、邵晓峰和吴泽明五位大股东,他们通过控制臻悦有限公司,来控制臻晟和臻强两家有限合伙企业,进而控制阿里云,为阿里云的实际控制人。

第 9 章 数字企业特殊业务的税收筹划案例

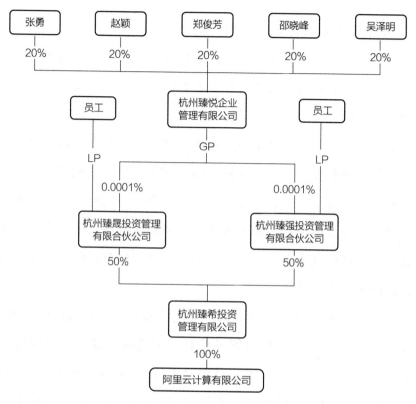

图 9-6 阿里云的股权架构图①

（2）阿里云的分公司和子公司

阿里云旗下设有 6 家分公司，分别位于深圳、上海、广州、北京、杭州及青岛。同时，阿里云对外投资了 11 家公司，主要涉及信息传输、软件和信息技术服务业、科学研究和技术服务业、批发和零售业，主营业务大多都是与云计算服务相关的软件开发、技术服务、计算器软硬件批发和零售等。其中，阿里云计算有限公司几乎是整个阿里云系统全部知识产权

---

① 资料来源：天眼查 https://www.tianyancha.com/company/138473506[2021-12-16].

的所有者[一]，是阿里云系统的主体经营公司。

2. 云计算的业务特点与服务模式

云计算属于互联网行业，主要业务是进行计算和数据处理，具有知识密集、技术密集的特点，由于对服务器等电子设备的投入大，又具有资本密集的特点，同时产品具有高附加值。

阿里云服务于阿里巴巴集团的战略安排，既满足集团内部的云计算需求，又为外部企业提供云计算服务。2021财年，阿里云的收入达601.2亿元，较上一财年增长50%，主要来源于国内企业与政府及国外企业[二]。阿里云在我国金融云市场、工业云市场、数字政府市场均排名第一，从全球市场看，在云基础设施上，它与亚马逊、微软位列全球前三，在亚太市场上，它的市场份额则排名第一[三]。

目前云计算服务分为三种模式，首先是IaaS（基础设施即服务），即提供服务器、硬盘、存储空间等云计算所需的基础设施，通常以线上远程出租的形式满足用户的需求；其次是PaaS（平台即服务），即通过云计算平台，以用户上传的内容、参数等原始材料为基础事先设定好的基础功能，例如快速视频解码、视频直播加速等功能；最后是SaaS（软件即服务），即以软件的形式提供服务，客户无须提供原始材料，直接在浏览器端使用给定的软件。上述三种模式具有层层递进的特点，云计

[一] 阿里云系统包括阿里云及其分支机构和子公司，阿里云拥有589项知识产权，浙江猫精人工智能科技有限公司拥有"天猫精灵官方网站"一项知识产权。资料来源：天眼查 https://www.tianyancha.com/company/138473506[2021-12-31]。

[二] 中国证券报·中证网《阿里巴巴发布季度及2021财年财报：阿里云全年营收增长50%至601.2亿元》，链接为 https://www.cs.com.cn/ssgs/gsxw/202105/t20210513_6166550.html。

[三] 同[二]。

算服务越完备，用户可管理、控制和部署的余地就越小。阿里云的业务范畴从 2015 年单一的云基础设施逐渐向全方位的数字经济基础设施扩展。

9.5.2 云计算业务的税收特点与筹划原理

1. 税收特点

云计算业务主要划分为提供云计算服务和销售软件产品。

在增值税方面，提供云计算服务属于软件和信息技术服务，按照 6% 征收增值税；而销售软件产品区分为销售软件产品的使用权和销售软件产品的著作权，对于使用权的转让按 13% 征收增值税，对于著作权的转让属于无形资产的转让，按 6% 征收增值税。由于云计算业务搭建前期需要采购大量电子设备，具有大量进项税，因此在前期企业的税负较轻，而业务成熟后税负会逐渐上升。

在企业所得税方面，符合高新技术企业认定条件的，享受 15% 的优惠税率。在员工的个人所得税方面，由于云计算知识密集和技术密集的特点，其发展高度依赖于领导人和技术人员的智力资本投入，所以往往采用高薪酬来回报和吸引优秀的管理人员和技术人员。但由于累进税率的存在，这些员工的个人所得税税负较重。

2. 筹划原理

税收筹划有三大设计思想，分别是流程思想、契约思想和转化技术。流程思想从管理学角度出发，提前设计与规划企业的业务流程，通常有改变流程顺序和流程再造两种做法，来达到控制税负和节税的目的，体现了税收筹划的事前性特点。契约思想从法学的角度出发，基于契约的不完备性，通过改变契约关系、契约模式等，来改变税收。转化技术则是通过改变收入形式、纳税期间或纳税主体，来实现节税。

基于以上三大思想，税收筹划衍生出了多种具体的筹划原理与方式。结合云计算的税收特点，本文主要探讨以下四种节税原理。首先是税收弹性，由于税法随着组织架构、商业模型、业务模式等变化而变化，纳税人可以利用税收政策的差异性进行筹划。其次是规避平台，即规避税法中的临界点，通常有优惠临界点、税基临界点、税率跳跃点等。再次是组织架构，不同的组织架构影响着企业的内部组织关系，进而影响着税收。最后是递延纳税，通过推迟收入的确认或提前费用的确认来实现递延纳税，获取税款的货币时间价值。在下文中，笔者将结合这四种筹划原理分析阿里云的税收筹划方式。

9.5.3 阿里云的税收筹划方式分析

1. 搭建多层股权架构

（1）税收筹划方式

如上文所述，阿里云的股权架构首尾是有限公司，中间是有限合伙企业，实际控制人是张勇、赵颖等五位大股东。这种股权架构在企业管理与税负控制上都具有明显优势。

首先，在企业管理上既实现了控制权与收益权的分离，又隔离了作为经营主体的阿里云的经营风险。根据我国《公司法》和《合伙企业法》，有限公司和有限合伙企业在控制权、收益分配、风险承担、参与人数等方面都存在差异，具体如表9-9所示。

表 9-9 有限公司和有限合伙企业的企业性质对比

	有限公司	有限合伙企业
控制权	按出资比例通过股东大会表决	普通合伙人：执行事务，对外代表企业
		有限合伙人：不执行事务，不对外代表企业
收益分配	按出资比例分配	按合伙协议约定分配
风险承担	以出资为限承担有限责任	普通合伙人：无限责任
		有限合伙人：有限责任
参与人数	一般 2~50 人	2~50 人；至少有一名普通合伙人

有限合伙企业中的普通合伙人行使控制权但承担连带责任，风险较大，有限合伙人没有控制权但规避了风险。阿里云的股权架构通过两者的区别实现了风险隔离，具体见图 9-7。臻悦有限公司作为唯一的普通合

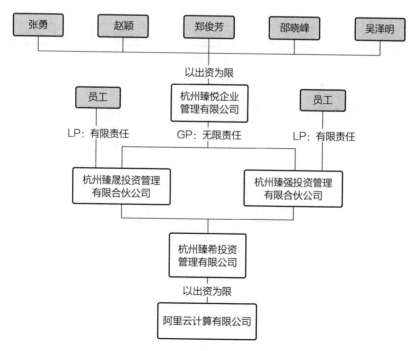

图 9-7 阿里云股权架构中的风险隔离情况

人，通过控制中间的有限合伙企业，实现了对阿里云的控制。而张勇、赵颖等五位大股东，在通过臻悦控制阿里云时，又通过臻悦隔离了风险，因为他们作为有限公司的出资人，仅以出资为限承担有限责任。此外，其余有限合伙人为阿里巴巴系统内获得股票期权的员工，通过合伙企业持股阿里云，享受企业的分红，并仅承担有限责任。此外，与蚂蚁集团的三层股权结构不同，阿里云在合伙企业下还多设了一层——臻希有限公司，相当于又增加了一道风险屏障，更有效地隔离了阿里云的经营风险。

其次，从税负控制上，既通过减轻所得税实现了绝对节税，又通过递延纳税实现了相对节税，具体见图9-8。①根据《企业所得税

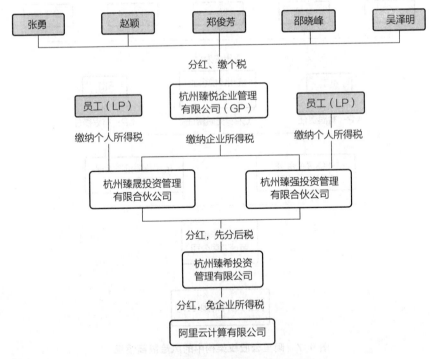

图9-8 阿里云股权架构中的缴税情况

法》，居民企业之间的股息红利分配免征企业所得税，所以臻希公司取得阿里云的股息免税。②臻希公司向合伙企业分配股息时，先分后税，避免了重复征税。员工取得臻希的股息后，只需要缴纳一道个人所得税。而臻悦公司则可以通过自主决定分红时间来实现五位股东股息的递延纳税。

（2）结论

通过设立多层股权架构，阿里云既实现了企业组织结构的优化，又达到了节税的目的。在节税方面，既实现了减少税收，又实现了递延纳税，同时体现了上述四种筹划原理。

阿里云利用法律对有限公司和有限合伙企业性质的不同规定，以及有限合伙人和普通合伙人的区别，搭建了多层夹心股权架构，通过居民企业间股息分配免税、合伙企业先分后税等规定，实现了税收绝对额的减少，体现了税收弹性和组织架构的筹划原理。同时，通过有限公司推迟分红，实现了主要股东的递延纳税，体现了递延纳税的筹划原理。

2. 充分利用税收优惠

（1）税收筹划方式

1）以"税收洼地"为企业选址

自1979年我国成立第一个产业园区——深圳蛇口工业区开始，我国产业园区的发展走过了40多年。从改革开放的4个沿海经济特区逐渐发展，截至2018年全国国家级和省级的开发区数量之和已达到2543家㊀。

产业园区在我国经济发展中发挥了重要作用，而各地政府为了发展高新技术产业，对设在园区内的符合特定条件的高新技术企业给予税收优

㊀ 数据来源：国家发展改革委、科技部、国土资源部、住房和城乡建设部、商务部、海关总署印发《中国开发区审核公告目录》（2018年版）（2018年第4号公告）。

惠，涉及个人所得税、企业所得税、增值税等多个主要税种，优惠形式涵盖了税率式、税基式和税额式税收优惠。这些税收优惠力度大的各地园区就成了"税收洼地"，是企业注册的热门选址。

享受产业园区优惠需要具备一定条件，一方面，要属于国家扶持的重点行业，如软件与信息技术服务业、技术咨询服务业、计算机软硬件开发服务等；另一方面，该公司或其子公司、分公司的注册地址要在园区内。地方产业园区的税收优惠通常采取政府返还的方式，对增值税、企业所得税地方政府留存一定比例后，剩余部分返还给企业。如果是入驻园区的个人独资企业，个人所得税可享受核定征收。

从全国产业园区的分布来看，浙江、广东、北京、上海等省市的经济技术开发区、高新技术产业开发区数量较多，成为高新技术企业青睐的选址省市。阿里云计算有限公司及其分公司和子公司的注册地统计情况如图9-9所示，几乎都选址在上述省市，通过利用"税收洼地"的筹划方式，享受地方税收优惠，为企业节税。

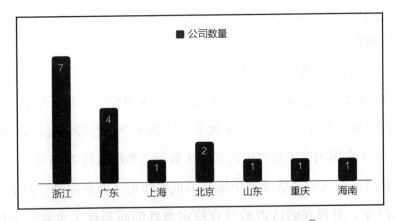

图9-9 阿里云及其分公司、子公司的选址地⊖

⊖ 资料来源：天眼查 https://www.tianyancha.com/company/138473506[2021-12-16]。

2）充分利用其他税收优惠

云计算属于我国新基础设施建设项目，属于软件与信息技术服务业，是国家重点发展的战略新兴产业。在财税政策上，国家给予了丰富的税收优惠。企业通过充分利用这些税收优惠，能够节省大量的税额支出。

在企业所得税方面，一般享有税基式和税率式优惠。在税基上，符合条件的技术转让所得，在一个纳税年度内 500 万元以下的可免征企业所得税，500 万元以上的减半征收企业所得税。同时，税基式还有加计扣除的税收优惠政策，非制造业的研发费用未形成无形资产的加计 75% 扣除，形成无形资产的按无形资产的 175% 摊销。在税率上，属于国家重点扶持的高新技术企业、技术先进性服务企业，企业所得税减按 15% 税率征收。此外，对于软件产业和集成电路产业，还有特别的税收优惠，符合条件的企业可享受两免三减半、职工培训费用按实际发生额扣除等优惠政策。

在增值税方面，则享有免税、退税、即征即退的优惠。首先，纳税人提供技术转让、技术开发和与之相关的技术咨询、技术服务，免征增值税。其次，符合规定的内资研发机构和外资研发中心采购的国产设备，按规定实行全额退还增值税。最后，增值税一般纳税人销售自行开发的软件产品，其增值税税负超过 3% 的，对超过部分可享受即征即退的优惠政策。

（2）结论

充分利用税收优惠是企业税收筹划的重要方式之一，即合法节税的方式，而税收优惠方式的多样性给了企业众多的选择，体现了税收弹性的筹划原理。

阿里云在企业设立之初就进行了税负控制，大多数分公司和子公司选择了税收洼地作为企业的注册地。但是，需要注意的是，注册地需要与实质业务发生地一致，否则可能会被税务机关认定为"空壳公司"，导致税收筹划失败。在企业经营过程中，可以充分利用增值税、所得税等多种税收优惠，合理增加企业的扣除项目，减小税基。不过，在享受税收优惠时，企业需要注意支出的"实际性"，以及需要满足的特定条件。

3. 授予员工股票期权

（1）税收筹划方式

阿里巴巴在全球约有12万名员工，集团内部采取双序列职业发展，分别是专家路线和管理者路线。专家路线即程序员、工程师、研究员等，划分为14个职级，从P1到P14。管理者路线即经理、总监、总裁等，划分为10个职级，从M1到M10。其中，P6与M1的职级相等，从P7（M2）开始授予公司股票，薪酬结构由薪资转为"薪资+股票"的形式⊖。

给资深员工发放股票期权是大型企业常用的方式，它增加了员工对企业的归属感与忠诚度，提高了员工的工作积极性，促进了企业的良性发展。同时，这种方式也发挥着减轻税负的作用，因为根据《企业所得税法》，公司发放的股票期权对应的价值可作为企业的成本扣除，并且成本随着股价的上涨而提高。同时，员工薪资的一部分转化为股票期权，降低了员工当前的个人所得税税负，实现了递延纳税。

由此，虽然增发股票稀释了股票价值，但通过股权激励可以促进企业发展，保持良好稳定的经营状况，企业股价仍会逐渐上升，支付给员工的股票期权的可税前扣除成本也会随之上升，既实现了企业价值最大化的目

⊖ 资料来源：微信公众号"中财蹦豆"《科普阿里、腾讯、百度、字节、京东、美团的薪资待遇职级体系！》一文，链接为 https://mp.weixin.qq.com/s/LYuSm4CpUolyUk-LxCgfdg[2021-12-13]。

标，又达到了节税的目的。

（2）结论

阿里云利用股票和货币工资的不同税收待遇，增加了税前扣除成本，降低了员工个人所得税，还实现了递延纳税，体现了税收弹性、规避平台和递延纳税的筹划原理。

首先，阿里云通过授予员工股票期权的方式，减少了当期工资薪金的支出成本，又增加了股票期权成本的扣除项目，实现了节税，体现了税收弹性的筹划原理。其次，员工的货币工资转化为股票形式，一部分所得的适用税率由累进税率转变为较低的比例税率，而适用累进税率的部分所得的边际税率也降低了，还实现了递延纳税，体现了税收弹性、规避平台和递延纳税的筹划原理。

9.5.4 案例总结与启示

阿里云作为云计算这一新型商业模式的典型案例，其税收筹划方式既体现了数字经济行业企业的特征，也包含着传统行业企业常用的方式。以上主要分析了构建多层股权架构、充分利用税收优惠以及授予员工股票期权三种方式，并结合筹划原理对其进行了小结。

阿里云的税收筹划方式带来了一定的启示。首先，阿里云在税收筹划的过程中，不仅考虑了节税的目的，还结合了管理学的相关思想。在构建多层股权架构的过程中，在实现节税目的的同时，实现了控制权与收益权的分离，还隔离了经营风险。其次，在充分利用税收优惠上，阿里云通过提前安排其日常生产经营活动，保证在事后能够充分享受税收优惠，体现了税收筹划的流程思想。最后，在员工股票期权的实施上，将货币工资转化为了股票，体现了转化思想。

综上所述，阿里云通过一系列组织管理与事前安排，结合管理学，运用税收筹划的多种思想与原理，有效地节约了税负。

9.6 二手奢侈品电商红布林的运营模式与税收筹划

9.6.1 红布林的运营模式

红布林是顺应国内奢侈品流行趋势而成立的二手奢侈品的闲置交易平台，其创始人是徐薇，该平台的目标是实现国内与国际之间高端审美的联动以及奢侈品资源的循环利用。红布林已经进行了六轮的融资，资方包括尚高、九合、经纬中国等知名机构，到2020年，红布林的GMV、用户量实现了5倍增长。

红布林采用C2B2C模式高效地连接了买卖双方，为卖家提供极高性价比的商品、完善的鉴定和售前售后服务，还运用直播带货、明星代言等销售途径大规模撬动起C端商家和B端商家，使客户可以真正体验到足不出户就可以将闲置变现的快捷与方便。

9.6.2 二手奢侈品电商涉及的税种

1. 增值税以及附加税费

二手奢侈品电商目前涉及的全部主营业务都属于增值税纳税项目，由此还可能产生城市维护建设税、教育费附加、地方教育费附加等附加税费。

2. 企业所得税

互联网企业在发展初期的投入成本较高,为了与其他同行竞争从而占领市场,需要投入大量的广告费用,可能盈利较少或者为负,因而不需要缴纳企业所得税。但是,如果企业的发展趋势良好,盈利稳步增加,那么随即就可能需要缴纳企业所得税。

3. 个人所得税

相比于传统行业,互联网企业的人力资本占据资产的比重很大,薪资、奖金水平较高,还可能会额外配发一定的股票期权,同时还经常会给予员工物质性的福利,这些都需要缴纳个人所得税。

4. 消费税

个别属于消费税应税范围的商品,在交易时需要缴纳消费税。

9.6.3 红布林的税收筹划

1. 增值税税收筹划

在实际经营过程中,互联网企业可以通过选择不同的商业模式和合作方式,从而选择不同的销项率,最终影响缴纳的增值税额。比如,可以将一些销售活动从买卖形式转换为合理的收取佣金方式。众所周知,奢侈品完成销售,即消费者拿出店铺的那一刻就已经开始贬值,有的甚至可以贬值到原价的50%。也就是说,二手奢侈品在交易过程中,由于多次交割也可能会对其价值产生一定的折损,因此通常就是在最终成交的买卖双方之间完成一次交易。二手奢侈品电商作为交易平台,从中可以收取佣金等作为主要收入。

假设不考虑车辆价值的折损,单纯从税务角度进行分析,那么二手车的交易是以买卖方式还是收取佣金方式才能避免更多的税收支出？

假设交易场景如下：某奢侈品大牌的包价格为 40 000 元（不含税），如果采用车辆买卖形式则采购价格为 40 000 元（不含税），出售价格为 41 000 元（不含税）；如果采用佣金形式，成交后正常情况下平台收取 1 000 元佣金。

方案一：买卖方式

二手包买卖要按照 13% 的增值税率计算销项税额，则销项税额 =41 000×13%=5 330 元；如果卖方也为增值税一般纳税人，则进项税额 =40 000×13%=5 200 元；本笔交易应缴纳增值税为 130 元。

方案二：收取佣金方式

佣金收入一般是按照服务费额的 6% 缴纳增值税，则应缴增值税 =1 000×6%=60 元，远低于买卖方式所应该缴纳的增值税，一个包就能少缴纳税款 70 元。

此外，还要考虑到现实中很多卖方都只是增值税的小规模纳税人或者个体经销商，可能不能开具发票。这时，企业只能按照 13% 的税率计算销项税额，并且没有进项税额可以进行抵扣，需要直接缴纳 5 330 元的增值税。那么，无论从奢侈品保值的角度，还是从税收筹划的角度考虑，收取佣金等中间费用的方式都比买卖方式更为可行。

电商企业经常会以消费券、代金券等优惠券的形式向客户进行促销，其实质就是为企业销售商品或提供服务的商业折扣，并不需要征收个人所得税。从流转税的角度考虑将折扣额与销售额分别注明于同一张发票上，并且可按折扣后的余额作为销售额，会计核算时直接抵减相关服务收入，并以净值列示。还有一些非现金网络红包涉及流转税的问题，也可以按照收入扣减代金券之后的净额计算销项税额。

假设平台成交一个奢侈品包获得佣金收入 2 000 元，给予客户 200 元补贴，实际收取 1 800 元。按照全额和净额不同处理情况下的税负情况如表 9-10 所示。

表 9-10　全额法和净额法的比较

（单位：元）

	按全额核算			按净额核算		
	佣金收入	税率	增值税额	佣金收入	税率	增值税额
销项税额	2 000	6%	120	1 800	6%	108
进项税额	0	6%	0	0	6%	0
应纳增值税额			120			108
	应纳税所得额	税率	所得税额	应纳税所得额	税率	所得税额
应纳所得税额	2 000	25%	500	1 800	25%	450

净额法比全额法节省增值税 12 元，节省所得税 50 元。如果平台的成交额较多，那么每月节省的税负就是一笔很可观的数字。

2. 企业所得税税收筹划

（1）新设公司

在国家实行营改增的税收政策之后，那些应税行为销售额超过 500 万元的纳税人才需要登记为一般纳税人。那么，二手奢侈品电商平台可以将业务合理地分割成几个板块，比如物流运输和部分技术服务等营业规模在 500 万元以下的业务可以分别设立为单独的公司，按照小规模纳税人核算。

（2）设立分公司或子公司

考虑到企业亏损因素以及不同地区税率存在差异等因素，可以考虑不同的设立方式。

1）考虑企业成立初期的盈亏

互联网企业在成立初期，可能因为研发投入、人力资本等成本过高而导致盈利较少甚至亏损，那么就可以设立分公司，与总公司合并纳税。如果公司处于盈利较多的阶段，那么就可以成立规模较小的子公司，从而按照小规模纳税人进行核算。

2）不同地区的税率差异

互联网企业可以利用不同地区可能享受不同的税收政策，在税率较低的地区设立公司。比如，西部地区就为了鼓励包括信息产业、电子商务等新兴产业而采取较低的税率政策。

（3）利用研发费用加计扣除

互联网企业通常可以申请登记为科技型中小企业，这样就可以享受税前加计扣除75%的优惠政策。研发费用可以分为：人员人工费用、直接投入费用、折旧费用和长期待摊费用、无形资产摊销、新产品设计费、新工艺规程制定费、委托外部研发费和其他相关费用。

假设某互联网企业为高新技术企业，可以享受15%的企业所得税率。

方案一：非科技型中小企业的研发费用加计扣除

假设企业第一年收入为3亿元，当年的成本费用为3.1亿元，其中研发费用为1亿元，不考虑其他的纳税调增因素，简单计算的应纳税所得额为亏损1 000万元。假设第二年收入为4亿元，当年的成本费用为2亿元，其中研发费用为8 000万元，那么当年盈利2亿元。

不考虑其他因素，如果不利用研发费用加计扣除的优惠，则第二年需要缴纳的企业所得税为（20 000-1 000）×15%=2 850万元。

方案二：科技型中小企业的研发费用加计扣除

由于科技型中小企业可以享受75%的研发费用加计扣除，那么第一年的亏损额将扩大到 1 000+10 000×75%=8 500 万元，第二年的加计扣除研发费用为 8 000×75%=6 000 万元。第二年应纳税所得额为 20 000−1 000−8 500−6 000=4 500 万元，那么需要缴纳企业所得税为 4 500×15%=675 万元。

根据方案一和方案二的对比，可以看出申请了科技型中小企业的互联网企业通过研发费用加计扣除的优惠政策使得企业的所得税减少了 2 175 万元。同时，即使处于亏损中的互联网企业，虽然当年不需要缴纳企业所得税，但是也可以利用研发费用加计扣除政策加大当年的亏损，在以后的盈利年度扣减之前的亏损，从而避免不必要的税收支出。

（4）加班餐费的处理

员工经常会产生加班餐费，且餐费经常会被归为业务招待费科目，但是如果将加班餐费计入职工福利费来核算，那么就可以避免企业在申报所得税时被要求纳入业务招待费调增范围。

假设企业每个员工每天的加班晚餐费为 30 元，那么每个月加班 10 天的话，就要 300 元的餐费补贴。公司按照 1 000 人来计算，每个月的加班餐费就要 30 万元。如果计入业务招待费，那么 40% 的部分需要纳税调增，调增应纳所得税额为 12 万元，按照 25% 的税率则每月要缴纳 3 万元的企业所得税，一年就要缴纳 36 万元的所得税。但是，如果计入职工福利费，每年就可以节省 36 万元的企业所得税。

（5）残疾人就业保障金和残疾人工资加计扣除

企业根据残疾人就业保障金的规定应缴纳残疾人就业保障金，这成为一笔不小的开支。保障金年缴纳额＝（上年用人单位在职职工人数 × 所在地省、自治区、直辖市人民政府规定的安排残疾人就业比例−上年用人单位实际安排残疾人就业人数）× 上年用人单位在职职工年平均工资。合理安排残疾人就业，就可以帮助企业合理合法地避免一些不必要的支出。企业安置残疾人员所支付的工资的加计扣除，是指企业安置残疾人员，在按照支付给残疾职工工资据实扣除的基础上，按照支付给残疾职工工资的100%加计扣除。简单来说，就是企业支付给残疾人员工资1 000元，正常情况下企业税前可以列支2 000元的工资费用。

因此，二手奢侈品电商企业可以通过合理安排残疾人就业，为残疾人创造更多的就业机会，这既是帮助更多有需要的群体，对社会做出了一份贡献，也能为企业避免不必要的残疾人保障金支出。

9.7 腾讯"组团作战"并购Supercell税案[一]

在跨境并购的过程中，企业通常会设计特殊的控股架构和融资架构来实现财务目标，并进行税收筹划，降低总体税负。但我国很多企业在跨境并购中还面临着一些税收风险，此过程中的税收筹划是否有效、税收协同效用理论运用是否得当也是企业不容忽视的问题。腾讯作为三巨头之一，在竞争升级的背景下，与阿里巴巴、百度展开了"军备竞赛"，积极开展"新圈地运动"，将一个个公司收入囊中。在众多案例中，腾讯并购芬兰手游公司Supercell是近年来其并购金额最大的一次。腾讯在并购中通过组建财团的形式设立中间控股层并引入共同投资者，以"组团作战"推动并购的成功，其间接控股架构和融资架构的设计具有一定的借鉴意义。

[一] 蔡昌.税收教学案例[M].北京：中国财政经济出版社，2022.

9.7.1 案例背景

腾讯并购 supercell 是迄今全球游戏史上最大规模的一次并购，采用组建财团这一独特的"组团作战"形式，构建间接控股架构和融资架构，从而可以进行有效的税收筹划，发挥税收的协同效应。

1. 背景资料

（1）并购方——腾讯控股有限公司

腾讯控股有限公司始创于 1998 年，2004 年于香港联交所上市，其核心业务是社交软件，通过 QQ、微信建立了庞大的用户体系，如今在游戏产业也占有较大市场份额。国内游戏行业已形成了腾讯和网易占主导地位的两超多强格局。而在国外，腾讯积极践行国际化战略，多次高额并购，扩大游戏产业版图。截至目前，腾讯已投资 668 家公司，其中游戏公司 88 家，其投资分布图如图 9-10 所示。腾讯的顺利转型与其多次并购有着密不可分的关系。

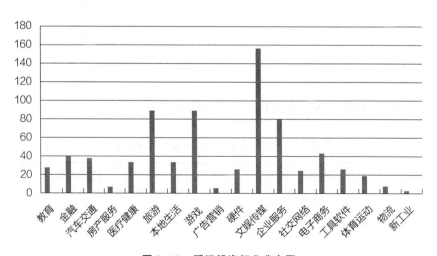

图 9-10　腾讯投资行业分布图

（2）被并购方——Supercell 公司

Supercell 是芬兰的游戏公司，于 2010 年成立。其主营业务是开发移动端游戏，目标客户遍布全球 30 多个国家，智能手机和 iPad 的使用群体都可以成为其服务对象。腾讯并购前，Supercell 共研发了四款游戏，备受青睐，各游戏长期稳居排行榜前十的位置。Supercell 依靠这四款游戏成为全球最赚钱的创业公司，其创收能力十分可观，并购前拥有高达 23 亿美元的营业收入。虽然只有 180 名员工，但其拥有精湛的研发技术、先进的研发理念和良好的口碑，这对并购方具有较大的吸引力，其公司组织结构和产品如图 9-11 所示。

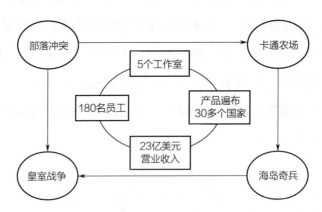

图 9-11 Supercell 公司组织及产品示意图

被腾讯并购前，Supercell 的股权结构如表 9-11 所示。

表 9-11 被腾讯并购前 Supercell 的股权结构

持股人	持股比例
软银股份有限公司	73.2%
Likka Paananen（埃卡·潘纳宁）	6%
Mikke Kodisoja（米科·科迪索加）	5.4%
员工及其他创始人	15.4%

第9章 数字企业特殊业务的税收筹划案例

（3）并购过程

2016年4月，日本软银公司因债务问题欲出售所持Supercell公司73.2%的股份。作为软银的投资公司，阿里巴巴首先表达了购买意愿，但因估价问题暂时没有达成一致意见。5月14日，正在打开游戏市场的腾讯与Supercell进行早期谈判，腾讯给出较高的估价，双方达成并购意向。6月16日，并购双方就具体并购事项进一步谈判，腾讯随即根据卢森堡法律成立了Halti S.A.，将其作为专门服务于此次并购的财团公司，由腾讯全资控股，总资产价值约为37.2亿美元，并建立了财团的全资子公司。6月21日，腾讯在公告中表达了引入潜在共同投资者的意愿，出让部分财团股份，合作实现对Supercell的间接控股。公告显示，并购的卖方由软银集团、部分Supercell的员工股东及前员工组成。腾讯将购买卖方拥有的Supercell股权，合计最多约占Supercell全部股权的84.3%[一]。8月16日，由腾讯做担保，财团的附属公司向境外银行借款，合计35亿美元。10月16日，腾讯和公告发布后引入的共同投资者签订了财团股份认购协议，总对价为8.5亿美元，均采用现金方式交易，由此，腾讯和其他投资者各持财团股份50%。10月27日并购完成。2019年10月21日，腾讯对财团增持股份至51.2%。

根据腾讯公司2016年10月公告的披露，财团最终持有Supercell股权为84.3%，并购总估值为102亿美元，需支付并购价约86亿美元。双方协议约定对价分三期支付，分别于交割日、交割日3年后和"延迟并购价"发布日支付41亿美元、2亿美元和43亿美元[二]。此次并购的融资来

[一] 腾讯. 有关腾讯参与财团收购Supercell Oy大部分股权的须予披露交易 [EB/OL]. https: //www.tencent.com/zh-cn/investors.html#investors-con-2.

[二] 同上。

源采用了多种途径，既包括腾讯的自有资金 25 亿美元，也有发行债券融资 12 亿美元、财团全资附属公司的银行贷款 35 亿美元、共同投资者认购财团股份支付的现金 8.5 亿美元，以及优先股融资的 5.5 亿美元。

在与共同投资者签订的认购协议中，约定腾讯和共同投资者各持 50% 的投票权益，但实际控制权在当期及今后均需归属于腾讯。由于腾讯在香港地区上市，适用国际会计准则而非中国会计准则。结合国际会计准则的规定，腾讯持有半数表决权，其配合公司其他治理条款，使审计师接受不并表的诉求，只就腾讯分得的股息或利润作为财团股息收入列在收益表中即可。腾讯拥有的财团权益源自附带赎回权的金融工具，今后可以通过金融工具买卖，触发一系列条款变动，来达到并表目标。

并购后，从财务指标测算结果来看，腾讯公司的短期绩效为正，并购前后的运营、盈利、偿债及成长四个维度的主要财务指标处于上升趋势，并购长期绩效为正[①]。Supercell 的发展也逐步稳定。2019 年 9 月 23 日，腾讯控股发布最新公告，公司拟通过其全资附属公司将其于财团 Halti S.A. 的可换股债券转换为财团股份并将其可投票股份权益由 50% 增加至 51.2%，增持后可并表[②]。10 月 21 日，腾讯完成了增持股份的收购。

2. 焦点问题

腾讯此次跨境并购的方案较为明显地体现了税收筹划的特征，比较特别的操作有两点，一是短时间内迅速建立以并购为唯一目的的财团；二是引入共同投资者将财团股份减持至 50%，之后又增持股份。事实上，腾讯

[①] 夏绍群. 互联网企业并购的动因及绩效分析 [D]. 天津：天津财经大学，2017.

[②] 腾讯. 自愿性公告——收购持有 Supercell Oy 大部分权益的财团之额外可投票股份权益的意向 [EB/OL].https://www.tencent.com/zh-cn/investors/announcements.html，2019-09-23.

所做的安排都是在事先为控股架构和融资架构的搭建服务，在为后续的税收筹划和企业运营做铺垫。建立财团可以形成间接控股架构，投资层与中间控股层各自发挥职能，既可享受税收协定的优惠条款，又可剥离风险；先引入共同投资者减持股份，可以不合并财务报表，防范并购初期的不确定性，又能通过投资者的加入设计多层级的融资架构，后增持股份是企业运营平稳的象征，也显示了腾讯在游戏产业领域的成效。此外，通过这样的架构设计能够为并购涉及的一般性问题带来较优的选择方案，如支付方式、并购方式和税务处理方式都会由于控股架构和融资架构产生联动效应。总之，通过搭建合理架构，腾讯可以进行有效的税收筹划，在此过程中也充分运用了税收优惠政策、利息抵税的税盾效应等，基本实现了税后利润最大化。这也是值得其他企业思考和借鉴的问题。在并购中若能合理规避风险，将是一次有效的税收筹划。

9.7.2 腾讯并购 Supercell 税案分析

在此跨境并购案例中，腾讯通过组建财团的方式，在控股和融资方面搭建了良好的税收筹划架构，同时体现出了税收筹划的三大思想，即流程思想、契约思想和转化思想，做到了由业务决定流程，由流程决定税收。腾讯并没有为了节税刻意设计方案，而是从业务需求出发，考虑整体的决策效果和税收负担，最终促成此次并购的顺利开展。

1. 跨境并购的控股方式分析

腾讯此次并购名义上的买方是财团全资附属公司，通过组建财团的方式来间接持有 Supercell 的股份，因此属于间接控股。财团及其全资附属公司的实质为 SPV（特殊目的公司）。如果腾讯采用直接控股的方式，不设置财团，Supercell 将成为腾讯的子公司而需要编制合并财务报表，并购初期运营的不确定性及控股过程内部交易的披露都会给腾讯带来风险和压力，但采取联合收购间接控股的方式就可避免上述问题，既消除了披露压力，又不必为 Supercell 的业绩担忧。如果其经营业绩不好，不并表对公司股价的影响较小，满足上市公司对股价平稳的需求。

间接控股的方式还有许多税收处理上的优势。此次并购的架构可以简化为"腾讯控股有限公司——卢森堡财团公司——卢森堡财团附属公司——芬兰 Supercell 公司"这样的模式。并购控股架构如图 9-12 所示。卢森堡是公认的避税地，为国际投资者创造良好的环境、提供便捷高效的金融服务，并与多国签订有税收协定，在卢森堡投资注册可享受一系列税收优惠。所以，腾讯通过财团与 Supercell 进行交易可以获得税收优惠的红利，为企业减轻税收负担。

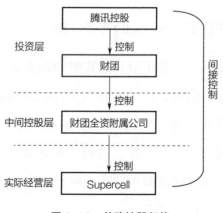

图 9-12 并购控股架构

此外，卢森堡和芬兰都是欧洲国家，相关法律环境、政治体系相似，且可享受欧盟国家间的税收优惠政策，特别是可以免于缴纳股息红利的预提所得税。这不仅为并购带来了极大便利，可以缩短并购时间、减少并购过程的不确定性,还可以为并购双方今后的经营活动和交易活动提供良好的外部环境。

在后续经营的过程中,利息汇回时,相当于三层的控股架构。首先是位于芬兰的 Supercell 公司向位于卢森堡的财团全资附属公司汇回利息,两者都是欧盟国家,根据欧盟《母子公司指令》,子公司向母公司分派股息红利免缴预提税,因此 Supercell 向位于卢森堡的财团子公司分派股息红利无须扣缴预提税。

其次,财团的附属公司向财团汇回股息时,也无须就股息纳税。因为卢森堡税法对分配公司、收益公司和股份持有比例作出规定,满足条件即可免缴企业所得税。一是财团附属公司作为分配公司是卢森堡居民公司,满足对分配公司是卢森堡或欧盟居民公司的规定;二是受益公司财团是卢森堡居民公司,满足对受益公司是卢森堡或欧盟国家居民公司或其常设机构的规定;三是受益公司财团持有分配公司 100% 的股份,满足受益公司持有分配公司 10% 以上股份的要求。这样就能够满足免纳企业所得税的三个条件,因而可以享受免纳股息所得税的税收优惠。

最后,腾讯接受卢森堡财团汇回的股息。根据《中华人民共和国和卢森堡大公国关于对所得和财产避免双重征税和防止偷漏税的协定》,如果股息收款人是股息受益人,且受益所有人直接持有支付股息公司至少 25% 资本的公司(不是合伙企业),不应超过股息总额的 5%,因而对汇回的股息最多征收 5% 的预提税[一]。由于没有并表,具体的适用税率没有披露数据,但相较而言,即使采用最高税率 5%,税收负担也较轻。同时,通过三层间接控股的方式,可以延迟股息汇回的时间,实现递延纳税效应。

[一] 国家税务总局.中华人民共和国和卢森堡大公国关于对所得和财产避免双重征税和防止偷漏税的协定(国税发[1994]71号).

2. 跨境并购的融资方式分析

此次并购的总价款为 86 亿美元,腾讯通过财团设计了巧妙的融资方式。最终并购的融资来源包括腾讯的自有资金 25 亿美元、发行债券融资 12 亿美元、财团附属公司的银行贷款 35 亿美元、共同投资者认购财团股份支付现金对价 8.5 亿美元和发行优先股筹资 5.5 亿美元。

融资架构如图 9-13 所示。可见,此次并购设计了多层级的资金结构,包括自有现金、股权融资以及以腾讯集团作担保发行的债券融资,虽然并购金额巨大,但通过此种方式融资,腾讯只需占用自身相对较少的资金。债权性融资需要承担利息支出,作为财务费用在应税收入中扣减,还可以发挥税盾效应,获得债权性融资的利息抵税利益。

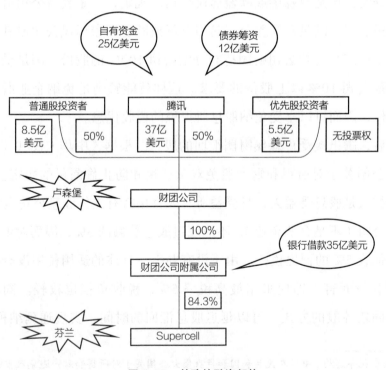

图 9-13　并购的融资架构

另外，并购 Supercell 是截至目前腾讯在游戏产业最大规模的一次收购，估值的溢价很高，资料显示腾讯并购之时现金流量足够当期一次性支付，但巨额的支出会对公司的财务指标产生影响，资本市场可能会对腾讯资金链条产生担忧，影响到股价，这对于上市公司来说是很不利的。所以，多层级融资可以结合多种融资方式的优势，是一种较好的融资方式。

综上，"组建财团"实现了多样化融资方式，达到以小博大的效果，股权融资使得腾讯对财团的持股比例减至 50%，从而实现不并表的目的。采用债权融资，一方面，财务费用税前支出可以体现税盾效应，利息抵税可以发挥税收挡板作用；另一方面，腾讯在向境外银行支付利息时，根据我国与卢森堡的税收协定及卢森堡的税法，一般情况可以以较低的预提所得税率纳税，某些情况还可以免纳预提所得税，节省税款的现金支出。

3. 其他相关税务问题的界定与处理

（1）支付方式

跨境并购的支付方式通常分为三类，分别是现金支付、股权支付和混合支付。三种支付方式各有利弊，如表 9-12 所示。

表 9-12 跨境并购不同支付方式的利弊

	现金支付	股权支付	混合支付
利	1. 快速，节约并购时间，规避因时间拖延造成的不确定性 2. 拥有现金来源，抢占先机，使竞购对手处于劣势 3. 股权结构不会发生变化	1. 并购方不受自由现金流限制，保留足够资金维持生产经营活动 2. 不增加企业财务杠杆，可以降低财务风险 3. 降低信息不对称性 4. 不会使被并购企业的股东减少对股份的持有	1. 可选择多样的形式，正确搭配能够兼具现金支付和股权支付的优势 2. 避免使用单一支付手段带来的风险，提高并购的成功概率，降低并购后的整合风险

（续）

	现金支付	股权支付	混合支付
弊	1. 为并购企业带来沉重的现金支付压力；举债会产生偿还压力且面临汇率风险 2. 被并购企业需承担自身应纳税额	1. 并购企业不能享受被并购企业由于资产折旧而获得的税收优惠 2. 稀释并购方原股东的股权份额 3. 被并购企业不能在短时间内获得资金，可能造成交易延误或失败	选用不当或搭配比例不科学，可能会造成不仅没有发挥它们自身优势，反而增大了风险

采用有利、合理的融资架构筹集资金，为腾讯采用现金支付提供了条件，不会造成很大的现金支付压力。在腾讯并购 Supercell 的案例中，出售方以持 Supercell 73.2% 股份的软银公司为主，它是阿里巴巴的投资者，基于双方的合作以及阿里巴巴意图收购的意愿，腾讯的此次收购并不占据优势。但是，当时阿里巴巴与 Supercell 由于价格问题谈判一度僵持不下，没有尽快达成收购协议。腾讯想要参与到这一收购事项中，现金支付能够节约并购时间，为谈判协议的尽快敲定奠定基础，避免由于股份支付的时间拖延造成收购延误，这是腾讯与阿里巴巴竞争变被动为主动的重要一环。腾讯并购的目的，在于扩张游戏版图，提高在国际市场游戏产业的份额，所以腾讯是在原有基础上扩大业务范围，要维持原有股权结构稳定而并不想稀释股权，这也是采用现金支付最为关键的因素。

虽然现金支付也意味着被收购方要承担较高的所得税，但相比当时迫切的现金需求和稳定的估值，出售者很可能依旧倾向于现金。对腾讯而言，这 86 亿美元并非完全来源于自有资金，其通过独特的融资方式为自身减缓现金压力，使得本就左手流量右手资本的腾讯有足够的出资能力。

此外，在现金支付约定中，双方协议现金对价分三期支付，如表9-13所示，分别于交割日、交割日起3年后和"延迟并购价"发布日支付41亿美元、2亿美元和43亿美元。递延支付的方式使并购方可以分阶段地筹集资金，降低了融资风险和流动性风险，也有效地缓解了现金支付的负担。

表9-13 并购现金支付的时点

交割日	41亿美元
"延迟并购价"发布日	43亿美元
交割日起3年后	2亿美元

（2）并购方式

跨境并购的方式通常有两种，即资产并购和股权并购。两者在税务处理方面各有利弊，如表9-14所示。

表9-14 跨境并购不同收购方式的利弊

	资产并购	股权并购
利	税务风险一般不被收购方所继承	1. 目标公司税收优惠可以延续 2. 没有流转税税负 3. 享受目标公司历史亏损而带来的所得税减免 4. 税务程序较简单
弊	1. 资产交易可能会产生非常高的交易税费 2. 收购方不能享受目标公司历史亏损而带来的所得税减免 3. 目标公司的税收优惠无法延续 4. 程序复杂，包括评估价值向各个资产分配、发票开具等	潜在的税务风险会被收购方继承

并购采用股权收购方式，转让环节不需要缴纳流转税，这在很大程度

上降低了并购双方的税负，是一种较为理想的节税收购方式，并且税务程序简单，这也会为腾讯的并购方案节省时间，增加成功并购的可能性。

股权收购的弊端在于潜在的税务风险会被收购方所继承，但是腾讯公司通过组建财团形成的架构设计方便剥离风险，由具有独立法人资格的全资附属公司实际控股Supercell，可以有效地隔离Supercell的不良资产、债务风险以及破产风险等，使其不会波及腾讯公司的产业。另外，尽职调查可以在很大程度上排除这一隐患，腾讯公司对Supercell做了较为充分的尽职调查，尽可能地量化风险，加之Supercell良好的口碑和价值创造能力，基本可以确定其历史清白，股权收购的风险不大。这样，股权收购的风险基本得以排除，因此采用股权收购是腾讯公司的较好选择。

（3）其他相关税务问题的界定与处理

对股权收购的税务处理主要有一般性税务处理和特殊性税务处理。

股权收购的一般性税务处理以公允价值作为计税基础，而特殊性税务处理可以原有计税基础作为计税基础，并且可以享受在5年内递延纳税的优惠政策。特殊性税务处理的要求主要包括一个目的，即合理的商业目的；两个比例，即收购的股权不少于企业全部股权的50%，股权支付不少于总交易对价的85%；两个不变，即12个月不改变原来的实质性经营活动且不转让所取得的股权[①]。

腾讯公司此次收购采用现金支付，不满足股权支付比例的要求，不适用特殊性税务重组。但有效税收筹划要求税后收益最大化，既要考虑税收成本，又要考虑非税成本和多边契约等条件。对腾讯公司而言，保持原有的股权结构对公司来讲是更好的选择方式。合理的并购方案是企业长期的

[①] 财政部，国家税务总局．财政部 国家税务总局关于企业重组业务企业所得税处理若干问题的通知（财税〔2009〕59号）．

利益最大化而非单次交易事项的税负最小化,因此采用一般性税务处理同样符合有效税收筹划的原理。

4. 对现有税务处理方式的评析

腾讯公司此次并购的核心在于组建财团来实现特定的融资架构和控股架构,达到通过"组团作战"以小博大,投入较少资金满足预期目的,并承担较低税负。现有的筹划方式是较为合理的,但也存在一些不足。例如,三层控股架构,在子公司的利润汇回时承担的税负仍然较高;在债券融资时存在一定的债务风险和借贷困难。

(1)跨境并购控股架构的评析

根据腾讯公司的并购案例,可以看出企业跨境并购设计间接控股架构的优势在于:能够充分利用税收协定的优惠政策,企业设立的中间控股公司与被并购方所在国通常签有双边税收协定,在预提所得税、资本利得税等方面有着相对较低的税率水平,在后续经营过程中可以减轻股权转让、利润汇回过程的税负;中间设计控股公司可以获得我国境内税收的递延,腾讯公司及其财团可以根据实际需要适当安排利润汇回的时间,推迟缴纳股息与资本利得方面的所得税,在现金流正常流动的基础上争取递延税款,获得货币时间价值;为后续存在投资退出可能性做考虑,间接控股架构的设计使得企业可以在中间控股层或被并购方层面退出,增加退出的灵活性,防范此过程为腾讯公司带来财务风险。

但在架构最后一层,即由卢森堡向中国境内汇回股息红利时,适用10%的税率,这是相对较高的。其他上市公司可以再增设一层,如果涉及多个位于不同国家或地区的中间控股公司,可以灵活利用综合限额抵免法,相较分国限额抵免计算方法能够获得更多的税务收益,这样,设计多层间接控股架构可以进一步增加我国企业跨境并购及后续经营的抵免限额。由此可见，间接控股架构是较为理想的一种架构模式，财团和其全资附属公司作为 SPV 发挥了重要作用。

（2）跨境并购融资架构的评析

腾讯公司在此次并购中的融资架构设计在于实现多层级融资模式。一方面，通过权益性融资吸引共同投资者，减少腾讯公司对财团的持股比例，做到短期内不并表，主要出于被并购方初期业绩不确定性的担忧，防止对股价的影响，这也是上市公司在跨境并购中一定要考虑到的问题。此融资过程较为简单，在此不做过多分析。另一方面，采用债权性融资，利息抵税，发挥税盾作用，实现税收协同效应。组建财团使得腾讯公司在并购融资时可以采用多样化的融资途径，"组团作战"共同完成并购，但可以采用更为巧妙的融资方式，后续再做详细分析。

9.7.3　企业跨境并购的基本税收理论

1. 有效税收筹划理论

有效税收筹划理论是斯科尔斯有关企业税收利益最大化的理论研究成果，核心观点在于交易过程需要兼顾显性成本、隐性成本和非税成本等，在充分考虑上述因素后得到的优化的税收理论是企业有效的税收筹划。理论要点如图 9-14 所示。

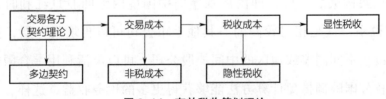

图 9-14　有效税收筹划理论

有效税收筹划理论的核心主要有三点,一是企业在税收筹划时需要考虑各个税种、各个阶段可能会影响企业税收负担的因素,例如腾讯公司并购 Supercell 的过程中,既要考虑并购这一即时行为的印花税、所得税等,又要考虑后续运营这一可能持续较长时间的过程中的预提所得税等税收;二是税收成本只是企业进行税收筹划时应当关注的一个方面,是诸多成本中的一项,有效的税收筹划必须要综合考虑显性和隐性的税收成本、非税成本与多边契约等,腾讯公司要在短期内完成对 Supercell 的并购,不仅要考虑实际缴纳的税收,也要考虑今后维持此架构所需付出的非税收形式的其他成本等,降低非税成本;三是企业在投融资决策时,还需要考虑隐性税收因素,例如腾讯公司并购过程中就存在有债券性融资的利息抵税等。上述所说的多边契约涉及并购方、中间控股公司及被并购方等契约方。

在进行税收筹划时,企业要做系统性考虑,统筹兼顾所有契约方的负担,提升整体的利益。总结来看,在有效税收筹划理论中,税收成本包括显性税收和隐性税收两种,直接影响到企业缴纳税款的多少。显性税收较易识别,是企业依据一国税法规定应当缴纳的税款。隐性税收是同等风险下,不同资产税前投资回报率之间的差额,这种差异主要来自于资产享受税收优惠政策与否。非税成本是企业做出税收筹划之后,因为设计架构等而额外增加的非税收形式的支出,如腾讯公司并购案例中维护架构所需的成本费用,中间控股层的运营费用和代理成本等。多数情况下,税收筹划产生的税收成本与非税成本呈负相关关系,即此增彼减。因此,税收成本和非税成本总和的最小化是企业进行有效税收筹划应当关注的核心问题。

2. 税收协同效应理论

税收协同效应理论是指由于税法漏洞或者各国税制差异所导致的不对称性为政策实施带来的差异，这在一定程度上有利于企业实现税收协同效应，主要表现在税盾效应、税收挡板、税法的非对称性和税收优惠政策四个方面。

一是税盾效应，主要来源于债权融资。我国税法对债权性融资和股权性融资支付的利息或股息费用的处理有不同规定：股权性融资支付的股息不影响企业应税所得，不得在企业所得税前列支；而债权性融资支付的利息费用作为当期损益，影响企业的利润，通常是作为财务费用在税前扣除，也有资本化计入产品成本再通过折旧扣除的情况，最终都是对应纳税额有影响，产生利息抵税效果。腾讯并购将两种融资方式巧妙结合，既实现了不予并表的财务目标，也利用了利息抵税的优势。企业跨境并购的交易金额往往比较大，多数企业自有资金一般难以完全满足需求，即使满足要求也对企业的资金流动情况不利，此时从外部筹措资金是较好的决策方式。权益融资实现财务目的后，通过债务融资，一方面可以缓解支付交易对价的压力，另一方面还可以获得税盾作用，实现税收协同效应。但在实际运用过程中需要考虑资本弱化和安全港规则等问题，将两者统筹规划或者配合更多的政策运用，采用多层级的融资方式，以免造成税务风险。此外，并购企业的资本结构和偿债能力也是需要考虑的重要因素。

二是税收挡板，一般是通过折旧或者摊销抵税形成的。在腾讯公司并购 Supercell 的案例中，采用一般性税务处理，按照资产的公允价值入账，如果公允价值大于资产的账面价值，亦即会计上的账面价值小于计税基础，并购方能够获得两个价值差额的折旧抵税效应。如果资产在后续过程中转让或处置，则可扣除取得时的成本。

三是税法的非对称性,主要是指一家公司的亏损可以结转到另一家公司,后者能在更短时间内抵消,由此产生税收协同效应。如我国税法规定,除了高新技术企业和科技型中小企业的亏损可结转弥补10年外,其他企业产生的亏损结转以后5个年度弥补,超过5年不再结转,很多国家都有类似规定。在此并购案例中,并购双方的盈利都比较可观,但企业并购时,难免会遇到被并购方亏损的情况,此时企业可以设计中间架构,利用税法的不对称性,尽量使得亏损在相对较短的时期内结转,甚至有些公司将亏损弥补作为并购动因,以充分利用其税收协同效应。

四是税收优惠政策。目前有部分国家由于其优惠性的税收政策而成为避税天堂,这些地区或者不征收或者征收较少的税收,或者正常征税但是有很多的税收优惠政策,能够为投资者带来较多的税收利益,因而许多投资者将这些避税地作为投资的中间控股层,设计架构平台,从而实现跨境并购的税收筹划。

9.7.4 对腾讯公司跨境并购方案的改进设想

腾讯公司此次并购虽然时间比较紧迫,但是在短时间内能够设计出如此严密的计划实属不易。若时间和条件允许,可以做进一步的筹划改进,为公司的税后利润最大化提供更合理的方案。

1. 增设中国香港中间控股公司

腾讯公司设立了卢森堡子公司及其全资附属公司,能够缴纳较低的预提所得税,如果条件允许的话,可以在中国深圳公司与卢森堡子公司之间再增设一层中国香港中间控股公司。这样控股架构变为四层,前两层与改进前相同,这里不再赘述。第三层变为卢森堡子公司向中国香港子公司汇入股息红利，根据双方签订的税收协定，中国香港的子公司满足持有卢森堡子公司 10% 以上资本，则无须向卢森堡缴纳股息预提税。另外，中国香港实行单一的收入来源地管辖权，因此来源于本土之外的股息红利在中国香港无须缴纳相关的所得税款，这样第三层是免所得税的。第四层是中国香港子公司向中国深圳母公司汇回股息红利，按照我国内地同香港签订的安排，仅需就所得缴纳 5% 的税款。各层需缴纳的预提所得税如图 9-15 所示。

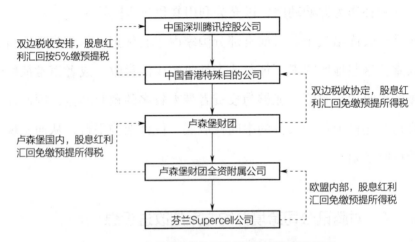

图 9-15 改进后方案各层缴纳预提所得税的情况

综上，如果增设中国香港控股公司，会使得企业的预提所得税款有所减少。这在 2017 年我国将间接抵免由三层增加至五层的情况下是较为可行的一种方式，如果其他企业在后续过程中有跨境并购意愿，可以参照这样的多层架构，为企业的并购成功设立双保险。

2. 采用"内保外贷"的融资方式

根据当前可获知的信息，腾讯公司此次并购采取的融资方式是由全资子公司的附属公司借款并偿还。在现实生活中，企业跨境并购还可以采用

"内保外贷"的借款方式。

在债权性融资中,"内保外贷"的方式是一种较为理想的模式,即境内的金融机构为贷款做担保,实际款项由境外的金融机构向中间控股层发放,其结构如图 9-16 所示。"内保外贷"的融资安排不仅为境内母公司提供享受税收协定预提所得税优惠税率的优势,还有重要的一点在于,中间控股公司通常建立不久,很难凭借其资信取得足够的借款额,而境内的母公司作为上市公司则在资信方面具有较大主动性,可以合作完成"内保外贷",解决资金筹措问题。

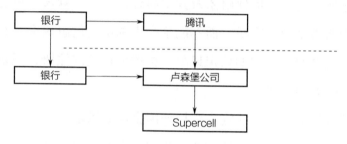

图 9-16 "内保外贷"融资结构示意图

在"内保外贷"的融资结构下,如果结构中所有公司所在国之间签订了税收协定,则只需缴纳较低的利息预提所得税或者免予缴纳预提所得税。在这样的结构中,贷款主体由中间控股公司承担,筹得款项后收购目标公司,减轻整体税负。

9.7.5 跨境并购筹划方案面临的税务风险

企业跨境并购的架构设计通常是为了防范财务风险和规避高额税收负担,但是避税的合理与否在实际界定过程中需要深入分析,如果架构设计不当或者运营过程中税务问题处理不当,都会给企业带来风险。

1. 控股架构的税务风险

（1）境外控股平台被认定为中国税收居民企业的风险

我国《企业所得税法》及《企业所得税法实施条例》对居民企业和非居民企业做出明确界定，我国的税收居民企业是满足注册地标准或实际管理机构标准之一即可认定，这里的实际管理机构针对的主要是人员、经营管理、财产和账务四方面[一]。在腾讯公司并购的案例中，财团及其附属子公司都不满足注册地标准，但是如果财团只是形式上存在而无实质性经营活动，管理权和财务账务都掌握在腾讯手中的话，就可能会被认定为中国税收居民企业，这样，即使财团及其附属公司设在卢森堡，也应就其全球所得在中国缴纳企业所得税，而不能享受卢森堡的优惠税率。其他企业在投资过程中也会面临同样的认定风险，虽然不在境内注册，但是实际管理机构的判定也尤为重要。

（2）境外控股平台被认定为受控外国企业的风险

根据我国税法及国际税法的相关规定，在腾讯公司并购中，财团及其全资附属公司还有被认定为受控外国企业的风险。受控外国企业通常设立在税负比较低的国家和地区，境内企业通过对利润的分配时间和途径进行控制，达到少缴纳税款的目的。我国对受控外国企业的认定条件包括，由居民企业或个人控制，设立在实际税负明显低于正常水平50%的国家或地区，一般是指12.5%以下，且没有正当理由不作利润分配或少作分配[二]。企业跨境并购设置中间控股层时，这三条限制条件很容易触碰到。仍以腾讯公司并购的案例来看，腾讯公司与共同投资者在协议中明确约

[一] 国务院.中华人民共和国企业所得税法实施条例（中华人民共和国国务院令第714号修订）.

[二] 国家税务总局.关于印发《特别纳税调整实施办法（试行）》的通知（国税发〔2009〕2号）.

定,腾讯公司持有且未来也要持有财团的控制权,条件一成立,卢森堡拥有很多税收优惠,实际税负低于12.5%并不难做到,即条件二达成,一旦财团没有按照规定即时分配利润,财团就会被认定为受控外国企业,卢森堡的税收优惠不再享有。对其他企业来讲,设置中间控股层通常是有控制权的,而且设立地点的选取一般会把税率作为主要标准,只要不支付或延迟支付利润,就存在被认定为受控外国企业的风险,受到反避税规则的制约。

(3)境外控股平台被认定为导管公司的风险

导管公司是为了降低税负建立的,转移或累积利润、逃避或减少税收的公司。这类公司具有比较明显的避税特征,通常只是登记注册而不从事实质性交易活动,是法律上的公司而无实质性的经营管理业务。依据我国实质重于形式的税收原则,这类公司不能享受税收优惠。我国税法有明确规定,只有税收协定中的受益所有人在特定事项上可以享受优惠税率,一般包括特许权使用费、股息、红利等。OECD特别指出,一旦被认定为导管公司,即使其满足受益所有人条件,也不能享受优惠待遇,所以一旦被认定为导管公司,其税收优势将会丧失。

腾讯公司并购Supercell,将财团作为并购的唯一目的,今后财团如果不从事经营管理活动,只是在并购这一行为中发挥作用,其虽符合卢森堡法律意义上的公司,却很有可能会被认定为导管公司,后续经营期间的税收优惠难以获得。同理,其他企业在跨境并购中也会有类似的安排,但是一定要处理好中间控股公司的作用,为其安排一些实质性的业务,使得中间控股公司免于被认定为导管公司。如果要做到这一点需要付出的成本费用很高,不及设计控股架构所获得的利益,说明控股架构的设计不是有效税收筹划,并购方式还有待进一步斟酌。

2. 融资架构的税务风险

（1）被认定为资本弱化的风险

在腾讯公司并购案例中，财团的全资附属公司作为最终的买方，资金来源包括腾讯的自有资金和债券融资等，也包括其自身的银行借款，最终权益性融资为51亿美元，债权性融资为35亿美元，债资比相对较低。但许多企业在跨境并购中采用大量债权取得融资款项，或者将母公司的款项作为借款，这确实可以发挥利息抵税的税盾效应，但如果是向关联方借款，要考虑债资比。过高的债权性融资会使企业陷于被认定资本弱化的风险之中。资本弱化也就是企业利用高额贷款方式增加税前扣除，增大债权比例而降低权益性比例。为了规范税前扣除，许多国家对企业的债资比做出了规定。例如，我国《企业所得税法》规定，金融企业实际支付给关联方的债权性利息支出与股权性利息支出的比例不得超过5∶1，其他企业此比例为2∶1。国外也有类似规定，因此在并购时要慎用债权融资，以免被认定为资本弱化而付出更多的税务成本。腾讯公司在并购中采取的是多层级融资结构，没有突破规定的债资比。但是，许多企业在并购融资过程中是存在资本弱化问题的，要合理地安排融资结构，协调好企业的债资比。

（2）其他反避税规制

随着BEPS行动计划的落实推进，越来越多的国家参与到避免双重不征税的行动中，规范跨国公司的税收缴纳问题，因此企业跨境并购时要避免关联方贷款会受到其他反避税措施的规制，比较常见的问题是通过中间控股公司融资可能会被认为是滥用税收协定。腾讯公司并购行为没有体现这个问题，因为中国与芬兰也签有税收协定，但是后续运营需注意财团和Supercell适用欧盟税收协定时的认定问题。对于其他企业的跨境并购来说，不排除为了享受标的公司所在国税收优惠而组建中间控股层的，要采用合理的融资方式和交易行为来避嫌，防止并认为是税收协定优惠的不当授予。此外，根据不同国家的税务规定，可能会将关联方之间的利息往来划分为权益性融资，这种情况下只能按股息分配处理，无法利用利息费用的税盾作用。

9.7.6 我国企业跨境并购的税收筹划建议与风险防范

1. 控股架构的设计及风险防范

（1）控股架构的筹划

跨境并购的控股方式通常包括直接控股和间接控股，相对而言，间接控股在降低税收负担、规避目标公司业绩风险等方面有着较好的筹划作用。因此，可以考虑将中间控股公司的选择、利润汇回方式的选择等作为架构设计的出发点。

第一，中间控股公司的选择。

境外投资并购的中间控股公司需要满足公司的商业战略与税收筹划，如果认为间接控股的架构能够满足公司的发展战略，则需从有效税收筹划的角度出发。首先是控股公司所在地的选取，一般倾向于有较多税收优惠、投资环境良好的国家或地区。腾讯公司并购 Supercell 的案例中，中间控股层设在卢森堡，不仅税率较低，还有着优良的投资环境，且公司注册流程简单，可以使腾讯公司短期内完成并购，在投资竞争中获得优势。此外，中间控股公司所在地通常与多国签有双边或多边税收协定，广泛的协定网络可以为今后的运营带来较多的税收利益，尤其是被并购方所在国与中间控股公司之间要有双边税收协定，有利于后续的利润汇回，并减少双重纳税。上述案例中，卢森堡和芬兰同属欧盟国家，享受众多的税收优惠政策，此外卢森堡与世界大部分国家都有双边税收协定，无论是投资还是交易都可以享受税收优惠。

税收协定优惠主要体现在所得税上，所以中间控股公司所在地最好满足接受被并购方汇回的股息红利不征或征收较少的预提所得税，也要满足中国境内公司与中间控股公司间支付股息时的低预提所得税率；另外，控股平台所在地最好未设外汇管制。腾讯公司并购Supercell的案例就满足了以上三个条件，为此次并购的顺利实施奠定了基础。

第二，利润汇回方式的选择。

中国企业跨境并购后利润汇回主要需要考虑两大环节：利润由被并购方汇出到中间控股层，以及由中间控股层汇出到中国境内母公司，涉及的所得项目有利息、股息、资本利得和特许权使用费等。在利润汇出被并购方环节，税负取决于被并购方所在国与中间控股层所在国的税收协定，在腾讯公司并购的案例中，由芬兰汇出到卢森堡，欧盟的税收协定降低了该环节的税收成本。之后中间控股层利润汇出到我国境内企业环节，税负取决于中间控股平台所在国与我国间的税收协定，应当统筹考虑利润汇回与部分留存在控股平台的风险及收益，结合财务运作情况做出权衡，既要满足集团整体的后续商业计划又需规避税收风险。

（2）控股架构的风险防范

第一，避免被认定为中国居民税收企业。

由于中间控股公司通常在境外设立，所以一般不满足居民企业的第一条认定标准，为了防范中间控股企业的实际管理机构被认定为在我国境内，可以强化中间控股公司本身的管理职能。以腾讯公司为例，可在卢森堡财团及财团的附属公司聘请当地的高管，或者在两公司召开董事会、存放会计账簿、文件等，使得中间控股公司具备实际管理的职能，而非由中国境内企业实际管理控制。其他企业同理，可以增强控股平台的实际管理活动，但也要考虑到从事这些活动会为企业带来的成本费用增加，权衡整体收益后，决定最优方案，做到有效税收筹划。

第二，避免被认定为受控外国公司。

受控外国公司的三个条件中，后两个条件比较容易改变，税负方面可以在"白名单"中选取中间控股公司所在地，我国目前列示了12个国家，卢森堡不在其中，腾讯并购案例中这一点不能实现；在利润分配方面，控股平台应当向境内企业支付合理的、必要的利润，避免被认定为受控外国企业，要规避认定为受控外国企业的风险，利润汇回是腾讯公司必须落实好的一点。另外，企业在进行跨境并购时应当关注外部环境，与宏观的税收经济形势结合，把握中间控股公司所在国的政策改革和受控外国企业规定的变化，适时做出决策调整。总之，对于一般的企业，可以在并购前选择白名单国家，也可以在并购后做好利润分配。

第三，避免被认定为导管公司。

导管公司的认定注重公司商业实质的判断，有效的税收筹划不仅是降低税收成本，还要符合多边契约，要构建经济实质。中国境内企业可以通过人员安排、管理机构设置与价值创造等方式使得控股平台更加符合"受益所有人"的认定，而非只是一个文件公司。在腾讯公司并购 Supercell 的项目中，为确保卢森堡财团的非居民企业认定，应进一步做好多财团和财团的全资附属公司的业务安排，可以向其分配一些交易活动，正好也可以利用中间控股公司所在地的税收优惠，同时完善组织管理。例如，腾讯公司可以向卢森堡派驻或者聘用当地的管理人员，在卢森堡财团召开股东大会或其他重要会议，在卢森堡进行交易活动等，这些都可以成为中间控股公司的商业活动，使其不仅仅局限于法律正规，也要形式合规。

2. 融资架构的设计及风险防范

（1）融资架构的设计

我国企业，特别是上市公司在进行跨境并购的融资架构筹划时，可以借鉴腾讯公司的做法。一方面，以权益性融资引入共同投资者，减少在中间控股公司的股份，通过改变持股比例满足财务需求，保持股价稳定，使企业不必担心股价因并购而大幅波动。另一方面，通过债权性融资进行有效税收筹划，尽量发挥利息抵税的税盾效应，可以利用"内保外贷"的架构，解决中间控股层资信不足、难以筹得足够资金的问题，又可剥离风险，在投资退出时不会面临较多的障碍和债务风险。另外，融资架构的设计通常要求不受外汇管制的限制，利息抵税也应符合资本弱化规定和其他反避税条款的相关要求。

（2）融资架构的风险防范

第一，避免资本弱化规制。

中间控股公司作为并购买方时，如果向母公司借款作为债权性融资而非权益性融资，容易出现债资比较高的情况，应当合理安排股权性融资和债权性融资的比例。一些国家没有资本弱化规制，比如新加坡和泰国，此时中国境内企业在预期偿还能力足够时就可以放心地使用债权性融资，实现利息抵税[一]。但在有资本弱化规定的国家进行融资行为时就需要慎重选择，以免被认定为资本弱化。在腾讯公司并购案中，35亿美元来自银行借款，其余部分来自股东权益，均属合理性融资。但现实中，有些上市企

[一] 张瑶. 税务视角下的中国企业海外并购架构设计研究 [D]. 上海：上海国家会计学院，2018.

业为了增加费用扣除，会采用母公司借债给中间控股层的现象，因此，此类企业在跨境并购前应妥善安排融资途径，确保款项流入、流出和中间流经方所在的地区均满足当地的资本弱化或转让定价法规的要求。另外，由于各国的税收制度变化频繁，特别是国际间的交流合作逐渐增多，应当关注整个并购流程涉及的国家的税收动态，动态调整所采用的融资结构，规避因政策变化带来的税收风险。

第二，避免国际反避税规制。

相比权益性融资，债权性融资的主要优势是利息可以税前扣除，但是鉴于不同国家对于利息费用的认定和利益限制，在设计融资架构时要全面分析相关国家的税收政策，特别是双边税收协定的适用情况，如果两国没有签订税收协定却享受费用扣除或者低税率的话，就会面临滥用税收协定的规制。在腾讯公司并购案中，中国与卢森堡、卢森堡与芬兰、中国与芬兰都签有税收协定，一般情况下不会被认为是滥用税收协定。

另外，BEPS行动计划也在不断完善对各项避税行为的打击，因此要关注制度进程，特别是和债权关系比较紧密的"利息扣除"和"混合错配"等项目的规定，时刻关注并购相关国家的落实情况，如果融资方式在规制范围之内，应当考虑作出调整，避免铤而走险，带来更大的税收负担。

综上所述，通过对中国企业跨境并购中控股架构和融资架构的筹划，在保证企业并购动机的基础上，进行有效税收筹划，可以减轻并购双方整体的税收负担。控股架构和融资架构的设计也会带来一些联动效应，为企业并购的支付方式、并购方式等提供合理的决策手段。

税收筹划不是企业并购的主要目的，但是贯穿并购的整个过程，税收负担是企业跨境并购中不可忽视的问题，对并购行为能否成功起着关键作用。在实际的并购实践中，企业可以结合具体情况选择合适的架构方式和融资方式，适当借鉴腾讯公司的经验以及相关的架构方式，增加并购成功的概率，防范可能出现的风险。

9.8 美团外卖骑手的税收筹划方案

9.8.1 美团外卖的基本情况

美团网成立于2010年，其经营范围是网络购物，其宗旨是帮助消费者发现最值得信赖的商家，同时让消费者享受超低折扣的优质服务。美团网上线以来发展迅速，成为国内团购网的代表。美团外卖是美团网旗下的网上订餐平台，于2013年11月正式上线。随着团购的兴起以及人们对"吃"的刚需，美团外卖不断发展壮大。

截至2021年6月，美团的市值已超过6 000亿港元，一举取代百度挤进"ATM"，坐稳了国内互联网公司的第三把交椅。据统计，2018年有270多万骑手在美团外卖获得收入，大量中青年人群在该平台上获得了工作机会和维持家庭收入的方式。但是，对美团外卖来说，骑手的成本压力始终居高不下，2018年骑手成本为305.2亿元，2019年骑手成本为410亿元，2020年骑手成本为487亿元。

9.8.2 外卖骑手的税收筹划方案

1. 用工双方建立劳动关系

为了保证服务质量，把这些外卖骑手当成正式员工才是更好的选择，因为可考核、流动可控,方便管理,但相关的税收成本可能会增加。

假定甲先生是一个外卖骑手,他作为居民个人和美团外卖签订了劳动合同;某年他从美团获得 114 000 元的收入,同年再无其他收入;个人每个月缴纳的"三险一金"金额是 500 元,可享受的专项附加扣除 500 元。

从甲先生个人角度分析:

增值税:甲的收入为工资薪金所得,不属于增值税应税收入,不用缴纳增值税。

个人所得税:甲的收入按照"工资、薪金所得"计算并缴纳个人所得税。根据以下规则计算:综合所得收入额 = 工资薪金收入 + 劳务报酬收入 ×(1-20%)+稿酬收入(1-20%)×70%+特许权使用费收入 ×(1-20%)= 114 000 元。

综合所得应纳税所得额 = 综合所得收入额 –60 000–"三险一金"等专项扣除 – 子女教育等专项附加扣除 – 依法确定的其他扣除 – 捐赠支出 = 114 000–60 000–500×12–500×12–0–0=42 000 元。

根据综合所得适用的个人所得税税率表可知,甲先生的个税税率为 10%,速算扣除数 2 520 元。综合所得应纳税额 = 综合所得应纳税所得额 × 适用税率 – 速算扣除数 =42 000×10%–2 520=1 680 元。

从美团角度来看,美团支付给甲先生的是工资,不属于增值税应税项目,以工资支付凭证在企业所得税前扣除,并作为职工福利费、教育经费和工会经费企业所得税前扣除限额的计算基数。

2. 用工双方未建立劳动关系

如果巧妙地把雇佣关系变成平台合作关系,把大量提供基础服务的人都变成个体工商户,则不仅能提升骑手的到手收入,也能大幅降低公司的人力成本。

若居民个人乙先生在美团外卖平台上注册为骑手,通过美团 App 平台提供送餐服务,该平台主要为自然人兼职提供服务,注册为骑手的自然人可以抢单。这些骑手没有被要求必须接单,他们没有美团提供的固定的工作地点和工作区域,也没有美团提供的劳动工具,当然也得不到美团提供的底薪。骑手的报酬完全来源于消费者付款金额的提成,该报酬经由平台支付给骑手。乙先生的收入情况、扣除情况、个人缴纳"三险一金"情况均与甲相同。

从乙先生个人角度分析:

增值税:乙的收入为劳务报酬,属于增值税的应税收入范围——"销售服务",如果乙的收入没有达到增值税的起征点,那么就可以免征增值税。

个人所得税:乙的收入按照"劳务报酬所得"计算并缴纳个人所得税,根据以下规则计算:综合所得收入额=工资薪金收入+劳务报酬收入×(1-20%)+稿酬收入(1-20%)×70%+特许权使用费收入×(1-20%)=0+9 500×12×(1-20%)+0+0=91 200元。

综合所得应纳税所得额=综合所得收入额-60 000-"三险一金"等专项扣除-子女教育等专项附加扣除-依法确定的其他扣除-捐赠支出=91 200-60 000-500×12-500×12-0-0=19 200元。

根据综合所得的税率表可知,乙的适用税率为3%,速算扣除数为0元。综合所得应纳税额=综合所得应纳税所得额×适用税率-速算扣除数=19 200×3%-0=576元。

根据上述个人所得税应纳税额的计算结果,与美团签订劳务合同的甲先生比没有与美团签订劳务合同的乙先生,应纳税额高了1 104元

（1 680-576）。

站在美团外卖平台的角度来分析，美团支付给乙先生的是劳务报酬，虽然属于增值税应税项目，但乙先生的收入并没有达到增值税起征点，美团可以就这部分劳务报酬的收款凭证进行企业所得税税前扣除；如果乙的收入达到了增值税起征点，那么平台就应该将劳务费发票作为税前扣除的凭证。除此之外，美团支付给乙的劳务报酬不属于工资薪金支出，便不能作为职工福利费等税前扣除限额的计算基数。

9.8.3 不同用工方式的税负差异与涉税风险分析

1. 不同用工方式的税负差异分析

甲先生与美团公司建立事实上的劳动关系，跟乙先生与美团外卖平台未建立事实上的劳动关系相比，在税负方面存在较大差异。

增值税差异：甲先生无须缴纳增值税，因其收入不属于增值税应税范围；乙先生需要缴纳增值税，因其和外卖平台没有事实上的劳动关系，所以他的收入应纳入增值税应税范围。但是，如果乙先生的收入没有达到增值税小规模纳税人的起征点，则可以免征增值税。

个人所得税差异：甲先生应按"工资、薪金所得"计算缴纳个人所得税；乙先生应按"劳务报酬所得"计算缴纳个人所得税。

企业所得税差异：美团支付给甲先生的报酬，应视为工资薪金支出进行税前扣除，并作为职工福利费等税前扣除限额的计算基数，此外美团还要按照相关规定为甲先生缴纳社保费；美团支付给乙先生的报酬应作为劳务费，可以在企业所得税前扣除，但是不作为职工薪酬核算，美团也不需要给乙先生缴纳社保费。

2. 零工经济涉税风险分析

操作不当的灵活用工会有税收风险问题。举例来看，雇员在雇主企业"诱导"下，先注册为个体户，再与雇主企业签订劳务合同。此时，雇员就作为个体工商户主的身份出现，而且他们可能不只有一家"签约服务对象"。个体户可以凭借不符合查账征收条件的借口，申请核定征收个人所得税。这样一来，个体户就实现了较低的个人所得税税率和较小的月销售额，从而可以取得增值税小规模纳税人免征增值税等优惠条件。此外，还可能会出现个体户和雇佣企业主管税务机关不一致的现象。

未建立劳动关系的灵活用工，平台支付劳务费后以付款凭证或劳务费发票在企业所得税前扣除，个人不属于职工，不需要缴纳社保费，可能享受增值税免税和个人所得税核定征税优惠，降低了整体税负水平。但这可能会诱使越来越多的传统经济形态转向零工经济，影响国家税收秩序，造成国家税收流失。

第10章 / Chapter Ten
数字时代企业税收筹划综合案例

10.1 京东集团税收筹划案例

10.1.1 京东集团概况

1. 京东集团的基本情况

京东集团是一家综合网络零售商，以B2C（商家对消费者）模式开展运营，线上销售数码家电、家居百货、食品服装等数百万种商品。京东集团于2006年11月注册于英属维尔京群岛，并于2014年迁至开曼群岛，2014年5月在美国纳斯达克正式挂牌上市，2020年6月赴中国香港上市。

京东集团主要通过其零售移动应用程序和www.jd.com网站经营电子商务业务，包括自营模式和平台模式。根据公司2020年年度报告显示，截至2020年12月31日，京东集团已经从3万多家供应商采购商品，具备丰富的专业知识和采购经验。同时，京东集团设有严格的货物质量审核标准，能够保证服务质量。为了更好地服务消费者的网络购物，2018年京东集团成立京东物流集团，建立起全国所有电商公司中最大的全国性物流基础设施，运营的区域配送中心超过 300 个，覆盖我国华北、华东、华中、东南、东北、西北和西南七大区域，实现了根据消费者收货地址就近发货，大大地提高了物流运输的速度。在互联网、大数据的背景下，京东集团可以整合消费者的大量信息，根据消费者的消费与搜索记录、商品浏览时长等信息，精准定位消费者的需求及偏好，进而为消费者提供个性化的精准服务，降低运营成本，提高商品的成交量。营销、物流上的优势，使京东集团拥有大量的消费者和广阔的市场，成为中国电子商务领域的巨头之一。

京东集团的运营模式如图 10-1 所示，其主要收入来源为直接销售收入和提供平台服务、物流服务收入。由 2018—2020 年的各项收入变化（见表 10-1）可知，平台服务和物流服务占总收入的比重逐渐增加，这与网络购物的流行密不可分，同时也说明互联网、大数据的发展给电商企业带来了巨大的发展机遇。

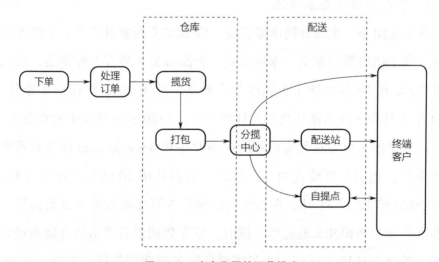

图 10-1　京东集团的运营模式

表 10-1　京东集团 2018—2020 年各项收入分布比例[一]

（单位：百万元）

	2018 年		2019 年		2020 年	
销售商品收入	416 109	90.1%	510 734	88.5%	651 879	87.4%
平台服务收入	33 532	7.2%	42 680	7.4%	53 473	7.2%
物流服务收入	12 379	2.7%	23 474	4.1%	40 450	5.4%

京东集团的总部设在开曼群岛，子公司分布在开曼群岛、英属维尔京群岛、美国特拉华州、新加坡、中国香港以及中国境内，集团的主要业务和地理市场位于中国境内，通过中国境内的子公司以及可变利益实体开展各项业务活动。图 10-2 显示了京东集团的组织架构。

从京东集团的整个业务布局分析（如图 10-3 所示），集团旗下设有京东商城、京东国际海外事业部、京东智能、拍拍网、O2O 以及京东金融集团，目前的转型目标是打造以供应链为基础的技术与服务企业，将业务铺开至上游的制造、采购、物流、分销以及对最终用户零售的整个供应链，并且围绕供应链打造了人工智能、大数据分析和云计算三大技术体系，以支撑整个集团的业务和生态系统运作。

在零售业务方面，京东打造了"自营+平台"的混合经营模式。一方面，京东直接对接供应商采购产品然后销售给客户，作为卖家赚取产品的销售利润。2020 年京东的自营业务收入高达 6 519 亿元，截至 2020 年年底已经获得 71 亿条客户发布的对已购产品的评价。另一方面，京东为第三方商家提供销售产品的平台，商家通过京东的电商平台向客户销售产品，京东向其收取销售佣金（即服务费），同时京东会密切监测商家在平台的表现，以确保产品质量和服务质量。此外，京东还会借助其人工智能

[一]　销售收入信息来源于京东集团 2020 年年度报告。

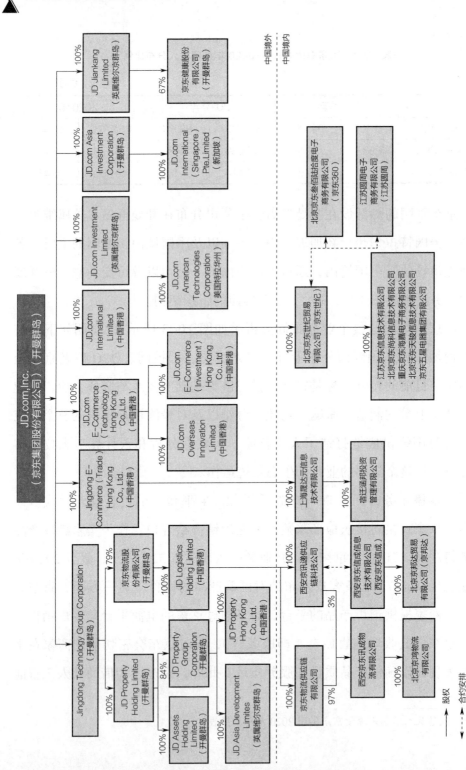

图 10-2 京东集团的组织架构

能力和各种业务的大数据积累情况，为供应商、第三方商家及其他合作伙伴提供营销服务，提供本地搜索广告和展示广告，向其收取广告费。

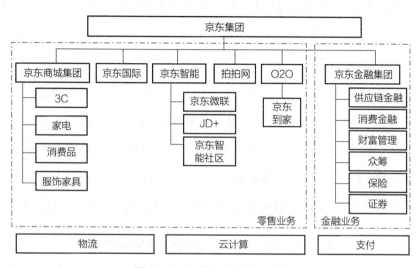

图 10-3　京东集团的业务架构

在物流业务方面，京东提供了涵盖全业务范围的优质物流服务，坚持以技术为导向，将物流服务的链条延伸至供应链的两端，连接供应商和终端客户，全方位地满足从仓库储存服务到商品配送，以及快递和运输服务等需求，并充分发挥其运输速度优势和对特殊物品的控制能力优势，完善客户体验，增强客户黏性。截至 2021 年 9 月 30 日，京东物流已经建造并运营了大约 1 300 个自有仓库，仓储面积总计已超过 2 300 万平方米。

2. 京东集团的财务情况

表 10-2 反映了京东集团 2018—2020 年利润表的主要指标，可以看出，这三年京东集团的收入利润水平保持了较好的增长势头，2019 年和 2020 年的营业收入增长率分别为 24.86% 和 29.28%，2020 年营业利润达

到 106.94 亿元，同比增长 109.27%，2020 年利润总额的同比增长率更是高达 271.14%，净利润也从 2019 年开始扭亏为盈，可见京东集团运营良好，受市场看好。从研发费用来看，京东集团投入的研发费用从 2019 年的 146.19 亿元增长到 161.49 亿元，同比增长了 10.47%，且每年研发费用占其期间费用的比重都在 17% 左右，占营业收入的比重在 2.5% 左右，可见京东集团对研发创新能力的重视，而这也是税收筹划需要重点关注的领域，合理运用税收优惠政策可以为京东集团节省不少税负。在所得税费用方面，初步看来，京东在 2018—2020 这三年里所得税费用占利润总额的比重分别是 –17.98%、13.16% 和 2.92%，这种变化趋势与企业利润的高速增长相差甚远，因此，研究京东集团的税收筹划方法非常有必要。

表 10-2　2018—2020 年度京东集团利润表指标

（单位：万元）

	2020 年	2019 年	2018 年
营业收入	74 580 189	57 688 848	46 201 976
营业成本	63 669 355	49 246 739	39 606 613
仓储物流费用	4 870 021	3 696 804	3 200 966
销售费用	2 715 597	2 223 405	1 923 674
研发费用	1 614 895	1 461 868	1 214 438
管理费用	640 913	549 016	515 967
营业利润	1 069 407	511 017	-259 681
利润总额	5 081 889	1 369 253	-237 368
所得税费用	148 165	180 244	42 687
净利润	4 933 724	1 189 009	-280 055

数据来源：京东集团 2020 年度财务报告。

税收筹划的核心就是要全面了解企业的业务流程，只有将税收安排在各项业务开展之前，税收筹划才有空间。从京东集团的收入构成情况

(如表 10-3 所示)来看,主要包括两大类业务:销售商品、提供服务,2018—2020 三年间这两大业务的收入变化趋势是商品收入占比减少,而服务收入占比增加,这也体现了京东在转型过程中所做的努力。尽管如此,销售商品仍是京东主要的收入来源,至 2020 年,京东实现的商品销售收入为 6 518.79 亿元,占总营业收入的 87.4%。在商品销售收入中,京东以销售电子产品、家用电器以及日用百货为主,在电子产品和家用电器方面的营业收入占比最大,三年均超过总营业收入的一半,收入绝对值逐年增加,但其占总营业收入的比值由 2018 年的 60.6% 下降到了 2020 年的 53.8%,与此同时日用百货商品方面的销售占比呈增长趋势,至 2020 年已占总收入的 33.6%。在服务方面,京东作为电商平台向第三方商家收取佣金,并为其供应商、商家等提供广告宣传服务,这两种形式的收入占比相对稳定,增长迅速的是物流和一些其他服务带来的收入,从 2018 年的 123.79 亿元增长到了 2020 年的 404.5 亿元,增长了 226.8%。

表 10-3 2018—2020 年度京东集团营业收入的构成情况

项目	2020 年 百万元	%	2019 年 百万元	%	2018 年 百万元	%
电子产品及家用电器商品收入	400 927	53.8%	328 703	57.0%	280 059	60.6%
日用百货商品收入	250 952	33.6%	182 031	31.5%	136 050	29.5%
商品收入	651 879	87.4%	510 734	88.5%	416 109	90.1%
平台及广告服务收入	53 473	7.2%	42 680	7.4%	33 532	7.2%
物流及其他服务收入	40 450	5.4%	23 474	4.1%	12 379	2.7%
服务收入	93 923	12.6%	66 155	11.5%	45 911	9.9%
总收入	745 802	100.0%	576 888	100.0%	462 020	100.0%

数据来源:京东集团 2020 年度财务报告。

3. 京东集团的税收分析

根据京东集团的经营内容，其经营活动中涉及的主要税种可以从自营、提供交易平台两个角度进行分析，具体涉税情况如表10-4所示。京东商城在开展自营经济活动时，与实体企业进行销售活动时所涉及的税种大致相同，主要包括增值税、消费税、企业所得税等，增值税和消费税的适用税率根据交易商品的类别判断。京东集团进行平台模式的经济活动，为入驻商家提供销售平台而收取的服务费，按照现代服务项目适用6%的增值税税率，并缴纳与提供销售平台相关的印花税、企业所得税等。

表10-4 京东集团经营活动涉及的主要税种

业务内容	应税项目	税种
自营活动	销售货物	增值税
	销售应税消费品	消费税
	以增值税、消费税税额为基数	城市维护建设税及附加
	获得的收入	所得税
	与供应商、消费者签订的合同	印花税
提供交易平台	服务	增值税
	以增值税税额为基数	城市维护建设税及附加
	获得的收入	所得税
	与入驻商家签订的合同	印花税

由表10-5可知，2019年京东集团的总收入和所得税费用都实现了较大幅度增长，企业所得税税收负担率也随之增加。2020年营销开支大幅增加，由2019年15.58%的增幅增长到2020年22.14%的增幅，导致京东集团的利润增长幅度缩小，企业所得税税收负担率下降。由于京东集团有自营和提供平台两种经营方式，混合了销售和服务两种经济活动，无法衡量

其税收负担率是否合理,但总体来看还是远低于零售行业 1.5%、商业服务业 2.5% 的企业所得税实际税负率[1],说明电子商务交易平台的税收负担率偏低。

表 10-5 京东集团 2018—2020 年部分合并经营状况表[2]

(单位:千元)

项目	2018 年	2019 年	2020 年
总收入	462 019 759	576 888 484	745 801 886
营业成本	396 066 126	492 467 391	636 693 551
营销开支	19 236 740	22 234 045	27 155 972
利润总额	2 619 131	8 994 880	12 342 820
所得税费用	426 872	1 802 440	1 481 645
企业所得税税收负担率	0.09%	0.31%	0.20%

由于京东集团先后在美国和中国香港上市,其财务报表编制规则与内地有所差异,并未披露所有税费的具体缴纳情况,但从其年报中可知,京东集团主要需缴纳的税种是增值税和所得税。本案例也主要从这两大税种的角度分析京东集团的税负现状以及税收筹划情况。

在增值税方面,京东集团在 2018—2020 三年的报告期内开展相应业务所使用的税率如表 10-6 所示。增值税税率与不同的业务活动紧密相连,尤其是在京东集团涉及较多涉税活动的情况下,更应加大对增值税筹划行为的关注。此外,在销售书籍的收入方面京东享受了免税的优惠政策,且就提供广告服务而言,京东集团还需按 3% 的税率缴纳文化事业建设费,但此项费用于 2019 年 7 月 1 日至 2019 年 12 月 31 日按应缴费额的 50% 减征,并于 2020 年 1 月 1 日至 2021 年 12 月 31 日免税。

---

[1] 行业税收负担率来源于新浪爱问共享资料《各行业税收负担》。
[2] 数据来源于京东集团 2020 年年度报告。

表 10-6 京东集团适用的增值税税率

期间	业务类型	适用税率
2018.01.01—2018.05.01	销售书籍、音频、视频产品	11%
	销售其他产品	17%
	物流服务	11% 或 6%
	广告及其他服务	6%
2018.05.01—2019.04.01	销售书籍、音频、视频产品	10%
	销售其他产品	16%
	物流服务	10% 或 6%
	广告及其他服务	6%
2019.04.01—2020.12.31	销售书籍、音频、视频产品	9%
	销售其他产品	13%
	物流服务	9% 或 6%
	广告及其他服务	6%

数据来源：京东集团 2020 年度财务报告。

在所得税方面，表10-7是京东披露的2018—2020年间的实际税率情况。根据图10-2可知，京东集团的总部设立在开曼群岛，在中国境外有很多子公司，同时中国境内的也均是子公司以及合并可变利益实体。根据《中华人民共和国企业所得税法》规定，这些企业的法定税率大部分是25%，但由于享受了一系列税收优惠和部分调整后，实际税率大大降低。2018年京东集团的实际税率甚至是-18.0%，2019年上升至13.2%，2020年实际税率又下降至2.9%。京东集团较低的实际所得税税率离不开其所做的税收筹划，由表10-7可以看出，京东集团不仅运用了政策规定的优惠税率、免税期，还涉及免税实体、不同税务司法管辖区、超额抵扣等方面。

表 10-7　2018—2020 年度京东集团企业所得税纳税情况

项目	2020 年	2019 年	2018 年
法定所得税税率	25.0%	25.0%	25.0%
优惠税率及免税期的税务影响	-2.3%	-8.1%	8.3%
免税实体的税务影响	-16.8%	3.7%	-1.9%
不同税务司法管辖区税率的影响	-0.5%	-3.9%	2.2%
不可扣税开支的税务影响	0.5%	5.7%	-42.4%
非纳税所得额的税务影响	0.0%	-1.0%	3.8%
超额抵扣及其他的税务影响	-4.2%	-13.2%	53.9%
减值准备变动	1.2%	5.0%	-66.9%
实际税率	2.9%	13.2%	-18.0%

数据来源：京东集团 2020 年度财务报告。

10.1.2　京东集团的投资、经营与股权结构的税收筹划

1. 投资活动的税收筹划

（1）单独成立软件公司

京东世纪是京东集团在中国境内的重要子公司之一，主要从事零售业务，而对于京东这类互联网企业来说，线上商城业务所需的软件技术要求较高，在集团技术创新战略的部署下，其研发能力不断提升，软件开发成果越来越多，因此京东采取了转化技术，利用纳税主体的税收政策差异进行筹划，将软件拆分出来，在江苏、北京成立了 3 家信息技术有限公司。按照《企业所得税法》的相关规定，被认定为软件企业的实体可以享受免税期政策优惠，从首个获利年度起的第 1~2 年免征企业所得税，第 3~5 年按照企业所得税的法定税率减半征收。此外，若符合高新技术企业的相关资格标准，也可以享受 15% 的优惠税率。以 2012 年成立的子公司北京京

东尚科为例,其满足了软件企业的认定条件,从首个获利年度2016年开始的2年免征企业所得税,在2018年、2019年和2020年内享受12.5%的优惠税率,同时该公司也被评为高新技术企业,但由于这两项优惠政策不能同时享受,因此北京尚科选择了软件企业的优惠待遇。对整个集团来说,实际企业所得税率也得以降低。

另外,作为软件企业销售自行开发的软件产品还可以享受增值税即征即退的优惠,对于实际税负率大于3%的部分可以得到即征即退,也就是说,其销售软件的增值税税率从13%下降到了3%。

(2)在税收洼地新设公司

根据国家税务总局2015年第14号公告,对于设在西部地区并且主营业务是《西部地区鼓励类产业目录》中的项目,满足一定条件时企业所得税可减按15%的税率征收。京东集团旗下的多家实体都符合相应条件,比如西安京讯公司、西安京东信成、西安京东迅诚物流公司以及重庆京东海嘉等,它们都设在西部地区,且主营业务都是对应目录中的鼓励项目,如电子商务、信息软件类产业、现代物流服务等,因此都可以享受15%的低税率优惠。

如图10-4所示,京东集团在境内的很多关联企业都设在江苏宿迁,原因之一就是江苏宿迁给予的地方性税收优惠。地方政府为了招商引资,约定只要在地方相应园区内设立分支机构或者新公司,就能享受增值税和企业所得税的财政返还、甚至核定征收等多种形式的税收优惠待遇,以奖励京东集团对当地经济发展的支持和贡献。在该地区有关联公司后,总部就可以将货物以较低的价格转到该公司,由该公司与客户进行交易,将增值部分转移到税收洼地的公司,而该公司的税收因享受到地区的税收优惠政策而大幅减少,比如增值税作为中央地方共享税,地方政府会有50%

的留存，设在该地区的分公司甚至可能享受 50% 的税收返还。

5	宿迁天强股权投资合伙企业（有限合伙）	89.01%	10000万元	江苏省	商务服务业	刘强东、北京天强坤泰投资管理有限公司	存续	至今
6	宿迁明进创元企业管理咨询合伙企业（有限合伙）	49.32%	211.1257万元	江苏省	商务服务业	张奇 关联35家企业>	存续	2020-05 至今
18	宿迁博大合能基金管理合伙企业（有限合伙）	12.1511%	164593.4851万元	江苏省	商务服务业			

图 10-4　京东集团的部分关联企业

2. 经营活动的税收筹划

（1）利用灵活用工平台

近年来，"灵活用工"的新型用工模式备受互联网企业的青睐，京东集团也大力推出岗位共享等用工形式。比如，疫情期间京东物流与十多家企业开展异业合作，提供快递员、仓储员、驾驶员等岗位超过 2 万个，京东 7FRESH 也发布了人才共享计划，招募疫情期间暂时闲置的临时员工，提供了收银员、理货员、客服等多个岗位。这种灵活用工的模式也是企业税收筹划的方法之一，在这种模式下，企业和员工之间没有雇佣合同，员工不属于京东集团，他们之间通过第三方的灵活用工平台建立联系，如图 10-5 所示。中间平台与税务局签署了相关协议，拥有委托代征代缴资质，且有人力资源资质，京东集团和中间平台签订服务协议，向其支付灵活用工人员的报酬和平台的服务费，进而平台可向京东集团开具 6% 的增值税专用发票，对于京东来说即可用于进项税额抵扣，降低增值税税负。另外，这种方式也能成功地把员工薪酬转变为费用，为京东集团节省了社保费用和员工的工资支出，既解决了企业用工成本高的问题，也能避免劳动纠纷和缴纳社保的相应风险。对于灵活用工人员来说，这也能够实现降低税负的效果，拿到的报酬不再属于工资薪金所得，避免了综合所得3%~45%的超额累进税率，而可以被认定为经营所得，在不能准确核算相关成本费用时甚至可以采用核定征收，税率下降幅度明显。

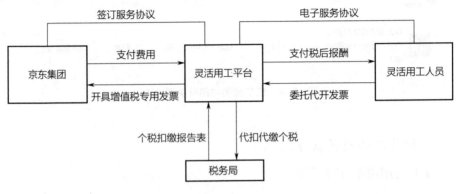

图 10-5　灵活用工平台的流程

（2）合理分摊广告费成本

2020年京东集团的营销费用为271.56亿元，与2019年的222.34亿元相比增加了22.1%，而营销费用的主要构成就是广告成本，这也是互联网企业的特征之一，尤其是京东集团不仅以收取佣金为主要收入，还有很大一部分业务来自于自营产品销售，京东需要推广自己的品牌，促进产品销售。同时，也要为新业务的推广造势，2019年京东与腾讯续签了合作协议，腾讯继续在微信平台为京东提供位置突出的入口以支持京东流量，合作金额超过800万美元。然而，这种高额的广告费支出却难以得到税前扣除，税法规定，广告费和业务宣传费的扣除限额是营业收入的15%，超过部分只能递延到以后年度。为了合理规划这部分费用，京东集团可能会在各个业务线之间签订成本分摊协议，由于推广效应作用于整个品牌，每条业务线都能从中获益，从收入成本相匹配的原则来看，签订成本分摊协议是非常合理的。同时，这部分广告费用的进项税额也可以在各个业务线之间分摊，避免某条业务线的销项税额过小，本身的进项税额就足以弥补，却仍享受了高额的广告费税前列支的情况，可以将进项税额用于弥补部分有大量销项税额的业务，从而起到降低整个集团税负的作用。

（3）充分运用税收优惠政策

根据《企业所得税法》的规定，从事研发活动的企业在确定当年应纳税所得额时研发支出可以加计扣除。根据2018年9月的规定，京东集团于2018年1月1日至2020年12月31日有权将其产生的研发费用的175%列作加计扣除额。同时，研发人员的工资也可按75%加计扣除。

财税〔2018〕76号文件延长了高新技术企业、科技型中小企业的亏损结转年限，规定2018年具备高新技术企业资格的，无论2013—2017年是否具备资格，其2013—2017年发生的未弥补亏损都允许结转到以后年度，最长可以结转10年。京东集团旗下的高新技术企业众多，前期高投入导致的经营亏损应尽量结转至以后年度，抵消未来的应纳税所得额。此外，2020年京东集团年报显示，2020年年底其在新加坡和中国香港注册成立的子公司累计经营净损失72.5亿元可以无限期结转，其在中国内地和印度尼西亚成立的子公司和合并可变利益实体产生的净损失81.02亿元可在2021年到2025年间结转，可见京东集团非常重视亏损结转这一税收优惠。

在经营过程中，京东集团旗下的不少软件公司都有技术交易收入，而根据相关政策规定，技术转让、开发以及相关的咨询、服务都免征增值税。公司在开展业务之前，需要注意界定收入来源的性质，尽可能地享受这项优惠政策。

3. 股权结构的税收筹划

正如前文所说，京东集团在江苏宿迁成立了多家子公司，且其中有很多都是有限合伙企业。有限合伙企业的形式在分配利润、承担风险以及股权转让方面都有很大的优势。以宿迁天强股权（如图10-6所示）为例，刘强东通过持有天强股权间接持有了多家企业，而有限合伙企业在分配利润时适用"先分后缴"的税收政策，合伙人直接缴税，避免公司制企业需要先缴纳公司层面的企业所得税，在分配时又需缴纳个人所得税的经济性重复征税情况。同时，刘强东也只就其持有的89.01%的比例承担该公司的有限责任，有效地隔离了风险。此外，如果出现需要转让股权的情况，合伙企业的形式可以作为中间平台，通过合伙企业转让的溢价部分只需适用10%的核定征收率后再按照经营所得3%~35%的适用税率计算缴纳个人所得税，比直接缴纳个人所得税股权转让所得20%的税率要轻得多。

10.1.3 京东集团的税收筹划方案设计

1. 分别核算不同经营模式收入

京东集团将其自营活动与提供交易平台的活动进行明确区分，分别核算两项经济活动的收入、成本。在缴纳增值税时，自营活动中按照所销售商品的性质以销售额为基数适用13%、9%的税率，平台服务则以收入的手续费为基数适用6%的税率。但如果不单独核算各项经济活动的收入，京东集团将被要求使用13%的税率缴纳增值税，并以此为基数缴纳城市维护建设税及附加。因为根据增值税暂行条例的规定，企业从事多项经营活动，如果没有单独核算、不能合理区分各项收入，那么按照混合销售行为处理，即适用各项经济活动中最高的增值税税率来计算应交增值税。相比之下，不单独核算的经营方式，大大地增加了企业的税收负担。

第10章 数字时代企业税收筹划综合案例

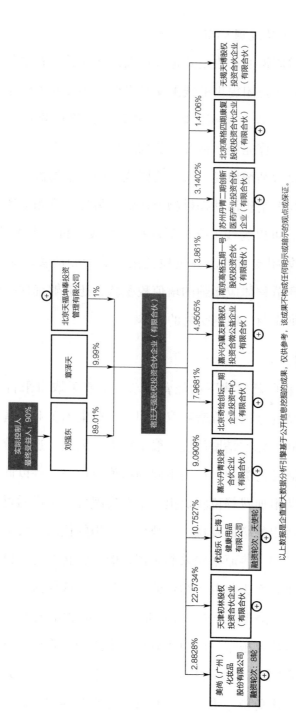

图 10-6 宿迁天强股权投资合伙企业股权穿透图

2. 减少经济活动流通环节

目前，我国增值税的征收模式是按照商品在流转过程中的增值额，逐环节层层征收。京东集团提供的线上交易平台，买卖双方除了在平台上达成一致意见以外，还需要等买方收到货物后点击确认收货，卖方收到货款，整个交易活动才算完成。涉及的货物运输、线上支付等环节，支付的服务费用同样需要缴纳增值税。京东集团成立的京东物流子公司，可以为京东集团自营的线上销售活动提供物流运输。另外，京东集团旗下还设立了京东金融品牌，可以为线上交易活动提供在线支付、个人借贷等服务。如此一来，京东集团支付的服务进项税额，成为相应关联企业的销项税额，减少了流通环节整体应缴纳的增值税税款，还能够确保提供服务的质量，减少了寻求供应商、谈判交易的成本。

3. 转变所得性质

京东集团目前自营模式下的经营活动，主要采取自采自销的方式开展，通过赚取商品的进销差价来获取利润。京东集团企业规模庞大，年应税收入远超过500万元，是增值税一般纳税人。因此，这部分进销差价收入会根据所销售商品的类别，适用不同的增值税税率，并以此为基础承担城市维护建设税及附加费等税收负担。京东集团可以考虑通过转变所得性质的方式，降低适用的增值税税率，减少应负担的税款。可以与供应商品的厂家签订代销合同，将原来先采购后销售的行为转变为提供代销或包销服务，将收入性质转变为收取手续费的服务收入，这样适用的增值税税率由原来的13%、9%降低至6%，相应地减少了应缴纳的城市维护建设税及附加费。但注意需要根据税法中实质重于形式的原则合理设计代销、包销条款，例如在仓储环节对来自不同供应商的未销售商品分别保管，明确区分商品所有权。避免税务机关以所有权划分不明等理由，判断企业经营活动实质为销售商品，导致税收筹划方案失败。

4. 组织结构安排

线上交易主要通过电子商务平台展开，而电子商务平台是虚拟的空间网站。京东集团可以考虑将其电子商务平台与企业的实际销售活动剥离，成立一家独立运营电子商务平台的企业A，通过对A企业规模性质的调整，享受优惠的企业所得税税率。具体筹划可以从企业性质、设立地点两个角度来展开。

从企业性质角度分析，可以通过合理控制A企业的规模、从业人数、资产总额等指标，使A企业满足小微企业的条件，享受企业所得税5%、10%的实际税负率。还可以使A企业成为高新技术企业，享受15%的企业所得税优惠税率政策。

从企业设立地点角度分析，可以将企业设立在西部地区、江西省赣州市等特殊优惠地区，享受15%的企业所得税优惠税率，降低电子商务平台提供服务取得收入的税收负担。此外，独立运用电子商务平台的企业从事与虚拟网站相关的各项研发活动，还可以按照研发支出的175%税前扣除，可以进一步减少企业所得税的应纳税所得额。

5. 转换纳税人身份

我国企业所得税法中将纳税人分为居民企业和非居民企业两大类，对不同身份的纳税人征收企业所得税的计税依据、适用税率存在差异。而电子商务交易平台是虚拟的，不受时空限制，可以自由开展交易活动。京东集团可以考虑将电子商务交易平台独立设为非居民企业，在境外成立公司负责电子商务交易平台的研发、维护等活动，再向境内使用电子商务交易平台的商家收取使用费。由于成立的非居民企业在境内并没有常设机构，因此只需要对来源于境内的平台使用费按照10%的优惠税率征收企业所得税。境外的非居民企业再通过投资京东集团等方式，实现资金回流、利润汇回境内。

6. 合理使用转让定价策略

京东集团规模庞大，内部设有采购、销售、平台运营等机构部门，外部成立京东物流集团等关联企业。京东集团的经济活动涉猎广泛、涉税信息繁多，容易出现部门或企业之间信息不对称、经营目标与实际工作脱节的现象。企业可以建立一个信息库，及时填报各环节和各关联企业的成本、收入等经营信息，加强对信息更新、传递的管控。京东集团电子商务交易平台在交易时涉及的货物运输、线上支付等活动，可由京东物流、京东金融等关联企业提供。可考虑通过调整京东集团与其关联企业之间的成交价格，使京东集团及关联企业的整体税收负担最小化。根据企业信息库所反映出经济活动实际的开展情况，及时调整部门之间、企业之间的往来活动，合理地分摊成本、分配利润，实现企业整体经济利益最大化的目标。京东集团还可以通过互联网搜集、整合大数据信息，了解市场上其他类似交易的成交价格，确定一个成交价格的合理范围。或者提前与税务机关签订预约定价协议，协商关联交易的成交价格，避免被税务机关进行反避税纳税调整。

总之，在数字时代，京东集团作为电商企业，拥有经营成本低、信息流通快、精准定位消费需求等营销优势。根据网络交易的特殊性，电商企业可以从收入性质、组织结构、纳税人身份等多个角度开展税收筹划，降低自身税收负担。但税收筹划方案的收益与风险是同时存在的，数字时代同样增加了纳税风险，税务机关也会通过对涉税信息的分析、比较同行业经营利润率和税收负担率，对电商企业开展反避税调查。因此，电商企业需要谨慎设计税收筹划方案，并积极应对可能发生的税收筹划风险。

10.2 拼多多税收筹划路径研究

10.2.1 案例背景

成立于 2015 年 9 月的拼多多，自称"新电商开创者"，提出网络"拼团"的概念引导大众结伴购买，以"拼着买，更便宜"的低价优势吸引了数亿活跃买家。2021 年 11 月 26 日，拼多多发布了公司 2021 年第三季度的财务报表，显示该季度实现收入 215.1 亿元，同比增长 51%；实现净利润 16.4 亿元，同比扭亏；非公认会计准则下，净利润为 31.5 亿元，而 2020 年同期为亏损 4.7 亿元。作为国内的互联网创新企业之一，拼多多成立两年就坐稳了 C2B 市场第三，截至 9 月 30 日的一年内，拼多多的活跃买家为 8.67 亿，同比增长 19%，已经是用户规模最大的电商平台。可见，拼多多发展潜力巨大，十分具有代表性和研究价值。

本文旨在从税收筹划的角度分析拼多多系列商业动作背后与节税、避税有关的考虑，并由此探寻大数据时代新型互联网公司税收筹划的共同倾向与方法，发掘这些方法可能带来的收益与风险，并为企业提出风险控制的方法。

10.2.2 案例分析

1. VIE 股权架构

拼多多隶属于上海寻梦有限公司，是杭州埃米网络科技有限公司的全资子公司。杭州埃米网络科技有限公司由陈磊和朱健翀共同控制，分别持有 86.57% 和 13.43% 的股份。2018 年在美国上市的胡桃街集团注册于开曼群岛，拥有一家位于中国香港的全资子公司——香港胡桃街集团。而香港胡桃街集团作为外资企业，又 100% 控股位于内地的胡桃街（上海）信息技术有限公司、杭州微米网络科技有限公司和深圳前海新之江网络科技有限公司等四家企业。拼多多集团股权架构如图 10-7 所示。

两者之间本来没有任何股权相关的关系，但是因为杭州微米和杭州埃米之间存在诸多协议，杭州微米对杭州埃米形成了协议控制。其实从公司名称就可以看出，这样的架构是企业创立之初就已经提前安排好的，并非实际经营过程中的业务往来导致的协议或控制。拼多多的股权架构属于典型的 VIE 架构。

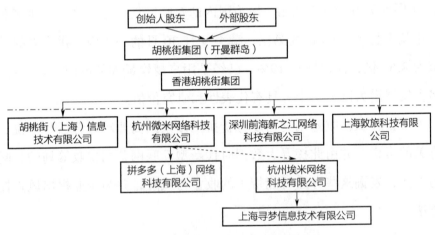

图 10-7　拼多多集团的股权架构图

利用 VIE 结构，只要符合程序申请为非居民企业，就可以不必在国内缴纳税率为 25% 的企业所得税，并且外商独资企业可以享受与香港之间协定的优惠税率，向境外输送利益的成本将大大降低。后文将对这种模式在税务上的优势和风险做详细阐释。

2. 股权激励计划

拼多多作为十分依赖技术人员的互联网公司，为留住核心人才自然也早早就设立了股权激励制度,其上市的招股书显示,其从创立开始就启动了这项计划。2015 年上市前,拼多多发布《2015 年全球股票计划》,计划发放不超过 9.5 亿股(总股本的 52%)的股权用于激励员工,上市前期权实际授予的数量在 5.8 亿股。值得一提的是,拼多多双层股权计划中创始人具有 10 倍投票权的 A 股也有部分来源于此,上市前拼多多直接授予了其 2.5 亿股。上市后,也就是 2018 年,拼多多又公布了《2018 年股权激励计划》,计划将当时总股本的 8.8%(3.6 亿股)继续作为激励股份授予员工。这些股份以期权股票为主,限制性股票为辅,并且对所有对象均设置三年锁定期(行权后)。

其中,期权部分是逐步解锁的,员工自获得期权开始,在未来四年内每年解锁 1/4 的份额,四年之后还将继续锁定三年,要等到整整七年之后才能实实在在地获得这些期权的价值。如果员工中途离职,公司会按照行权价格赎回期权。这个周期避免了人才流失的风险,保证了公司上市后继续增值的可能性。由于股权激励计划在实务中存在税会差异,这方面的安排在某种程度上也可以对企业税务产生帮助,后文的税收优势部分将详细介绍。

10.2.3 涉税分析

1. 主体税种

一般的境内公司理论上需要缴纳的大多是企业所得税、增值税、城建税和教育费附加等几大主体税种。但新型互联网公司大多采用 VIE 架构在境外上市,缴纳的税款也根据注册地、上市地和国际税收协定而有所不同。在研究的主题和案例中,主要税种还是企业所得税。

拼多多作为在美国上市的公司，美国的第一大主体税种就是所得税，这份税收是根据美国会计准则对企业净利润所征收的。美国没有增值税，只有部分包含了增值税含义的消费税，而拼多多的业务不涉及这个板块，所以拼多多集团的主体税种只有所得税。但是作为拼多多本身，也就是上海寻梦信息技术有限公司在我国境内的运营还是要缴纳增值税的。由于无法取得具体的税收数据，此处仅根据拼多多的收入来源进行适用税率的分析。

第一，拼多多的主要收入来源是向商家收取的广告费，根据我国税法规定，一般纳税人取得广告费的增值税专用发票，税率为6%，并且可以抵扣进项。第二，拼多多的本质是技术服务公司，虽然不会向商家收取抽成费用，但是要求商家支付交易额6‰的技术服务费，作为使用平台大数据技术的对价，以及有时商家需要用到批量操作等高级技术时，还要额外缴纳使用平台API（Application Program Interface，应用程序编程接口）的技术接口费用。技术服务费在增值税中属于现代服务业，税率为6%。第三，其他收入，比如拼多多还会因为商家未按时发货等违规行为向他们收取罚款，这部分收入属于营业外收入，不需要缴纳增值税。

这几种经营活动构成了拼多多的主要收入来源，其他电商企业也基本都是这样的模式。拼多多在2018年上市后就实现了超过百亿元的收入，2019年和2020年平均每年增加200多亿元收入，理论上来说创造了更多价值，应该缴纳更多企业所得税，但是观察它历年来的纳税情况却并非如此。

2. 纳税情况

笔者查阅拼多多年报披露的信息，很遗憾地发现由于前期一直处于亏损状态，拼多多在2021年之前从未缴纳过企业所得税。拼多多只有在 2021 年的第二季度才首次实现盈利，第三季度才开始缴纳企业所得税（见表 10-8 和表 10-9）。

表 10-8 拼多多历年年报部分指标

（单位：亿元）

报表日期	2020/12/31	2019/12/31	2018/12/31	2017/12/31	2016/12/31
主营收入	594.90	301.40	131.20	17.44	5.05
营业成本	192.80	63.39	29.05	7.23	5.78
毛利	402.10	238.00	102.10	10.21	（0.73）
研发费用	68.92	38.70	11.16	1.29	0.29
营销费用	411.90	271.70	134.40	13.45	1.69
一般及行政费用	15.07	12.97	64.57	1.33	0.15
营业费用	495.90	323.40	210.10	16.17	2.13
营业利润	（93.80）	（85.38）	（108.00）	（5.96）	（2.86）
利息收入	24.55	15.42	5.85	0.81	0.04
利息支出	（7.57）	（1.46）	—	—	—
权益性投资损益	0.84	0.29			
其他收入（支出）	1.94	0.83	（0.12）	0.01	（0.02）
汇兑损益	2.25	0.63	0.10	（0.12）	—
持续经营税前利润	（71.80）	（69.68）	（102.20）	（5.25）	（2.92）
所得税	—	—	—	—	—
持续经营净利润	（71.80）	（69.68）	（102.20）	（5.25）	（2.92）
净利润	（71.80）	（69.68）	（102.20）	（5.25）	（2.92）
归属于优先股净利润及其他项	—	—	0.81	（0.26）	0.30
归属于普通股股东净利润	（71.80）	（69.68）	（103.00）	（4.99）	（3.22）
归属于母公司股东净利润	（71.80）	（69.68）	（102.20）	（5.25）	（2.92）
全面收益总额	（96.76）	（65.55）	（91.58）	（5.73）	（2.72）

表 10-9 拼多多 2021 年单季报部分指标

(单位：亿元)

报表日期	2021/9/30	2021/6/30	2021/3/31
主营收入	215.10	230.50	221.70
营业成本	65.59	78.98	107.50
毛利	149.50	151.50	114.20
研发费用	24.22	23.29	22.19
营销费用	100.50	103.90	130.00
一般及行政费用	3.35	4.34	3.52
营业费用	128.10	131.50	155.70
营业利润	21.39	19.97	(41.47)
利息收入	6.32	5.45	9.71
利息支出	(2.98)	(2.94)	(3.36)
权益性投资损益	0.85	(0.01)	1.47
其他收入（支出）	(0.63)	1.23	4.60
汇兑损益	—	0.44	—
持续经营税前利润	24.95	24.15	(29.05)
所得税	8.55	—	—
持续经营净利润	16.40	24.15	(29.05)
净利润	16.40	24.15	(29.05)
归属于优先股净利润及其他项	—	—	—
归属于普通股股东净利润	16.40	24.15	(29.05)
归属于母公司股东净利润	16.40	24.15	(29.05)

观察财务报表可知，企业利润为负的主要原因不在于营业成本，而是因为营销费用过高。对于拼多多这样基于社区效应起家的电商企业，前期确实需要大量的营销费用投入，尤其是近年来各大电商不断采用各种市场营销措施抢占市场，以低价闻名的拼多多更需要不断推出各种补贴才能防止用户流失。董事长陈磊表示，未来将不再专注营销而是要不断加大农业和研发投入。如此一来，虽然未来营销费用可能会有所降低，但其将利润

全部投入"农研专项",研发费用会进一步提高,获得的所得税减免额也会随之提高。

财务报表中还有一点值得关注,即利息收入问题。电商平台共性的交易模式是消费者支付的价款优先进入平台账户,直到确认收货平台才将款项真正打到商家的账户。而很多消费者出于谨慎担心之后产品出问题或怕麻烦等原因,很难做到收到商品就确认收货。平均三天的快递时间加上商家设置的七天自动确认收货时间,商家根据权责发生制原则,一笔交易完成后可能要等 10 天后才能真正收到款项。而这 10 天对平台来说,又是一笔短期的无息借款,加上之前商家入驻缴纳的保证金,这些资金都会产生利息收入。在企业未来能够控制成本的基础上实现大量利息收入时,前期因为亏损过多抵消了利息收入的效应将会逐渐消失,这一部分收入将会变成企业所得税的税基。

10.2.4 税收优势

1. 使用 VIE 架构的税收优势

除了商业结构上的优势外,拼多多作为新型互联网公司选择 VIE 架构也有其税收方面的考虑,具体分析如下:

(1)运用协议达成优惠

在境内运营实体向外商独资企业转移利润阶段主要使用的利润转移方式就是"协定法",通常通过签订技术服务或专利权转让等协议,以境内运营实体向外商独资企业支付价款的名义,将利润转移出去。同时,为给予境内运营实体外资支持,运营实体的大股东会用质押股权与外商独资企业签订企业对个人出借资金形式的借贷协议,规避税务机关的审查。最终达成外商独资企业既为境内实体企业的运营者,又享有来自该实体的全部利润，还可以少缴税款的目的。以拼多多为例，外商独资企业与境内实体之间为达成控制目的通常签署的协议有：

《技术使用许可协议》载明：由微米和埃米签署，允许埃米使用来自微米的技术。

《独家技术咨询与服务协议》载明：埃米和微米之间签署协议，埃米向微米缴纳使用其技术的特许权使用费，以此将埃米获得的利润转移到微米中去，如此一来胡桃街集团的财务报表即可体现这一部分利润。

《股权质押协议》载明：由微米与朱健翀签署协议，主要目的是保证微米可以向埃米正常收取上述的技术服务费和特许权使用费。

通过这一系列协议，外商独资企业就对境内运营实体实现了控制，即便没有股权方面的直接联系，但在外商企业上市主体的合并报表中，依然要合并境内运营实体的部分，即境内拼多多的利润就被写入了胡桃街集团报表[1]。

（2）国际税收协定优惠

国际税收协定的使用体现在外商独资企业向境外主体以及境外主体间转移利润方面。VIE架构公司选择香港作为境外架构的最后一站，主要是因为香港与内地之间有内地公司向香港公司支付股息的预提税率为5%的税收协定。我国《企业所得税法》对非居民企业划分的纳税范围和制定的税率都相对宽松。注册于香港的胡桃街集团公司属于非居民企业，其向开曼群岛汇出股息并不需要缴纳我国境内的所得税，所以利用香港这一"媒介"可以最大限度地降低利润转移过程中的税收负担。

2. 采用股权激励计划的税收优势

由于税法与会计准则存在差异，发放激励性股权的税务处理与会计处

---

[1] 刘显福.VIE架构拆除过程中的税务问题与筹划空间[J].财会通讯，2019（17）：113-121.

理有所不同。通常情况下，会计处理会将其视为生产经营支出，在发放当期在部门间分配后计入成本费用科目，并按照工资薪金项目进行税前扣除。但税法规定税前列支的成本要以实际支付的金额为准，在行权的等待期内不可以扣除，只能在行权当期根据差额扣除。尽管不能递延纳税无法在时间上占据优势，但这部分金额是税法允许的工资薪金成本，在实际行权的当天依然可以抵扣。对拼多多而言，前期处于亏损状态本就不必缴纳所得税，上市盈利后再作为成本支出扣除其实是正好符合企业发展规律的。对类似模式的互联网企业来说，这种规定正好符合其需求。

员工行权出售限制性股票时，个人所得税按照上市企业股票售出价格与行权价格之间的差额计征，按照个人财产转让所得缴纳税率为 20% 的个人所得税。但只要不行权，员工（主要是大股东）持有的这部分资产就不需要纳税。但是根据财税〔1998〕61 号文规定，对个人转让上市公司股票取得的所得继续暂免征收个人所得税。

3. 以农业为战略重心的税收优势

其实，因为拼多多的净利润情况是亏损的，并不需要缴纳所得税，前期的架构在实际纳税中节省的税额较为有限。2021 年，拼多多开始实现盈利，将战略重心转为农业科技。2021 年 8 月，拼多多提出"百亿农研专项"计划，准备将第二季度及之后的利润全部投入其中助力农业科技发展。

现行税收优惠政策对农业的倾斜主要体现在增值税方面，即农户通过拼多多这一平台对外销售农产品取得的收入根据不同情况享受低增值税率或免税优惠。但企业方面也不是无利可图，根据财税〔2017〕44 号、财税〔2017〕48 号文件，保险公司为种植业、养殖业提供保险业务取得的保费收入、小额贷款公司取得的农户小额贷款利息收入，都减按 90% 计入收入总额。也就是说，只要互联网企业集团再分设一个金融或保险领域的子公司，还是同样为农民提供资金或保险业务，就可以享受所得税减免政策。

近年来，随着"助农"工作的不断深入，也乘着互联网、大数据技术快速发展的东风，越来越多的人通过网络关注农副产品，有人购买产品为国家出一份力，有人以此为专业展开研究，也有一些公司大力支持这一行业的发展。再如阿里的"千县万村"计划、京东的"千县万镇24小时达"，都是如此。

4. 重视研发投入的税收优势

在数字时代，互联网企业赖以生存的核心竞争力就是技术，无论是电子商务公司的算法功能，还是泛娱乐公司的用户交互技术，抑或是社交平台嵌入的数字货币支付技术，都需要持续不断地研发、更新换代，才能在市场上保持一定的地位。我国税法对这一行为也是十分支持的，根据财税〔2015〕119号文件，只要不属于烟草制造业、批发和零售业、租赁和商务服务业、娱乐业等限制性行业，凡是研发产生的费用计入当期损益的，都允许享受研发费用加计75%税前扣除的优惠；对于制造业加计比例提高到100%。

在拼多多的案例中，一方面拼多多的各项战略和商业行为需要算法的支持，尤其是C2B的运营模式要求平台必须充分掌握客户的消费习惯才能做出精准、有效的推荐；另一方面，拼多多所属的科技推广和应用服务业行业在政策适用范围内，研发需要的大量投入在符合要求的情况下都可以加计抵免。

拼多多自2016年起，投入研发的费用逐年增加，且增长比例均超过200%，在2018年上市后增长率曾经达到了765%，其投入产出比也相当可观，产出转化率达到10%以上。拼多多第三季度财务报表也显示，在

GEEP 准则下，平台本季度的研发费用为 24.22 亿元，同比增长 34%，公司约 60% 的员工为研发人员。可以说，拼多多是十分重视研发投入的，并因此取得了技术上和税收上的双重优势。

10.2.5 税收风险

1. VIE 架构导致的税收风险

（1）利润转移风险

在 VIE 架构设计中，要想实现节税，就必须将利润层层向上转移。第一步首先要达成的是将境内运营实体的基本所有净利润逐步转移到外商独资企业，在本案例中，就是将杭州埃米的利润转移到杭州微米公司。这种交易的本质是属于集团内部的关联交易，存在极大的转让定价的可能性。

根据国家税务总局 2015 年第 16 号公告，微米收取埃米的服务费一定要承担相关的风险并且真实地履行相关功能，且据以收取服务费的相关技术必须有微米贡献的一份力量；此外，埃米因胡桃街集团上市产生的附带利益向境外支付的特许权使用费，在计算境内企业所得税时也是不能扣除的，否则就会被认定为是非独立交易。

关于转让定价的合理性问题，实务中税务机关允许企业交易价格波动变化的合理界限为：一般企业在正负 15% 的幅度之内调整价格都是可以的，但上市公司的价格变化不得超过正负 10%。针对一些特殊行业或处于特殊阶段的企业，在给出正当合理的理由的前提下，价格波动在正负 30% 的范围内也可以被认可。但如果超出 30%，除非极其特殊的情况，企业能够给出极其合理的解释，否则通常情况下税务机关都会认定其存在转让定价行为，并调整其应纳税所得额及应纳税额。但是，如果完全不调整，所有业务全部独立不进行筹划，那么境内运营实体可能享受的关于高新技术研发等税收优惠就无法惠及外商独资企业，利润转移将加重集团的税收负担。

一旦埃米和微米之间的协议转移超过了税法允许的范围，税务机关将相关行为认定为有失公平的转让定价，并且发现微米的实际税率低于埃米，那么税务机关就会调整埃米的应纳税所得额。调整过后，加上滞纳金和罚款，整个集团的税负将会额外加重。

（2）身份认定风险

VIE架构搭建境外公司的最后一站也是最近一站大多都是中国香港，主要有两大原因：一方面香港本就是低税率地区；另一方面就是为了适用内地与香港之间的税收安排，只缴纳5%的预提税。但这一切的前提都是，要认定公司的受益所有人身份，认定身份的要求是必须有实质性经营活动而不能为导管公司。也就是说，一旦以拼多多为代表的互联网VIE架构企业出现差池，税务机关将香港公司认定为导管公司，所有的优惠就都无法享受了，并且可能会面临补缴税款、被罚以滞纳金甚至承担刑事责任。因此，企业非居民身份认定问题相当重要，存在较大风险。

我国《企业所得税法》明确规定，实际管理机构在境内的境外注册企业属于居民企业，需要就来源于境内外的所有所得正常缴纳企业所得税。在实际工作中，根据国税发〔2009〕82号文件的规定，拼多多的VIE架构需要满足以下条件：一是高层管理部门、财务与人事决策的权力、主要档案资料存放地都不可以位于内地；二是甚至50%以上的高层管理者都不可以常住境内，否则就会有被判定为居民企业的风险。如果未来拼多多集团等企业股权或业务变动不符合规范，被税务机关认定为了居民企业，即使集团总部注册于开曼群岛，也仍然属于中国公司，需要就其开曼、香港和境内的所有收入纳税，计税基础可能会大大增加。并且，根据我国与这些区域的国际税收协定，拼多多可能需要再次在开曼和香港纳税。

2. 灵活用工导致的税收风险

企查查数据显示，上海寻梦信息技术有限公司（拼多多）属于科技推广和应用服务业，登记于长宁区市场监督管理局，人员规模在 3 000~4 000 人，参保人数为 3 118 人。它的全资股东杭州埃米网络科技有限公司属于软件和信息技术服务业，不到 50 人的公司只有 2 人参保。

拼多多作为社交型电商，多次开展大型的"转发分享领红包"活动，这些披着"优惠"外衣的金额本质上属于佣金性质。从理论上分析，这部分资金也是需要平台先代扣代缴个税的，然后再发放税后佣金额。对于普通消费者偶尔参加活动得到的佣金还可以避开这个问题，但是对于以赚取佣金为主的推广者，也就是非全日制用工，我国税法是有相关规定的：以小时计酬为主，劳动者在同一用人单位一般平均每日工作时间不超过 4 小时，每周工作时间累计不超过 24 小时的用工形式为非全日制用工，国家强制用人单位为其缴纳工伤保险⊖。此外还有一个问题：个人推广者无法就收到的推广佣金给平台开具发票，导致平台成本无法列支，加重了平台的税收负担。

10.2.6 税收筹划建议

1. VIE 方面

我国政府部门针对大量互联网企业利用 VIE 架构避税的行为已经有所警觉和反应，针对一系列外商投资问题制定的《外商投资企业法》已

⊖ 《劳动合同法》第六十八条。

经于 2020 年年初生效。只是由于 VIE 架构涉及的相关认定问题过于复杂，暂未对相关行为做出具体明确的要求。但不可否认，未来税务机关会对这方面情况进行越来越严格的监管。企业的风险控制能力一定也要随之加强。

VIE 企业架构主要是通过国际税收协定和非居民企业身份判定两个方面来实现税收优惠的，要防范相关风险也要从这两个角度出发。针对利润转移可能发生的风险，希望企业在签署技术服务协议等一系列形成 VIE 控制的协议时，遵守税法规定的相关原则，至少要保证技术的注册和服务提供方面的真实性，定价方面也要遵循谨慎性原则，不要过于贪婪。应对香港壳公司的居民身份问题风险方面，建议所有 VIE 架构的企业将董事会、股东大会的地点定于香港，并将所有公司文件、财务资料和印章等保存于香港公司内，一旦遇到境内税务机关审查可以及时提供相关证据。

2. 用工方面

建议企业采取业务外包的形式，将原来的与自由职业者直接结算服务费的模式，转变为与外包公司结算项目总包服务费。很多专门从事外包业务的企业可以做到收入仅需要按 1% 核定缴纳个税，并且提供完税证明。与此同时，建议拼多多可以大量雇佣残疾人作为推广者，一方面线上推广的工作只需要简单的电子设备就可以完成，残疾人完全可以胜任；另一方面，根据我国税法的规定，企业雇佣残疾人可以得到税收上的优惠，在计算应纳税所得额时按照残疾职工工资的 100% 加计扣除。

我国税法还有很多税收优惠可以帮助企业在降低税负的同时对社会形成正外部性，建议互联网企业未来多多进行扶农、研发、缴纳社保等符合立法精神的筹划方法，以实现社会整体的帕累托最优。

10.3 哔哩哔哩税收筹划案例

10.3.1 哔哩哔哩集团及其组织架构

哔哩哔哩于 2009 年创立了以 ACG 主导的内容型社区网站，被用户称为"B 站"。随着商业模式及科技的不断创新，B 站已经进化成为涵盖各个领域内容的视频社区。目前，B 站 91% 的视频播放量都来自于专业用户创作的视频（Professional User Generated Video，PUGV）。在此基础之上，B 站延伸了内容消费场景，提供了移动游戏、直播、付费内容、广告、漫画、电商等商业化产品服务，并对电竞、虚拟偶像等前沿领域展开战略布局。B 站多个季度蝉联 QuestMobile "Z 世代偏爱 App"和"Z 世代偏爱泛娱乐 App"两项榜单第一位，同时入选"Brand2"报告 2019 最具价值中国品牌 100 强。公司于 2018 年 3 月登陆美国纳斯达克。哔哩哔哩集团的组织架构如图 10-8 所示。

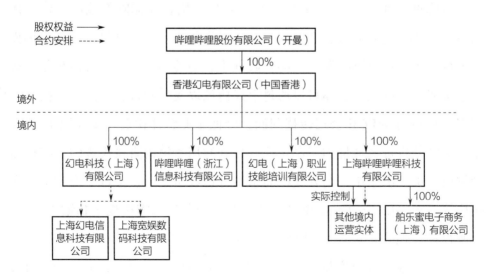

图 10-8　哔哩哔哩的组织架构图

数据来源：根据企查查、天眼查等网络资源整理。

10.3.2 组织架构设计的税收筹划

在图 10-8 中，在香港注册的离岸公司香港幻电有限公司全资控制的境内子公司上海哔哩哔哩科技有限公司、幻电科技（上海）有限公司、哔哩哔哩（浙江）信息科技有限公司和幻电（上海）职业技能培训有限公司均为港澳台法人独资企业，依据《中华人民共和国外商独资企业法》，这四家企业均为外商独资企业，属于 WFOE 公司，而哔哩哔哩股份有限公司以 WFOE 模式对境内运营实体通过股权权益和合约安排的方式进行实际控制。其中，合约安排通常利用《股权质押协议》《业务经营协议》《股权处置协议》《独家咨询和服务协议》《借款协议》《配偶声明》等协议签订，达到对境内经营实体的控制。而上海哔哩哔哩科技有限公司等 WFOE 公司对上海幻电信息科技有限公司也是通过这种 VIE 协议方式进行控制的。由此判断，哔哩哔哩的股权架构属于典型的 VIE 结构。

从降低企业税负角度分析，建立 VIE 架构首先能降低境内经营实体的税负。①目前外商投资企业拥有地区投资优惠、生产性投资优惠、再投资退税优惠，以及预提税方面的税收优惠，与境内其他经营实体相比具有税收优势。境内经营实体可以通过上述协议以支付特许权使用费、技术咨询费等渠道向 WFOE 公司转移利润，降低企业整体税负。②我国于 2018 年起对境外投资者从境内居民企业取得利润用于境内直接投资的，实行递延纳税政策。由于中国与开曼群岛未签订税收协定，仅签订了税收情报交换协议，WFOE 公司若直接向开曼群岛公司分红，需按规定扣缴 10% 预提所得税，但香港离岸公司的设立使得 WFOE 公司的利润汇回香港，依据内地与香港的税收安排，内地仅扣缴 5% 的预提所得税，节省 5% 的预提所得税。同时，香港离岸公司出让股权或股票以及所分得的红利（资本利得）不需要缴纳资本利得税。③哔哩哔哩股份有限公司在开曼群岛设立，开曼群岛本身对企业的利得是不征任何税的。

从降低个人税负层面，香港离岸公司的设立能够规避创始股东的个人所得税。如果红利留在 BVI 公司内就不需要缴纳个人所得税，因此可以达到免除缴纳个人所得税之目的。

10.3.3　利用行业优势进行的税收筹划

哔哩哔哩主要通过上海哔哩哔哩科技有限公司和上海幻电信息科技有限公司两个平台对境内实体企业进行投资。上海哔哩哔哩科技有限公司注册地为上海市杨浦区，注册行业认证为研究和试验发展。我国对于研发费用企业所得税优惠政策是加计扣除 75%，但研发费用的认定标准是非常复杂严格的。上海哔哩哔哩科技有限公司属于研究和试验发展行业，证明其主营业务的研发费用通常是能够符合加计扣除的条件的，从而将该税收优惠政策利用到了极致。

上海幻电信息科技有限公司注册地在中国（上海）自贸区，享受自其注册时间 2013 至 2016 年年限内的营业税、所得税等除社会保险以外的税收免除以及领用发票的园区性税收优惠。同时，由于互联网公司的行业性质，对于人才的需求量非常大，而中国（上海）自贸区通过对试验区内企业以股份或出资比例等股权形式给予企业高端人才和紧缺人才的股权激励个人所得税分期缴纳的税收优惠政策，为上海幻电科技有限公司的人才吸引提供了政策支撑。

上海幻电信息科技有限公司的注册行业认证为软件和信息技术服务业，我国对于软件行业的税收优惠力度很大，享受即征即退的增值税优惠政策。而上海幻电利用自身行业优势也积极认证了高新技术企业，享受企业所得税 15% 的优惠税率。

不仅如此，哔哩哔哩在境内控制的经营实体多认证为小微企业、高新技术企业，所处行业多为软件、信息传输、信息技术、专业技术等主营业务适用 6% 增值税率的服务行业，而这些公司通过发展国家鼓励的动漫、软件等行业享受增值税加计抵减、增值税即征即退、进口料件免征进口环节关税增值税等税收优惠政策。

10.3.4　员工股权信托激励的税收筹划

互联网企业保持竞争力的核心是人才。为了保持行业竞争力，留住研发型人才，互联网企业与传统实体经济企业不同的是支出中研发开支（包含研发人员的股权激励费用）较大。根据 2018 年赴美上市的招股书，哔哩哔哩共实行过两次股权激励计划，第一次是 2014 年的"全球股票奖励计划（GLOBAL SHARE INCENTIVE PLAN）"，第二次是 2018 年赴美上市之际的"2018 共享激励计划（2018 SHARE INCENTIVE PLAN）"。

在 VIE 架构之下，常见的上市公司员工持股计划分为三种：员工直接持股、创始人代持和平台持股。哔哩哔哩与方舟信托（香港）有限公司［ARKTrust（HongKong）Limited］合作，设立了员工激励信托机制，也即公司有意让员工通过平台持股的方式享受股权激励计划。平台持股就是公司将一部分股权转让给受托人，并签订信托协议，约定各方权益。在这类信托中，公司是委托人，员工是受益人，员工只享有股票的收益权、分红权，但实际上并没有股票的所有权，所有权掌握在信托平台上，继而也没有投票权，不能对公司经营决策产生影响，所以员工激励信托机制能够保留公司创始人和董事对公司的控制和管理的权力,这也是公司希望员工平台持股的主要原因。

从税收筹划角度分析,由于股票的所有权并未转移,割断了员工和股票在法律上的联系,因此也就不产生员工缴纳个人所得税的问题。员工股权激励信托的存续时间一般为6~10年,相比家族海外信托而言,其存续期限较短,因此其信托平台多选择在香港,哔哩哔哩就是如此。从税收监管层面而言,在香港设立的信托不用缴纳资本利得税;其向香港境内或境外的受益人分配香港境内或境外取得的收益时,也不用在香港缴纳股息预提税。

员工股权信托激励也同样存在较大的税收风险。在海外信托给员工分红时,虽然境外并无法律规定要进行代扣代缴个人所得税,但是作为上市公司信息披露更为畅通,而且受到更多的监管和关注,国内税务部门如果了解到员工分红未缴纳个人所得税,不排除追责到上市公司的可能,从而给上市公司引来不必要的麻烦。

表10-10 截至2020年12月31日哔哩哔哩三年度经营开支比较

(除百分比外,单位均为千元)

	2018年		2019年		2020年		
	人民币	%	人民币	%	人民币	美元	%
经营开支							
销售及营销开支	585 758	37.0%	1 198 516	44.6%	3 492 091	535 186	58.4%
一般及行政开支	461 165	29.1%	592 497	22.1%	976 082	149 592	16.3%
研发开支	537 488	33.9%	894 411	33.3%	1 512 966	231 872	25.3%
经营开支总额	1 584 411	100%	2 685 424	100%	5 981 139	916 650	100%

数据来源:哔哩哔哩2021招股书。

如表10-10所示,根据哔哩哔哩2021招股书,销售及营销开支在经营开支中的占比从 2018 年的 37%、2019 年的 44.6% 到 2020 年的 58.4% 一路走高，后续说明中提到销售及营销开支包含销售和营销员工的股权激励费用，而同样包含研发人员的股权激励项目的研发开支也逐年升高，且哔哩哔哩在招股书中说明研发开支的增长主要是因为研发人员股权激励，加强了哔哩哔哩存在利用股权信托激励进行税收筹划的猜想。

10.3.5 日常经营活动中的税收筹划

互联网企业经营活动往往需要投入大量研发经费，而国家为了鼓励科技发展，允许企业研发费用加计 75% 扣除。哔哩哔哩的两个投资平台及其控制的境内多家经营实体企业均为高新技术企业，且哔哩哔哩显示其主营业务收入为游戏开发，而游戏开发往往需要投入大量的研发费用，当符合国家特定标准后，企业就可以享受加计扣除的税收优惠政策。

不仅如此，由于哔哩哔哩将研发人员的股权激励开支列入研发支出，企业可能会通过将工资转化为股权信托激励的形式来达到税收筹划的目的，其中包括将研发人员的工资转化为研发人员的股权激励。根据财政部、国家税务总局联合发布的《科学技术部关于完善研究开发费用税前加计扣除政策的通知》，允许作为研发费用扣除的研发人员的工资薪金是指直接从事研发活动人员的工资、薪金、奖金、津贴、补贴，由此判断可以加计扣除的研发费用不能擅自扩大范围，很多研发人员的工资是不能作为加计扣除的研发工资的，因此转化为股权信托激励可以达到税收筹划的目的。在哔哩哔哩的股权激励费用分配去向中，分配给研发人员的股权激励是除分配给高层管理人员外最多的，2020 年甚至达到了 385 898 万元，即利用股权信托激励也是一种有效的节税方案。截至 2020 年 12 月 31 日年度哔哩哔哩股权激励费用分配如表 10-11 所示。

表 10-11 截至 2020 年 12 月 31 日年度哔哩哔哩股权激励费用分配

(千元)

	2018 年 人民币	2019 年 人民币	2020 年 人民币	2020 年 美元
营业成本	28 173	23 281	37 087	5 684
销售及营销开支	11 499	14 269	40 808	6 254
一般及行政开支	102 544	68 497	181 753	27 855
研发开支	38 977	66 503	126 250	19 349
总计	181 193	172 550	385 898	59 142

数据来源：哔哩哔哩 2021 招股书。

10.3.6 其他性质的税收筹划

认证为 A 级纳税人实际上也属于税收筹划，因为税收筹划的定义就是通过事前规划使得税收利益最大化，认证为 A 级纳税人可以被认为是无风险税收筹划。认证 A 级纳税人可以按需领取普通发票，一般纳税人可以单次领取 3 个月的增值税发票用量，需要调整增值税发票用量时可即时办理。3A 纳税人还能享受办税服务绿色通道。哔哩哔哩的两个主要投资平台上海哔哩哔哩科技有限公司和上海幻电信息科技有限公司于 2019 和 2020 年均被评为 A 级纳税人，这意味着这两个公司均能够享受 A 级纳税人的税收待遇，减少了办税成本。

10.3.7 结论和税收筹划建议

当前互联网企业的税收筹划方式与传统企业的税收筹划方式依然是相似的，即主要是通过合法节税、合理避税和税负转嫁三个途径，但因其运营方式呈现的税收筹划特点有所不同，如国家给互联网企业的税收优惠政策更多,可利用的税收筹划空间更大;在研发费用上的税收筹划空间大;组织架构更为精巧,易于避税等。面对比一般企业更大的税收筹划空间,互联网企业应当树立长久的战略观和高度的社会责任感,密切关注市场趋势并结合自身发展战略,合理合法地制订税收筹划方案。同时,也应当树立整体意识,不要为了节税顾此失彼,应当追求税后利润最大化。

10.4 微软公司税收筹划案例

10.4.1 背景介绍

微软公司(Microsoft Corporation)是一家美国的大型跨国科技企业,主要从事电脑软件的研发、制造、授权和提供广泛的相关服务,是全球最大的电脑软件供应商。微软公司最为大众所广泛认知的产品就是 Windows 操作系统和 Office 系列软件。本案例涉及同一集团的三个纳税人:微软公司(MS)、微软区域销售公司(MRSC)、Gracemac 公司(GC)。

MS 公司是微软集团的主要开发者,也是相关知识产权的所有人和销售人。1998 年前,MS 直接与多家印度分销商签订协议,销售"包装"或者"现成"软件,然后再由印度经销商销售给最终用户。但是,从 1999 年起,MS 改变了其销售模式,直接由 MRSC 在新加坡的分公司将上述软件产品销售给印度经销商。具体交易链(从 MS 公司到印度经销商或最终用户)如下图 10-9 所示。

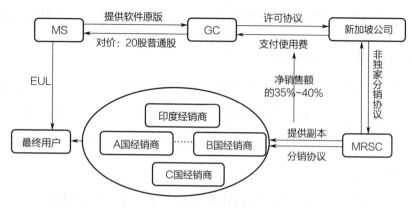

图 10-9 微软公司的交易链

1. MS 公司和 GC 公司

1999 年 1 月 1 日，MS 与其全资附属公司 GC 签订协议，授予其在零售地区复制和分发各种微软软件产品的权利。根据上述协议，MS 公司仍然拥有微软产品的知识产权，但是为 GC 公司提供软件原件。该许可证的对价为 20 股 GC 的普通股，面值为 0.01 美元。

2. GC 公司与新加坡公司

GC 公司与新加坡微软运营私人有限公司（以下简称"新加坡公司"）签订了许可协议。根据该许可协议，新加坡公司获得了在新加坡复制微软软件并将其分销给零售商和某些终端用户的非排他性许可。作为对价，新加坡公司同意向纳税人 GC 公司支付专利使用费，金额为从 MRSC 公司收到的净销售收入的 35%~40%。

3. 新加坡公司与 MRSC 公司

新加坡公司根据一项非独家分销协议，委任纳税人 MRSC 公司为销售微软软件副本的分销商。作为最后一步，MRSC 公司与包括印度在内的多个国家的分销商签订了协议，分销商有权在其各自的国家发行软件的复制品。

4. MS 公司和最终用户

微软软件的副本由 MRSC 公司交付给新加坡的经销商。经销商将产品分销给印度的经销商，后者再将产品销售给最终用户。MS 公司作为微软软件产品的知识产权所有人，与最终用户签订了"最终用户许可协议"（以下简称"EULA"）。

微软的软件通过两种替代模式在印度发行：FPP 和 VPP。在 FPP 的情况下，新加坡公司通过将软件嵌入媒体（例如光盘）来生产软件程序的副本，并将其提供给 MRSC 公司，从而在印度发行。在 VPP 的情况下，最终用户被提供了一套含软件的媒体，并被允许制作特定数量的副本供内部使用。向最终用户收取的费用是根据允许复制的份数来计算的。

10.4.2 争议焦点

本案例争议的焦点在于，纳税人公司向印度经销商销售"现成"或"包装"的微软软件是否相当于在印度应纳税的"特许权使用费"。

1. MS 公司

纳税人 MS 公司在其 1996/1997 纳税年度在印度的应纳税收入申报表中，未提出对其向印度分销商销售软件产品的收入征税。MS 公司认为，其未在印度设立任何分支机构或者以业务辅助形式存在的固定机构场所，其通过印度分销商在印度销售压缩包装软件属于销售软件产品，该交易并没有涉及软件版权。然而，根据印度《所得税法案》第一条第六款和印美协定第 12 条，转让全部或任何权利（包括许可）的任何版权，文学、艺术、科学作品包括用于连接电视电影、录像带、录音、无线电广播等取得的收入均应作为特许权使用费纳税。税务当局认为微软软件产品是原始发明，计算机程序是一套指令，旨在向最终用户提供一定的结果，应将纳税人公司 MS 从印度经销商处收到的款项作为特许权使用费征税。

2. MRSC 公司

纳税人 MRSC 公司，从 1999/2000 到 2001/2002 纳税年度，均未在印度就其从印度经销商获得的收入纳税。然而，税务当局将纳税人 MRSC 公司从印度经销商那里获得的全部收入作为特许权使用费征税。

3. GC 公司

至于纳税人 GC 公司，从 1999/2000 到 2004/2005 纳税年度，税务机关以 MRSC 公司从印度经销商取得的净销售收入的 35%~40% 作为其收入，相当于对 GC 公司取得的特许权使用费予以征税。但是，在一审过程中，CIT（A）以纳税人公司 MRSC 和新加坡公司的表象虚假为由，将应税收入提高到上述净销售收入的 100%。将各方的争议焦点总结为表 10-12。

表 10-12　各方的争议焦点分析

争议点	纳税人 MS	纳税人 MRSC	纳税人 GC	印度税务机关
纳税年度	1996/1997	1999/2000-2001/2002	1999/2000-2004/2005	
所得类型	销售收入	销售收入		特许权使用费
法律依据	India-USA Tax Treaty, 1989	India-USA Tax Treaty, 1989		Income Tax Act, 1961
应税收入			35%~40% MRSC 从印度经销商取得的净销售收入	100% MRSC 从印度经销商取得的净销售收入

10.4.3 判决结果

由于三个纳税人的上诉涉及共同的问题，因此应纳税企业和税务当局的要求，印度法院共同听取了各方陈述和事实调查，并宣布了联合命令，最终支持了印度税务机关的观点，驳回了三个纳税企业的上诉。

根据法院判决，纳税企业从印度经销商处取得的所得属于特许权使用费，MC 及 MRSC 公司均应当在印度就其从印度经销商取得的收入申报缴纳预提所得税。

10.4.4 税收筹划思考

虽然本次判定结果需要微软公司向印度税务机关缴纳税款，但是其纳税方案还是有参考借鉴意义的。其主要采取的筹划方法就是利用了拆分方法，将企业成本、财产、所得在多个纳税主体之间分摊，实现利润的转移，规避国际税收。微软公司通过设立全资附属公司、私人有限公司等，同时在爱尔兰等地区设立海外运营机构，利用成本分摊协议减少了知识产权等无形资产在美国国内的应纳税额。另一筹划要点就是通过利用税收洼地，将微软总部主要研发的软件版权及其相关收益转移到低税地区的子公司。

同时，对于计算机软件等电子产品，现阶段的税法体系对其定义及其所得的界定规则仍存在着制度缺陷。因此，这样的现状也给纳税人带来了一定的筹划空间。

在大数据背景下，无形资产的高流动性、税收制度的时滞性等均可以促进企业纳税筹划方案的升级与完善。

10.5 滴滴出行平台快车业务税收筹划案例

10.5.1 滴滴出行快车业务的运作机制

滴滴出行快车业务的运营模式（如图10-10所示）包含三部分主体，即滴滴出行平台、乘客、车主。其中，滴滴出行平台主要负责运用互联网、大数据技术，为乘客和车主整合匹配供需信息，确保乘车业务的顺利开展。其业务流程也并不复杂。首先，乘客和车主都需要在滴滴出行App上注册并填写相关信息，填写完毕后才可以使用平台。业务开始前，需要乘客在滴滴出行App上输入出发地和目的地并下单，滴滴出行系统运用大数据技术自动匹配距离乘客较近的空车车主，并将信息发送给相应的车主。车主在接收到信息后确认接单，并开车到乘客的出发地接送乘客前往目的地。将乘客送达目的地后，车主在平台上确认完成订单，再由乘客向滴滴出行平台支付乘车费用。平台扣除一定的佣金后，将车费打到车主账户，车主可以在特定时间内提取。

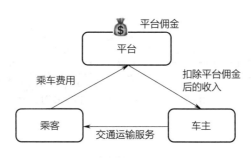

图10-10 网约车业务的运营模式

下面从四流合一的视角分析滴滴出行平台的运行模式。在合同流方面，平台与车主并不签订劳动合同，平台不能限制车主的工作时间、是否接单等，两者构成合作契约，属于合作关系。在货物和服务流方面，车主在确认订单之后向乘客提供交通运输服务。在资金流方面,资金不是直接从乘客流向车主,而是从乘客流向第三方支付平台,再流向滴滴出行平台,平台扣除一定比例的佣金和代扣代缴个人所得税后,再流向车主。滴滴出行平台的佣金分为两部分:第一部分为固定佣金,即信息费 0.5 元/单;第二部分为可变佣金,随着订单收入的变化而变化,即里程费、市场费、远途费、夜间费总和的 20%,其计算基础中不包括高速费、路桥费、停车费和其他费用。⊖ 在票据流方面,票据不是由车主直接向乘客开具,而是由滴滴出行平台开具给乘客。由此可见,滴滴出行平台在该业务中承担着中介的作用,并从中获取一定比例的佣金收益。

10.5.2 滴滴出行快车业务的涉税情况分析

滴滴出行快车业务的主要涉税环节(如图 10-11 所示)包括收取乘客打车费用时缴纳增值税及附加税费、获取一定比例的平台佣金时缴纳企业所得税以及向车主支付收入时代征个人所得税。

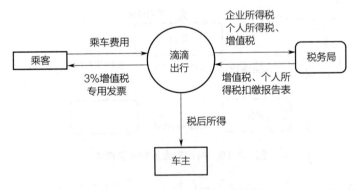

图 10-11 滴滴出行的涉税流程

⊖ 佣金计算方法参考:吕能芳.O2O 模式下网约车业务之财税处理 [J]. 财会月刊,2017 (25):56-60.

1. 增值税

根据财税〔2016〕年36号文规定,提供公共交通运输服务可以选择简易计税法,税率为3%。其中,出租车运输服务属于公共交通运输服务的范围,而有关政策规定网约车的性质视同出租车○,因此滴滴出行快车业务收入也可以按3%的简易计税法缴纳增值税。在实践中,滴滴出行于2016年5月开始申请了按简易计税法征收增值税,其税基为所有的乘车费用,即发生一笔100元打车业务时,滴滴出行需要缴纳2.91元 [100×3%/(1+3%)] 的增值税。

2. 企业所得税

滴滴全球有限责任公司建立在开曼群岛,并使用了VIE架构,以达到上市和规避税收的目的○。在境内,滴滴出行App的运营收益归于小桔科技,小桔科技是高新技术企业,适用15%的优惠税率。滴滴出行的快车业务的应税所得按照平台佣金收入减去营业成本、相关费用及税金来计算,其中,营业成本、相关费用包括技术研发费用、员工工资薪金、租赁房屋支出以及广告费支出等,可扣除的税金包括代征车主个人所得税的税金、代扣代缴员工个人所得税以及其他可扣除的税金。

3. 个人所得税

私家车车主与平台之间不是劳动雇佣关系,因此平台无须将车主视为员工代扣代缴个人所得税。按照我国个人所得税法规定,私家车车主应该被视为个体工商户,其载客所得按照"生产经营所得"征收个人所得税。

○ 依据为交通运输部、工信部等联合发布的《网络预约出租汽车经营服务管理暂行办法》。

○ 资料来源于:人民网 http://it.people.com.cn/n1/2016/0808/c1009-28618238.html。

但是在现实生活中，私家车车主群体较为零散，难以统一管理，采用的是委托代征的形式，即税务局委托滴滴出行平台代征车主载客收入的个人所得税。私家车车主在缴纳所得税时难以核定其可扣除的生产成本，因此采用的是核定征收的方式⊖，即应纳税所得税额为车主的载客收入乘以核定税率。

10.5.3 滴滴出行快车业务的税收筹划方法及效果分析

1. 搭建 VIE 架构

滴滴集团搭建了一个 VIE 架构（如图 10-12 所示），其主要目的是上市，但其中也不乏存在着避税的可能。小桔快智是滴滴集团未来的境外上市主体，也是顶层控股公司，其实际控制人是程维、王刚等滴滴集团

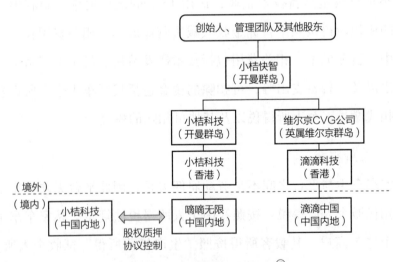

图 10-12 滴滴集团的 VIE 架构⊜

⊖ 参见《国家税务总局天津市税务局 关于调整客运出租汽车纳税人个人所得税有关事项的公告》。

⊜ 信息来源：人民网 http://it.people.com.cn/n1/2016/0808/c1009-28618238.html。

的早期投资人。小桔快智下设壳公司，分别是位于开曼群岛的小桔科技（开曼群岛）和位于英属维尔京群岛的维尔京 CVG 公司。小桔科技（开曼群岛）下设子公司小桔科技（香港），再由小桔科技（香港）下设外商独资企业嘀嘀无限。嘀嘀无限拥有滴滴集团的专利资产和著作权，而小桔科技是滴滴集团境内运营商的总控制企业，获取滴滴出行 App 的运营收益。小桔科技通过与嘀嘀无限签订协议，得到嘀嘀无限的资金支持和专利授权。嘀嘀无限因此获得小桔科技的股权质押，实施对其的控制。

滴滴集团利用该架构将利润转移到海外，降低国内税负。小桔科技作为运营实体通过向嘀嘀无限支付特许权使用费、技术转让费等手段可以实现利润转移，降低小桔科技的企业所得税税负。嘀嘀无限将利润从内地汇到香港时，可以享受内地和香港的双边国际税收协定 5% 的优惠预提税率。香港是适用来源地原则的税收管辖区，由于该笔利润不属于来源于香港的所得，不在香港征收企业所得税。最终，利润汇集到小桔快智离岸公司，而小桔快智位于开曼群岛，适用很低的所得税税率，由此实现了避税的目的。不仅如此，实际控制人在未来出让股权及其红利时，所获得的资本利得在开曼群岛也承担很低的所得税，降低了滴滴集团的总体税收负担。

2. 运用灵活用工模式

目前，大部分的互联网公司（例如美团、华为、京东等）都采用了类似于滴滴出行的灵活用工模式。灵活用工模式是指平台与劳动供应者之间不采用传统的劳动雇佣关系，而是采用商务合作关系。劳动者被认定为是个体工商户，与平台达成合作契约，自负盈亏。滴滴出行快车业务就是采用这一模式，滴滴平台与私家车车主达成合作关系，平台负责提供信息匹配服务，并从司机的载客收入中抽取佣金。滴滴出行与私家车车主不签订劳动合同，不为其缴纳社保，也不代扣代缴个人所得税，而是采用代征的方式收取个人所得税。相比传统的代扣代缴，委托代征不存在个人所得税税负转嫁问题。而且，在不签订劳动合同的情况下，企业就无须为劳动者缴纳五险一金，可以为平台节省很大的成本。另外，平台在计算缴纳企业所得税时，可以申请主管税务机关开具其委托代征的个人所得税发票，以发票为凭据在企业所得税税前列支，降低企业的所得税负担。

假设一名私家车车主一个月赚取的载客收入为 10 000 元，平台抽取佣金后支付给车主的载客收入约为 8 000 元（10 000-10 000×20%）。在灵活用工模式下，滴滴出行平台需要代征个人所得税，采用核定征收的办法，其核定征收率约为 0.6%，即税额为 48 元（8 000×0.06%），该笔税收完全由车主负担，且难以完成转嫁。因此，在灵活用工模式下，滴滴出行平台在车主的个人所得税方面基本不存在税收负担。

在传统劳动用工模式下，假设司机的月薪为 8 000 元（与前一模式相同，以保证可比性），滴滴出行平台需要代扣代缴个人所得税，适用综合所得七级超额累进税率，税额为 90 元 [（8 000-5 000）×3%]，该笔税收可以通过税负转嫁转移给滴滴平台。同时，滴滴平台需要为司机缴纳五险一金，按照北京市五险一金比率⊖计算，单位负担部分为 3 584 元。因此，在传统劳务雇佣关系下，滴滴出行平台需要为每一位车主多支付约 3 674 元的成本。

2021 年，滴滴公司递交的招股书显示，在中国约有 1 300 万名司机用户，其数量十分庞大，采用灵活用工模式极大地缩减了其用工成本。

⊖ 参照北京市五险一金最低缴纳标准，单位负担部分：养老保险 20%，失业保险 1%，工伤保险 1%，生育保险 0.8%，医疗保险 10%，住房公积金 12%。

3. 合理利用税收洼地

滴滴出行科技有限公司总部设置在天津经济技术开发区，过去该开发区享有税收优惠，开发区内的企业可以按照 15% 的税率缴纳企业所得税，且可以按不高于 40% 的比例缩短固定资产的折旧年限和无形资产的摊销年限[○]。但自 2011 年起，该税收优惠文件废止，条款不再适用。遵循这个税收筹划的思路，滴滴集团可以选择在税收洼地设立公司或子公司，利用线上乘车收入难以与业务发生地挂钩这一特殊性质，将利润聚集在税收洼地。税收洼地可以选择在特殊的经济园区，例如海南自贸港、苏州工业园区等。海南自贸港对于鼓励类产业的企业，适用 15% 的企业所得税税率，对于不超过 500 万元的固定资产、无形资产在计算应纳税所得额时可以一次性扣除，对于高新技术企业的直接境外投资免征企业所得税[○]。积极利用我国的特殊地区或园区的税收优惠政策，可以为企业节省部分税收。

10.5.4 滴滴出行快车业务的税收筹划风险分析

1. VIE 架构的税收风险

2019 年，开曼群岛颁布了《经济实质法案》，对于在开曼群岛设立的企业都要进行经济实质测试，不满足测试要求的企业将会面临罚款，严重的会被要求强制注销。滴滴集团在开曼群岛设立了离岸企业和中间控股企业，要特别注意这一法案的规定，关注《经济实质法案》带来的税务风险。

滴滴集团的税务风险点还在于境外企业可能会被认定为境内居民企

○ 《财政部 国家税务总局 关于支持天津滨海新区开发开放有关企业所得税优惠政策的通知》。

○ 《财政部 税务总局 关于海南自由贸易港企业所得税优惠政策的通知》。

业。我国居民企业的判定依据是注册地原则和实际管理机构原则,虽然滴滴集团的境外企业满足了注册地的要求,但同时也要注意实际管理机构要符合我国国内税法规定,关注境外企业的经营活动决策所在地、财务账簿所在地、管理人员所在地等可能会被判定为实际管理机构的因素。滴滴集团境外企业若被判定为实际管理机构位于境内,则构成我国居民企业,要对来源于全球的所得征收企业所得税。

嘀嘀无限向小桔科技(香港)支付股息缴纳预提税时存在税务风险,按照规定可以适用内地和香港的双边国际税收协定5%的预提税优惠,但同时我国税务机关也会判断股息的受益所有人是否为香港的居民企业。小桔科技(香港)作为中间控股企业,存在被穿透的风险,若判定受益所有人是位于开曼群岛的小桔快智,那么5%的预提税率就不再适用,而是适用10%的预提税率。

当实际控制人转让小桔快智的股权时,存在间接股权转让的税务风险。若境外股权转让行为不具有商业实质,被判定为具有避税目的,那么转让方就来源于中国境内的所得具有缴纳企业所得税的义务,并且由受让方代扣代缴。这就不利于运用该架构进行股权转让,且会给滴滴集团带来税务风险。

2. 委托代征的税收风险

大部分互联网企业灵活用工采用的都是委托代征个人所得税的形式,但该形式需要企业与税务局事前达成委托代征协议。2021年10月,天津市税务局明确表示滴滴出行并未与其主管税务机关建立过委托代征关系[《国家税务总局天津市税务局对市人大十七届五次会议第0406号建议的答复》],这说明滴滴平台不具备委托代征的资质,这就给滴滴出行带来了税务风险。

即使有了委托代征资质,平台还存在着无法获得相应的凭证进行企业所得税税前列支的风险。企业代征税款交给税务局后，就能获得税务局开具的个人所得税缴纳凭证，可以用于企业所得税费用列支。但由于企业在实操过程中可能会出现财务制度不完善、工作失误等，导致税款金额错误，进而引发税企争议，无法获得凭证。这就给企业带来了不必要的法律纠纷和税务风险。

3. 利用税收洼地的风险

利用税收洼地的优惠政策，面临的最大风险就是政策的不稳定性。当政策变动时，税收优惠随之取消，企业就无法享受原有的税收优惠，但又负担了税收筹划的成本，从而造成企业负担加重。滴滴集团将利润归集于税收洼地时，要注意位于税收洼地的企业要有经济实质，包括实际的办公地址、办公人员、财务会计核算等。若税收洼地企业没有与之相符的经济实质，就容易受到税务机关的稽查。范冰冰工作室利用阴阳合同将利润转移至霍尔果斯、网红雪梨林珊珊偷逃税被罚等，这些案件都是个人不当地利用税收洼地进行税收筹划而受到了处罚，由此可见利用税收洼地进行避税存在一定的风险。

10.5.5 税收筹划结论与启示

通过对滴滴出行快车业务税收筹划案例的分析，可以得出普遍适用于网约车平台税收筹划的方法。网约车平台仅作为信息供需匹配的主体，不负责提供交通运输服务，其收入构成主要是平台佣金收入。首先，基于平台经营的特殊性，可以适用 VIE 架构进行企业架构的搭建，将利润转移到低税的国家或地区。其次，平台与劳动者达成合作关系，而非劳动雇佣关系，可以减少企业的税收和五险一金的支出，降低企业经营成本。最后，可以将企业总部或子公司设置于税收洼地，降低企业所得税税率以及获得加速折旧或摊销的税收优惠。采取以上三种税收筹划方法的同时，要注意防范税务风险。平台企业应该时刻关注税收政策的变化，确保企业具有与账面相对应的商业实质，加强与税务主管机关的沟通，多方面防范税收风险。

10.6 新型社交电商一体化平台
——小红书税收筹划案例

10.6.1 小红书经营业务现状概述

随着电商经济的发展，一大批以互联网为基础平台的社交软件开始融合电商特性，从社群应用转向电商平台。小红书作为其中的典型代表，经历了从最初的社群交流模式逐渐演变发展为如今的由电商、社群、分享、大数据集于一体的新型社交电商一体化平台，实现了商业模式的成功融合。而在不断融合、多样的商业模式下，这类平台也融合了越来越多样化的交易模式，众多的交易模式带来了新的征税路径。因此，这里将以小红书为例，对这一平台的相关税收筹划方式进行分析论证。

小红书的成功模式是可以被复刻的，它的成功不是个例，而是众多新型电商平台的一个缩影。对于一个企业的经营来说，税收问题是十分重要的。站在企业的角度，对其进行合理合规的税收筹划是企业应当拥有的合法权利。在法律允许的范围内尽量地降低企业税负，减少不必要的损失，保存企业的资金流量和实力对企业运营是十分重要的。因此，对小红书这一代表企业进行税收筹划分析，希望能以此带给其他同类型的企业以及电商创新平台有价值的启发，共同维护和发展良好、健康、有序的税收环境，为企业创造安稳、有保障的营商条件。

1. MCN 机构运作模式简介

在介绍小红书平台的运营模式时，一定无法绕过 MCN 机构这一关键角色。MCN 全称是 Multi-Channel Network，直译为"多频道网络"，是一个舶来词汇，也可以通俗地将其理解为"合作计划"。

它的前身可以追溯到 UGC 用户原创内容、PGC 专业创作内容和 OGC 职业创作内容。简单来说，UGC 是用户展示自己的原创内容，例如微博上的原创内容分享、知乎问答中的回答和专栏文章；PGC 是具有一定相关专业能力的用户创造的内容，比如求职、考证经验分享或者游戏、服装、美食测评等；OGC 是职业媒体工作者创作的内容，典型的代表是新闻媒体网站、新闻客户端、电子报刊等。

这三种类型的职能可以是分立的相互独立的个体，也可以集其中几者为一体产生职能交叉。例如，运营微信公众号，就是 UGC 与 PGC 的结合体，既可以称之为原创内容又可以称之为专业创作内容。而 MCN 机构则类似一个中介公司，在上游对接寻找优质内容、在下游对接寻找流量推广平台，得以实现变现。其大致业务模式如图 10-13 所示。

以 YouTube 为例，国外早期的 MCN 机构以经纪人模式为主，与视频红人签约，职能仅仅局限于帮助其进行流量变现。而国内的 MCN 机构是在经纪模式的基础之上，更全面地为视频红人、网络达人持续生产内容提供专业化的帮助，让视频红人更专注于内容创作，由 MCN 机构帮助他们营销、包装、推广和变现，在流量增长速度、内容成本、内容数量和内容质量方面都有所保障。

322 数字时代的税收筹划实战

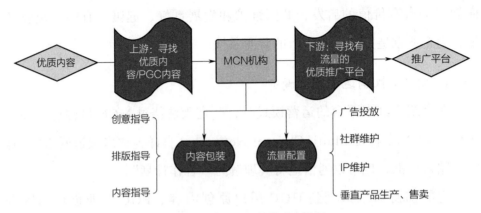

图 10-13 MCN 机构的业务流程

排名靠前的头部 PGC 创作者因为其内容的逻辑性和营销手段的创新性，更加容易吸粉，从而在流量经济市场中占有一定的领先地位，比如 Papi 酱，而她随着自身的发展和定位逐渐清晰，也衍生出了 PapiTube 作为 MCN 机构来孵化更多市场中的个人内容创作者。即使头部内容创作者占有了更多的粉丝流量，但从用户角度出发，粉丝们对于视频内容的供给有很大的包容性，并且其效用可以重叠，简单来说就是一个粉丝可以同时关注数个内容创作者。在这一条件下，市场上成千上万的个人内容创作者急需优秀、专业的 MCN 机构来提供帮助。

2. 小红书业务板块分析

小红书的盈利来源主要由四个部分组成——种草带货、会员体系、电商直播以及广告收入，其本质实际上是 MCN 机构和推广平台的职能结合体。一方面，小红书作为一个拥有巨大用户受众面的优质推广平台，可以接受品牌的广告投放并以博主个人的笔记或直播形式展现出来；另一方面，小红书作为 MCN 机构，对需要指导帮助的主播设置了全套的创作、营销、包装学习课程，甚至为已经拥有稳定粉丝的博主开通了授学通道，作为又一"知识变现"的渠道。

目前小红书的业务板块主要由以下几个部分构成——主播中心、创作学院、个人店铺、商业合作、品牌合作以及小红书商城。其中主播中心以及创作学院是小红书平台的教学模块；个人店铺、商业合作和品牌合作是博主的个人笔记推广模块；小红书商城则是在推广模式基础上的电商平台，如图10-14所示。

(1) 主播中心、创作学院的教学服务

主播中心主要是针对直播活动设置的板块，其中的主播学院中有基础攻略、带货攻略以及专栏攻略三个方面的内容，从基础的直播板块操作流程开始讲起，到带货的选品、预热、直播节奏规划和营销策略，层层递进。除了小红书平台自身的教学内容，在主播中心还推出了"知识变现功能"和"知识合伙人计划"，分别通过直播课、视频课、1v1咨询以及专栏课程的形式，让入驻小红书的站内博主成为教学主体，总结分享自己的经验，通过付费将知识变现。

创作学院是针对直播板块之外的静态笔记和动态视频等内容而设置的教学板块，分别从选题取材、拍摄剪辑、粉丝运营以及商业变现四个方面以短视频形式上传了官方课程，免费供博主参考学习。

(2) 入驻个人用户直播带货

当作者开通权限成为主播后，就可以在小红书的选品中心内挑选自己喜欢并且希望介绍给大家的商品，在自己的直播间里推荐给观看用户，当用户从直播间里下单购买对应商品之后，主播也将获得相应的收益。而直播电商平台的开放也为主播与粉丝创造了一个实时互动、沟通的桥梁，让大家能够更加全面、真实地了解一款商品。主播通过开通自己的好物推荐

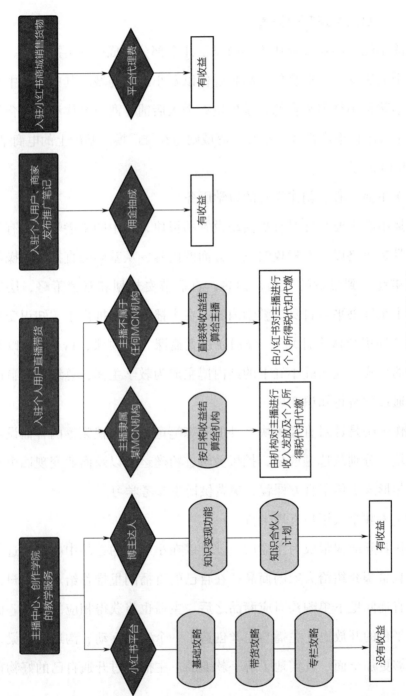

图 10-14 小红书业务板块分析

权限,可以在带货的界面进入直播推荐选品中心。这个选品中心就相当于主播的一个小商城,它为小红书平台的主播们提供了可以进行选择的众多商品,比如护肤、彩妆、母婴、家电、美食等各个品类的商品,添加选品后就可以上架商品到直播间。

而关于主播带货的直播收益,当一场直播结束后,如果用户进入商品详情页面后,在 24 小时内完成下单或者在 24 小时内加入购物车并且在 7 日内完成下单,都会被纳入主播的收益当中。收益的提取方面也分为两种情况,对个人主播而言,小红书会将主播获得的相应收益结算至主播个人的小红书平台内;对于 MCN 机构主播而言,小红书会按月将收益结算给机构,再由合作机构进行主播个人的收入发放。

(3)入驻个人用户发布推广笔记

个人用户在发布笔记积累一定粉丝数量之后,可以与涉猎领域、类型相同的品牌方进行合作。如果是对有实体形式的产品(比如彩妆、服饰搭配、数码产品、网购食物等)进行测评分享,则一般是由品牌方邮寄产品至博主处,博主进行测评后发布文字或视频形式的笔记;如果是无实体形式的服务类产品(比如餐厅、游乐场、美容院、旅游景区等),可能会以邀请券、打折券等形式请博主进行实地测评。无论是以哪种形式对哪些类型的产品进行分享,小红书都会根据笔记的浏览量、点赞量和收藏量进行评估并发放激励。另外,有实体产品的笔记一般会在笔记下方附有对应的商品链接,根据用户的加购量对博主进行佣金抽成。

(4)入驻商家发布推广笔记

除了个人博主和品牌方合作可以发布推广笔记外,品牌方自身也可以入驻小红书成为官方号,并以笔记形式进行商品和新品的推广。这种方式一般适用于一些已经具有一定粉丝基础、知名度较高的品牌，因为在入驻前已经形成了商品使用群体，入驻小红书进行笔记推广给其带来的广告边际效用较小，更多的作用在于维护已有粉丝、拉近距离、增加新产品曝光的时间。而对于小众、新生品牌来说，在产品质量有保障的基础上，更需要具有一定粉丝的"外部"人员，也就是个人博主对其进行测评和推广，这样会更具有真实性和说服力。这时，入驻小红书进行笔记推广的形式对他们来说反而不是最好的选择。

（5）入驻小红书商城销售货物

小红书从2013年在上海以社区论坛形式初现雏形后，其飞速成长的最大转折点就在于打磨一年后正式上线的电商业务，完成了从社区到"社区+电商"模式的转变升级。实际上，这正是小红书创始人毛文超和瞿芳创立小红书的初衷——构建海外购物电商社区。如今规模业务已经基本成熟的小红书，在App内设置了商城板块，商家、品牌入住商城后，可以直接通过店铺售卖商品，此外，小红书还设有自己的官方店铺"福利社"，形成多品牌、多类型商品官方自营店。

10.6.2 小红书业务税收分析及税收筹划

1. 入驻博主直播带货的个人所得税分析

通常来说，MCN机构和博主红人之间的分成有两种模式——主动寻找MCN机构申请合作或者等待MCN机构联系签约。第一种情况一般是具有一定才华或特长的素人博主，在没有流量、包装的情况下，个人力量有限而主动寻求专业的MCN机构合作，借助资本力量和专业扶持，以加快成名速度和流量变现速度。在这种合作模式下，主播一般有基本的底薪保障，在此基础上有一定比例的广告分成和绩效提成，但是所有的广告合作都由机构中的专门人员负责管理和洽谈，个人不能自己接广告合作。第二种情况一般适用于个人博主因为某些视频或文字内容而飞速走红后，MCN 机构主动联系签约使之成为旗下艺人，这是一种经纪代理模式的合作。在这种情况下，主播一般没有底薪保障，但是由于其自身已经带有一定的流量，就会比前一种模式有更大的分成比例，也有更大的自由度去掌握广告合作的选择。

（1）博主隶属于某一 MCN 公司

在小红书上进行直播带货的博主如果隶属于某一 MCN 公司，对于 MCN 公司一方来说，将收到所带货物商家的利润抽成，作为公司经营收入。

而对于小红书平台来说，要区分其经营模式——平台模式、电商模式以及广告服务模式。平台模式下，直播营销平台仅仅提供直播技术。电商模式在此基础上还有电商平台的功能，即消费者可以直接在该平台购买货物而无须跳转至其他平台。这两种模式都是按照现代服务中的信息技术服务适用 6% 的税率缴纳增值税。而广告服务模式则是平台仅仅收取商家的广告服务费用，发布广告但并没有商品链接，这类模式是按照现代服务中的广告服务适用 6% 的税率缴纳增值税，同时按规定申报文化事业建设费。显而易见，大多数的直播带货平台都是前两种形式，小红书的直播服务也是如此。

（2）博主不隶属于任何 MCN 公司

当博主不属于任何 MCN 公司，而只是作为个人在小红书平台上直播带货时，平台除了自己电商模式下的信息技术服务收入计缴增值税外，还要根据经济实质考虑是否需要为个人主播的劳务报酬收入进行个人所得税的代扣代缴。或者是由小红书与主播直接签订劳务合同，或者是小红书作为中介为商家和主播提供签订劳务合同的中介服务。不管是哪种形式，主播都是通过或者借助平台与商家取得联系，商家支付给主播佣金，小红书平台从其中获得抽成。

2. 入驻个人博主或商家发布笔记的广告费收入税收分析

在小红书平台上发布笔记本身的收入是微乎其微的，重要的收入来源是持续、定期推送高质量的笔记来维护、稳固粉丝群体，将粉丝和关注度转化为经济效益的能力，形成广告效应圈。有了一定的粉丝基础后，文字或短视频形式的笔记下方可以附上相关商品的链接。但为了维持小红书社区良好的营商环境，平台对可以使用笔记链接的博主设定了粉丝量门槛，并且按粉丝量级次限制了博主每月可以发布带货笔记的篇数。以小红书中知名博主"程十安"为例，在她两个月发布的25条笔记中，只有两条附有商品链接。这一商品链接可以是小红书商城中的链接，也可以是和小红书达成合作的其他平台（如淘宝、京东等）的外部链接。

当用户从链接进入并下单购买后，博主可以得到一定比例的佣金，这些收入将按劳务报酬收入由小红书平台进行税收的代扣代缴。而在2021年8月，笔记商品链接仅仅推出不到半年，小红书就关闭了笔记的好物推荐功能，同时开始严厉打击软广类笔记。负责人称，这一调整的出发点是用户体验，而不是针对外部链接，主要是在工具上进行了调整，在业务实质上并没有太大变化。如此一来，笔记好物推荐的收入将不再存在。

但总体上而言，小红书在主营业务上的定位是作为中介平台进行广告、代理服务，而不是简单地采取传统的受托销售模式。这一区别将大大改变其税负状况，而这一特点是由其产业定位决定的。

3. 入驻商城商家销售货物的平台代理费收入税收分析

小红书的最大业务板块就是"商城",在这里不仅有各种护肤、彩妆品牌入驻,还有海外品牌直营和小红书的官方自营店。

与小红书签署店铺服务协议的入驻商家,将支付给小红书 5% 比例的佣金,协议中另有明确规定的除外;如果商家的商品或服务是通过小红书的好物推荐功能成交的,针对这一部分的收入,小红书收取的佣金比例将降至 3%。对入驻商家来说,其销售货物的收入将按照 13% 的一般税率计缴增值税;而对于小红书平台来说,其收取的佣金按照现代服务中的经纪代理服务适用 6% 的税率缴纳增值税。

在小红书的官方自营店中销售的不同品牌的产品,适用的增值税路径则不同。官方自营店也就是"福利社",一部分业务使用的是 B2C 自营模式,直接与海外的品牌商或大型贸易商对接合作,通过保税仓和海外直邮的方式发货给用户;另一部分业务是采用委托代销的形式,这一部分业务在增值税上要对其进行视同销售的处理。

10.6.3 税收筹划案例总结

2019 年,在一次对小红书创始人瞿芳的媒体采访中,她提到了小红书商业生态的设计理念。在当时,对于抽成佣金的态度是暂不抽成——这并不是小红书最重要的商业模式。小红书期待构造一个更具有长远眼光、以用户体验为出发点的模式,小红书的博主必须具有的鲜明特征是"先利他再利己",要创造有用户价值的内容,在这一基础上才会考虑"商业利己",并逐步进入"利他和利己并存"的阶段。也就是说,小红书的社区内容必须先有用户价值才有商业价值,未来的商业模式一定不是简单地通过抽取佣金获利。这一理念决定了小红书的主要盈利收入将不会只是笔记和直播的带货抽成,它更大的收益点在于用户使用量、用户体验口碑,在未来形成一个全方位、高质量的网络电商社群。

小红书的成功在于将数以万计的人员流量进行整合,通过大数据让商品更快、更加近距离地出现在需求方眼前,同时拉近用户之间的网络距离,加快用户之间的沟通速度,通过测评体验打开商品销售通道,"流量的价值"是小红书最宝贵的财富。2021年8月,小红书推出了全新的"号店一体"制度,包括"0门槛开店""BC直连""月销万元以下商家免收佣金"等策略,降低了专业号的申请门槛,从一定程度上讲,小红书也是一个帮助促进"大众创业、万众创新"的平台。在不断更新升级的成长过程中,小红书也面临着业务的多样化,要合适、合理、合法地安排自己的税收,营造良好的税收、营商环境,才能走得更加长远。

10.7 亚马逊公司跨国税收筹划案例[一]

10.7.1 背景资料

1. 亚马逊公司的基本情况

亚马逊公司于1995年成立于华盛顿州的西雅图,是美国最大的一家网络电子商务公司,也是全球第二大的互联网企业。以图书销售起家的亚马逊,从2001年开始,除了宣传自己是最大的网络零售商外,同时还把"最以客户为中心的公司"确立为努力的目标。为此,亚马逊于2001年大规模推广第三方开放平台、2002年推出网络服务、2005年推出Prime服

[一] 蔡昌.税务教学案例精选[M].北京:中国财政经济出版社,2022.

务、2007 年开始向第三方卖家提供外包物流服务、2010 年推出 KDP 的前身自助数字出版平台，业务领域从电子商务、数字阅读扩展到了云计算、物流、无人机等人工智能和科技界的方方面面。

亚马逊是全球用户数量最多的零售网站。亚马逊全球有 3.04 亿活跃用户，其中 35.4% 的用户来自北美地区、31.8% 的用户来自欧洲地区、24.1% 的用户来自亚太地区。

从全球的布局来说，亚马逊有 14 个全球站点，其中有 11 个国家开通了第三方卖家功能，凭借强大的技术优势和销售网络，各站点吸引了全球大量的卖家和买家。表 10-13 总结了这 14 个站点的平均每日访问量，可见亚马逊平台蕴藏着巨大的商机。

另外，亚马逊全球有 123 个运营中心，可将商品配送至 185 个国家和地区的消费者。亚马逊拥有全球最先进的电商运营系统及物流仓储运营体系，这个系统也可以为卖家所用，被称为"亚马逊物流"，即 FBA。

表 10-13 亚马逊全球 14 个站点的访问量

站点名称	美国	英国	德国	法国	日本	加拿大	意大利	西班牙	荷兰	巴西	墨西哥	印度	中国	澳大利亚
访问量/天	约1亿	约1200万	约1400万	约480万	约2800万	约240万	约500万	约350万	约24万	约29万	约1200万	约880万	约13万	约24万

数据来源：ALEXA.COM。

由图 10-15 可知，卖家先将商品发送至亚马逊运营中心，由亚马逊储存商品；当客户订购商品后，亚马逊对商品进行拣货包装，再快捷地配送至客户手中。

图 10-15 亚马逊物流（FBA）操作流程图

2. 与亚马逊有关的税收争议

作为全球最大的网络零售商，亚马逊除了缔造成众所周知的"网上沃尔玛"，还总是被各大媒体曝出与其相关的一些税收争议。纽约大学斯登商学院市场营销学教授斯科特·加洛威（Scott Galloway）在他的一篇文章中表示，亚马逊在过去 9 年缴纳的所得税只有 14 亿美元，而其最大的竞争对手沃尔玛同期缴纳的所得税则高达 640 亿美元。

（1）在欧洲的税收争议

一是与欧盟的税收争议。亚马逊的欧洲总部选址在税率很低的卢森堡。2017 年 10 月 4 日，欧盟委员会要求亚马逊向卢森堡政府补缴 2.5 亿欧元（当时约合 2.94 亿美元）的税款，原因是欧盟委员会认为该公司获得了相对于竞争对手不公平的税收优势。欧盟称，亚马逊在 2006 年至 2014 年间享受到了卢森堡政府给予的税收优惠，掩盖了约 9 亿欧元的欧盟内利润，而该税收优惠政策属于非法政府补贴，违反了欧盟的国家补助法规，因此亚马逊应向卢森堡政府补税。其实早在 2014 年 10 月 7 日，欧盟监管机构就对亚马逊公司在卢森堡的税务安排发起了正式调查。欧盟认为，亚马逊在欧洲的大部分利润都被记在卢森堡子公司，而根据亚马逊与卢森堡政府签署的优惠协议，亚马逊在卢森堡四分之三的利润并未纳税，也就是说，亚马逊比卢森堡当地的其他公司少缴了将近四分之三的税收。

然而，亚马逊否认自己从事违法活动，认为监管部门将收入误认为是利润，并表示亚马逊在卢森堡的利润低是由于激烈的竞争环境和知识产权的巨大投资成本，而不是恶意避税。亚马逊曾发表声明称："我们完全依照卢森堡和国际税法纳税。我们将研究欧盟委员会的裁决，然后考虑我们采取何种法律行动，包括上诉。"

和亚马逊一样，卢森堡也否认自己曾从事任何违规活动，曾在声明中称："卢森堡确信，本案中有关卢森堡违反了国家补助规定的指控并无事实根据，并确信卢森堡将可适时说服欧盟委员会相信其税收规则的合法性，以及说服其相信并无特定企业被授予竞争优势。"

对欧盟的这种做法，美国官员持批评态度，美国财政部负责国际事务的助理国务卿帮办罗伯特·斯塔克认为欧盟的调查是针对美国企业的行为。美国指责欧盟这一调查为越权行为，认为预约定价协议是一个国家的税收主权，而欧盟是在行使超国家的税收权力。并且，美国财政部在2016年8月25日发布了一份白皮书，白皮书中表达了对欧盟调查的反对，并表示欧盟的做法可能会威胁到全球的税务改革。

欧盟多国政府面对美国科技公司的大规模避税，也表示十分不满，准备改革税制，对这些科技公司征收更多的税金。

由表10-14可知，亚马逊负担的税金并未与其高额利润相匹配。法德两国表示将对网络交易平台加强税收管理，杜绝逃税现象。2017年8月26日，法国提出新的提案：向各互联网巨头征收一种全新的税收——平衡税。法国财长表示，美国互联网公司应根据其数字平台在营收来源国的总收入来确定其税收水平。另外，法国认为在对大型数码企业加强税务管理的同时，还应寻求在欧洲设立统一税率，以消除爱尔兰、卢森堡等低税率国家作为避税天堂的优势。

表 10-14　亚马逊在欧盟多国的纳税情况

时间	国家	销售额	纳税额
2012 年 9 月	法国	少缴 2.52 亿美元	
2012 年	德国	87 亿美元	392 万美元
2014 年	德国	119 亿美元	1600 万美元
2016 年 3 月	意大利	少缴 1.3 亿欧元	

在 10 月 19 日举行的布鲁塞尔会议中，即便 28 个欧盟成员国中有数十个国家的财长支持这项计划，但由于爱尔兰、卢森堡等避税天堂国家强烈反对，欧盟领导人决定暂停在欧盟全境的税制改革，以寻求在 OECD 框架下达成一项可以应用于全球、适应于数字时代、更为有效和公平的长期协议。

二是与英国的税收争议。2012 年，亚马逊英国分公司被怀疑在英国没有交纳全部税款，受到英国税务部门自 2004 年以来的纳税情况审查，如表 10-15 所示。

表 10-15　亚马逊在英国部分年度的纳税情况表

年份	销售额	纳税额
2011 年	33 亿英镑	不到 100 万英镑
2012 年	42 亿英镑	320 万英镑
2015 年	53 亿英镑	1 190 万英镑
2016 年	70 亿英镑	740 万英镑

针对亚马逊的避税行为，2013 年 3 月 22 日，英国超过 10 万人签名向政府请愿对亚马逊进行强制征税。英国政府也于 2015 年 4 月推出转移利润税——向人为将利润转移到英国之外国家的企业征收 25% 的惩罚性税收。而亚马逊英国区负责人则发表声明称其税负低是由于投资成本大，导致平台盈利很微薄，并表示将在英国创造 5 000 个新的工作岗位，提供 24 000 个固定职位。

除了在缴纳所得税方面有争议，亚马逊与英国在增值税方面也存在争议。2017年9月13日，英国议员指责亚马逊、eBay等线上销售平台，认为其将产品销售到英国但却没有在英国缴纳增值税。英国议会公共账目委员会指出，2015—2016年度，电商VAT欺诈导致英国政府损失了10亿至15亿英镑的税收。另外，英国是欧洲最大的电商市场，2016年网上销售额占到了英国整体零售业销售额的14.5%，而且在所有电商销售中，有超过一半是通过亚马逊和eBay等平台，因此，英国政府要求亚马逊在英国销售货物时，应向第三方卖家收取增值税。而亚马逊和eBay认为，出售商品或服务所产生的增值税申报责任在于第三方卖家，而不是电商平台。

（2）在美国的税收争议

一是所得税方面的争议。2016年9月，美国国内收入署起诉亚马逊逃税15亿美元，这一案件的争议焦点是亚马逊美国公司与其位于卢森堡的欧洲子公司之间签署的成本分摊协议中的转让定价内容。该合同是在2005—2006年间进行的交易，涉及超过15亿美元的税款争议。根据该成本分摊协议，亚马逊集团授予子公司在欧洲使用其现有无形资产的权利，其中包括运营亚马逊欧洲网站业务所需的无形资产。协议要求子公司预付一笔"购置款"，即一次性买入支付费，以补偿美国母公司转让无形资产给子公司的损失。此后，子公司需每年支付分摊费用，以补偿美国业务持续发展的无形资产成本。

美国国税局认为这笔"购置款"的金额并不符合公平交易原则，导致亚马逊在美国的税收负担低于合理水平，并采用现金流折现法来重新评估转移定价。亚马逊则认为，其支付的一次性买入支付费是采用可比非受控价格法（CUP）计算出来的，而CUP是税法规定的计算转让定价的方法之一，并表示美国国税局的裁定武断、反复无常且不合理。美国税务法庭在国税局与亚马逊公司的税务争议中认为：美国国税局专员滥用自由裁量权，武断地将技术和产品内容百分百地计入无形开发成本，夸大了子公司应付给母公司的无形资产成本，税务评估结果失当；并认可亚马逊为其子公司所需购进交易的支付总额所做的定价，认为其使用的经调整的成本分摊方法合理，可以充分合理地将成本分摊进无形开发成本。

最终，尽管美国国税局在与亚马逊税收诉讼中败诉，但这是美国国税局再次使用税法条款对关联公司跨境转移定价实施纳税评估的一个实际应用。可以看出，美国国税局为挽回海外税源做出了不懈努力。

二是销售税方面的争议。除此之外，在州一级销售税方面，亚马逊过去和美国许多州政府发生了分歧。一些州认为，亚马逊向本州消费者进行网络零售未收取销售税影响到了本州税款的征收；而亚马逊则表示，根据美国法律，美国各州只对在州内存在实体的在线零售商征税，而亚马逊在很多州并未设立实际经营实体，因而无须缴纳销售税。然而，2013年"市场公平法案"的通过，意味着各州政府对州外互联网零售商与州内实体零售商有征收相同税率销售税的权利（年收入低于100万美元的互联网零售商可被豁免征税）。截至2017年4月，美国有45个州对互联网零售商征收销售税，只有阿拉斯加州、特拉华州、蒙大拿州、新罕布什尔州和俄勒冈州尚未征收销售税。

同时，对亚马逊开征销售税之后，美国部分州计划征收小型电商卖家（包括亚马逊和eBay等平台的第三方卖家）的销售税。如2017年6月，南卡罗来纳州税务局向行政法庭提起诉讼，称亚马逊并未向南卡罗来纳州第三方卖家收取销售税，仅就2016年第一季度论，亚马逊就应支付给该州1250万美元的税款、罚款和利息。亚马逊在南卡罗来纳有三个仓库，存在经营实体,因此亚马逊并不否认在该州的纳税义务。但当涉及第三方卖家时,亚马逊坚持认为,应由卖家决定是否缴纳销售税。然而,南卡罗来纳州认为,第三方卖家出售的商品数量占亚马逊销售总量的一半以上,而且亚马逊控制着第三方卖家的大部分销售过程,因而即使这些卖家在本州没有实体经营场所,但其使用了亚马逊的 FBA 仓储配送服务,就有义务缴纳销售税。

10.7.2 亚马逊开展海外税收筹划的框架及方法

1. 海外税收筹划框架

亚马逊海外税收筹划主要是通过其在卢森堡设立的子公司来完成的。卢森堡是一个内陆小国,国土面积仅有 2 586.4 平方千米,然而就是这样一个人口不到 60 万的小国,在国际货币基金组织(IMF)2017 年 8 月 6 日发布的统计数据中,人均 GDP 在所调查的 190 个国家和地区中位居榜首。

亚马逊集团在卢森堡有两家公司,第一个是亚马逊欧盟有限责任公司(Amazon EU),第二个是亚马逊欧洲控股技术公司(Amazon Europe Holding Technologies),两个公司都完全由亚马逊集团拥有,并最终由亚马逊美国母公司控制。

(1)亚马逊欧盟有限责任公司的作用

亚马逊欧盟有限责任公司是一个运营公司,拥有超过 500 名员工,经营着亚马逊的欧洲零售业务,该公司对欧洲亚马逊网站上售卖的商品先进行挑选,再从生产制造商购进这些商品、管理在线销售,最后通过海外各国分销商将产品交付给来自各个国家的客户。也就是说,无论客户在亚马逊欧洲的哪一站点购买商品,商品都是直接从卢森堡销售至各个国家,这也就使得亚马逊在欧洲的利润都转移到了卢森堡。而且这些海外国家的分销商只是作为运营公司的一个服务提供商,从事实际经营活动以外的库存、仓储、发货及售后等服务,亚马逊只需向其支付少量的成本加成费。亚马逊正是通过将运营公司的销售职能进行分割,实现了利润的转移。亚马逊运营公司在避税中的结构如图10-16所示。

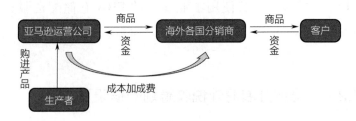

图10-16　亚马逊运营公司在避税中的结构图

（2）亚马逊欧洲控股技术公司的作用

如图10-17所示,亚马逊欧洲控股技术公司是在卢森堡设立的一家有限责任合伙企业,是一个没有雇员、没有办公室和实际经营业务的空壳公司。亚马逊控股公司在运营公司和美国母公司之间扮演着中介的角色,它与美国母公司就知识产权签订了一份成本分摊协议,即共同拥有和研发无形资产,控股公司只需向母公司支付一次性买入无形资产支付费和每年支付分摊费用,以补偿美国业务持续发展的无形资产成本。亚马逊控股公司并不实际使用这项知识产权,它只是将其授权给运营公司,供其经营在欧洲的零售业务。

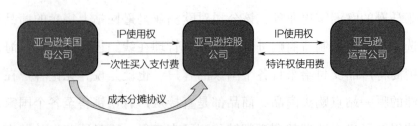

图10-17　亚马逊控股公司在避税中的结构图

运营公司和控股公司有一个实质的区别：运营公司设立在卢森堡，也在卢森堡进行实际经营，因而是卢森堡企业所得税税收居民；而控股公司因其企业形式是有限责任合伙企业，其取得的所得不以合伙企业的名义纳税，只就控股公司分配给股东的所得由股东缴纳税款。而控股公司的合伙人是美国华盛顿州居民，卢森堡只能对其征收预提所得税。根据美国与卢森堡签订的税收协定，这笔利润只需缴纳 5% 的预提所得税，再加上华盛顿州不征收个人所得税，这就使得这笔来源于卢森堡的所得少缴了大量税款。

（3）亚马逊在欧洲税收筹划的流程

如图 10-18 所示，亚马逊美国母公司将其在美国开发的知识产权的使用权授权给控股公司使用，由控股公司将其使用权再许可给运营公司使用，并由运营公司向控股公司支付特许权使用费。亚马逊在卢森堡的运营公司除了负责记录亚马逊在欧洲出售的所有商品的收入，还收集客户数据、进行市场投资、积极完善亚马逊欧洲电子商务平台的软件开发技术。虽然运营公司对授权的知识产权进行了管理和增值，但其向亚马逊在卢森堡的控股公司支付的特许权使用费大大超过了其应支付的金额。

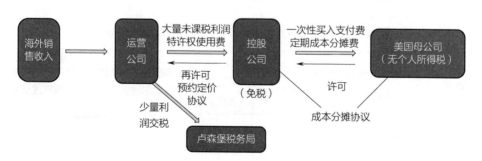

图 10-18　亚马逊在卢森堡的税收筹划架构

另外，亚马逊与卢森堡政府在 2003 年签署了一份优惠的税收协议，协议将亚马逊在卢森堡子公司的缴税比例限制在欧洲总收入的 1% 以内，而且这份协议认同运营公司向控股公司支付的巨额未反映经济实质的特许权使用费，这就使得亚马逊运营公司并未缴纳与其所获大量利润相匹配的税款。对中介控股公司而言，由于其企业形式及其与美国母公司之间签订的成本分摊协议，控股公司取得的大量利润无须在卢森堡纳税；而且由于美国不同地区间的税制差异，其转移回美国的利润也避免了大量税款的缴纳。

2. 亚马逊海外税收筹划的方法

（1）税收管辖权

税收管辖权是一个国家根据其法律所拥有和行使的征税权力。目前，世界上大致实行三种税收管辖权：居民管辖权、公民管辖权和地域管辖权。对于法人居民身份的判定，各国主要采用注册地标准、总机构标准和实际管理机构所在地标准。

由表 10-16 可知，就亚马逊而言，虽然其在卢森堡空壳子公司的实际管理机构在美国，但由于美国采用注册地标准来判定居民身份，因而其不构成美国的居民纳税人，无须就其来源于境外所得在美国纳税。

表 10-16 美国和卢森堡法人居民身份判定标准及征税情况

国家	法人居民身份判定标准	外国注册和本国有实际管理机构	外国注册和本国无实际管理机构	本国注册和本国无实际管理机构	本国注册和本国有实际管理机构
美国	注册地标准	就本国取得所得征税	就本国取得所得征税	就全球取得所得征税	就全球取得所得征税
卢森堡	注册地标准和实际管理机构所在地标准	就全球取得所得征税			

(2) 成本分摊协议

成本分摊协议是指参与方共同签署的对开发、受让的无形资产或参与的劳务活动享有受益权，并承担相应活动成本的协议。最常见的成本分摊协议是无形资产共同开发协议，即每一个参与者都可以获得独立地利用无形资产的权利。在成本分摊协议下，无须支付特许权使用费，因为没有发生无形资产使用权许可交易，但成本分摊协议要求各参与方分摊各自应承担的成本。

亚马逊出于保护知识产权的目的，将其注册在具有完善法律体系的美国。亚马逊美国母公司和卢森堡控股子公司签订成本分摊协议，意味着双方拥有共同开发该无形资产的权利，控股子公司无需向母公司支付特许权使用费，只需支付知识产权一次性买入费和定期支付成本分摊费。如果亚马逊美国母公司和卢森堡子公司之间未签订成本分摊协议，母公司将知识产权授权给子公司使用，该交易视同母公司销售无形资产，子公司向其支付的特许权使用费应在美国纳税。相反，通过成本分摊协议，不仅卢森堡子公司可以获得知识产权经济意义上的受益权，还可以避免母公司在美国多纳税。

(3) 利用打钩规则

子公司的利润在进行股息分配汇回给母公司之前，母公司一般不需要就子公司的利润进行纳税。然而，为了防止跨国公司把利润滞留在避税天堂长期不汇回利润，各国税法一般要求符合一定条件的受控外国公司（如子公司）的所得应在当期向母公司所在国纳税。根据美国 CFC 规则，卢森堡受控外国子公司未对无形资产进行开发，而直接将其授权给卢森堡运营公司，收取的费用应视同受控外国子公司的销售收入，应将其中归属于母公司的利润并入美国母公司进行纳税。

然而，在美国税法下，也存在着"打钩规则"，即税务主体性质识别规则。美国税法允许美国公司将境外设立的公司选择为税法上不存在的实体对待,即纳税人可以自己自由选择是成为公司还是合伙企业。

如图 10-19 所示,亚马逊卢森堡控股公司可被视为美国税法上不存在的实体,即将其视为亚马逊卢森堡运营公司的一部分,运营公司向控股公司支付的特许权使用费、股息等费用属于单一主体的内部支付,因而也视同不存在,无须就这笔收入在美国纳税,从而构成受控外国公司法制度的例外。这种方式常被称为"打钩规则"。

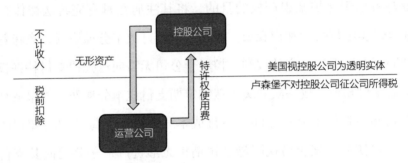

图 10-19 "打钩规则"的具体运用

(4)递延纳税

递延纳税是指居民股东投资于外国企业所实现的投资所得被汇回本国时,才会对其征税;在被投资外国企业以股息形式分配给股东前,该股东在国内承担的应税所得中则不包括这部分应取得而未实际取得的利润,使股东规避了居住国的税款缴纳。这主要是各国政府在经济全球化条件下,为保持本国企业在国际市场上的竞争力而采取的措施。

亚马逊在向卢森堡缴纳了很少一部分税款后,将大量所得滞留在了卢森堡,当其有资金需求时,直接从卢森堡支付资金,这样从资金的取得到支付全流程就避免了根据美国税法应缴纳的税收。而美国为吸引海外资金回流,在 2017 年 9 月 28 日推出新税改框架,对有海外盈利的美国企业的利润汇回时，由征收 10% 的税率转变为对其征收全球范围内享有的最低税率，这也意味着美国递延纳税的政策或许会被取消。

（5）预约定价安排

卢森堡以其优惠的税收政策和广泛的税收协定吸引了大量跨国企业，成为世界主要投资地之一。然而，卢森堡的企业所得税税率并不低，即使卢森堡法定公司所得税税率从 21% 降到了 19%，但加上卢森堡当地对企业征收的市政商业税，综合企业所得税税率可以达到 27.08%。也就是说，亚马逊只要取得了来源于卢森堡的所得，就无法避免在卢森堡所面临的高税率纳税问题。但是，通过预约定价安排，亚马逊可以大幅度地减轻其税收负担。

预约定价安排是企业与税务机关就企业未来年度关联交易的定价原则和计算方法所达成的一致安排，通常包括单边、双边和多边三种类型。为了实现"双赢"，亚马逊与卢森堡政府在 2003 年签署了一份优惠的税收协议，将亚马逊在卢森堡子公司的缴税比例限制在欧洲总收入的 1% 以内。亚马逊因此享受到了卢森堡政府给予的特殊性税收优惠，在卢森堡少缴了大量税款。而且，这个协议并未因亚马逊销售收入的增长而进行调整，虽然这违背了国际上的一般做法，但这是与政府签订的协议，因而仍具有法律效力和确定性。由此可见，亚马逊通过预约定价安排以极其合法的方式避开了卢森堡的税款征收。

（6）亚马逊利用转移定价操作

转移定价是指关联企业之间在销售货物、提供劳务、转让无形资产、进行融资等时制定的价格。跨国关联企业之间可以通过操控企业之间的关联交易行为，把利润转移到低税率的国家，达到降低企业集团总税负的目的。关联企业间转让定价的一般做法，如图 10-20 所示。

图 10-20　亚马逊的转移定价图

各国政府要求关联企业之间的交易定价要符合独立交易原则，但专有技术、注册商标、专利等无形资产的转让定价很难找到与其可比的对象和参照标准，并且很容易与其他财产的交易混杂在一起难以拆分。

就亚马逊而言，其先将在美国公司开发的知识产权授予其卢森堡控股子公司使用，控股公司再将其授予给实际运营的运营公司使用，然后运营公司通过向控股公司支付巨额的特许权使用费来转移利润，从而减少税款的缴纳。

（7）亚马逊的企业组织形式

合伙企业在卢森堡不视为公司所得税纳税主体，不以企业的名义纳税，而是由各合伙人就其分配的所得来缴纳税款。因此，在卢森堡设立的控股公司只有将其所得分配给该企业的合伙人时，合伙人才需缴纳税款，而该有限责任合伙企业的合伙人是美国华盛顿州居民，卢森堡只能对其征收预提所得税。如表 10-17 所示，根据美国与卢森堡签订的税收协定，这笔利润只需缴纳 5% 的预提所得税，再加上华盛顿州不征收个人所得税，这就使得这笔来源于卢森堡的所得少缴了大量税款。

表 10-17　美国与卢森堡签订税收协定的预提所得税税率

协定税率缔约国	股息		利息	特许权使用费
	个人，企业	符合条件的企业		
美国、卢森堡	15%	5%	0	0

资料来源：IBFD 数据库，国别报告，http://online.ibfd.org。

10.7.3 亚马逊境内税收筹划的条件及方式

1. 境内所得税筹划的条件及方式

（1）所得税筹划的条件

美国公司所得税是对美国居民企业的全球所得和非美国居民企业来源于美国境内的所得所征收的一种所得税，分联邦、州和地方三级征收。在特朗普税改之前，美国联邦公司所得税税率采取超额累进税率制度，年应纳税所得额超过1 833万美元的企业适用最高税率35%。同时，拥有税收立法权的州（地方）政府会根据其税收自主权和实际经济发展状况制定出不同的税收法律以及税制体系。

由表10-18可知，各州及地方政府的税收规定存在差异，从事跨州业务的企业因此就有了税收筹划的空间。

表10-18 美国各州公司所得税分类情况表

类别	州政府名称
不设公司所得税的州	得克萨斯、华盛顿、内华达、南达科他、俄亥俄
实行固定公司所得税的州或地区	佛罗里达、蒙大拿、新罕布什尔、印第安纳、犹他、密歇根、特拉华、北卡罗来纳、田纳西、密苏里、科罗拉多、爱达荷、西弗吉尼亚、伊利诺伊、亚利桑那、马萨诸塞、亚拉巴马、弗吉尼亚、宾夕法尼亚、俄克拉荷马、南卡罗来纳、马里兰、华盛顿特区、威斯康星、康涅狄格、罗得岛、明尼苏达、加利福尼亚、纽约、肯塔基、佐治亚
实行累进税率公司所得税的州	阿拉斯加、俄勒冈、密西西比、堪萨斯、北达科他、内布拉斯加、夏威夷、缅因、新墨西哥、路易斯安那、阿肯色、爱荷华、佛蒙特、新泽西

数据来源：根据IBFD数据库整理。

一家从事跨州业务的美国公司是否要在不同州申报纳税，取决于该公司是否在该州"构成征税联系"○，企业一旦被认定为与该州有足够"关

○ 构成征税联系，是指企业通过在该州拥有或租赁财产、设立营业场所或从事实际经营活动、拥有雇员或代理商及利用该州资源取得营业收入而与该州形成的关联。

联",则有义务在该州纳税。如果企业被几个州都认定为其纳税人,企业取得的全部所得应在几个州之间先进行分摊,再分别缴纳归属于各州的公司所得税。

因此,如何在相关州之间对跨州经营的公司进行所得税的划分是协调各州税收收入的重要内容,而州际公司所得税的分配又主要包括对征税权的确立及对跨州经营公司税基的分配。征税州主要采用三种方法对跨州经营公司的所得在州际间进行分配:独立核算法、特定分配法和公式分配法。其中,大多数州普遍采用的是公式分配法中马萨诸塞州首创的古典规则,即征税州在对跨州纳税人归属于其境内的净所得征税时,要考虑工资、财产和销售收入这三个因素,具体公式如下:

某州应分配的所得=[(公司在该州的销售额/公司总销售额)×权重+(公司在该州的财产额/公司财产总额)×权重+(公司在该州支付的薪金额/公司支付的薪金总额)×权重]×公司应分配的总所得

因此,从事跨州经营的企业可以从实际出发,对各州的税收政策进行对比,选择在不征所得税、所得税税率较低或实行更多税收优惠政策的州进行投资。另外,企业也可以不与各州构成关联来避免成为所在州的居民纳税人。

(2)所得税筹划的方式

第一,合理选择经营注册地。亚马逊创始人贝佐斯曾表明,将公司总部设在华盛顿州的西雅图,而不是建立在能为电商企业提供更多智力和技术支持的加利福尼亚或纽约州,其中的原因之一就是华盛顿州能给予更优惠的税收政策。

由表10-19可知,华盛顿州不征收公司所得税和个人所得税,实行一系列的税收优惠政策,为亚马逊税负的减轻创造了条件。

表 10-19　华盛顿州的税收规定

税种	公司所得税	个人所得税	资本利得税	营业及开业许可税（B&O）	州际销售税	地方销售税
征收情况	不征	不征	不征	0.13%~3.3%（税基为总收入）	税率 6.5%	平均税率 2.7%

第二，充分利用产业扶持政策。美国促进高新技术产业发展的税收优惠形式有间接优惠和直接优惠。直接优惠方式表现为定期减免所得税、采用低税率等；间接优惠方式通常包括加速折旧、投资抵免、费用扣除、亏损结转、提取科研开发准备金等。

由图 10-21 可知，企业研发费用可选择两种方法扣除——资本化和在费用发生当年进行一次性扣除。其中，作为鼓励措施，企业研发费用新增部分的 20% 可直接冲减应纳所得税额，未冲减完的部分准予结转。美国加利福尼亚州拥有全美最高的研发费用扣除率，允许企业将内部研发费用的 15%，或企业请外部机构从事研发费用的 24%，在计算缴纳企业所得税时进行税前扣除。正是因为加州鼓励企业进行技术研发力度之大，亚马逊在加州上市的子公司有四家，包括位于旧金山和库比蒂诺的软件开发公司，以及位于帕罗奥图和旧金山的互联网搜索引擎公司，进而达到减轻企业税负的目的。

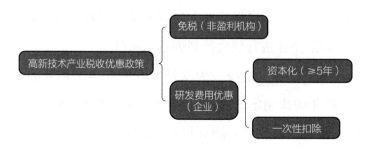

图 10-21　美国高新技术产业的税收优惠政策

2. 销售税筹划的条件及方式

（1）销售税筹划的条件

第一，税率不同。销售税是美国州和地方政府对商品及劳务按其销售价格的一定比例课征的一种税，税率由各州政府自行制定（如表10-20所示）。销售税的纳税人是消费者，采用消费地原则，并在销售方向消费者销售时的销售环节征收。当一州居民购买到了来自其他州未课税的商品时，居民需在其所在州自行申报缴纳与销售税具有替代性质的使用税。

表10-20 州级销售税税率分类表

类别	州政府名称
不征收销售税	阿拉斯加、特拉华、蒙大拿、新罕布什尔和俄勒冈
征收最高销售税	加利福尼亚（7.25%）
征收最低销售税	科罗拉多（2.9%）

数据来源：Tax Foundation，https://taxfoundation.org。

在征收销售税的州中，地方政府平均销售税税率最高的五个州分别为：亚拉巴马州（5.03%）、路易斯安那州（5.02%）、科罗拉多州（4.60%）、纽约州（4.49%）和俄克拉荷马州（4.36%）；州级和地方综合销售税税率最高的五个州分别为：路易斯安那州（9.98%）、田纳西州（9.46%）、阿肯色州（9.34%）、亚拉巴马州（9.01%）和华盛顿州（8.92%）。由此可见，不同州及地方政府的销售税税收规定存在差异，这为从事跨州经营的企业进行税收筹划创造了条件。

第二，是否开征亚马逊税。为支持互联网和电子商务的发展，1998年10月美国联邦法律制定的《互联网免税法》规定，3年内禁止对互联网课征新税，联邦、州政府不能对非本地的销售商征收销售税或使用税，除非该销售商在该州建立了"税收关联"，该法案一直被延期至2014年

11月1日。

由于无法向网购消费者收取销售税，2012年美国政府因网购损失了233亿美元的税收收入。这也给传统零售企业带来了冲击，因而一些州政府为享受公平待遇和获取更多税收收入开始对互联网零售商征收销售税，此类法律通常被称为"亚马逊法"○。2009年，纽约州成为首个通过"亚马逊税收法案"的州政府。截至2017年4月，美国有45个州对互联网零售商征收销售税。尽管对网上零售商征收销售税可以增加财政收入，但为了吸引投资，一些州政府同时也制定了较为灵活的税收政策，如阿拉斯加、特拉华、蒙大拿、新罕布什尔州和俄勒冈尚未征收销售税，这为电商企业税收筹划创造了条件。

（2）销售税筹划的方式

第一，亚马逊通过与州政府达成协议来减轻税负。2012年10月26日，亚马逊与亚利桑那州税务局达成协议：州政府批准亚马逊暂时不对本州消费者收取销售税，而亚马逊则承诺建设物流等设施来为该州提供就业机会。从2013年2月1日开始，亚马逊同意对亚利桑那州的居民代收销售税，并承诺从当年7月1日起，同时代征电子书等数字产品或服务的销售税。作为交换条件，亚利桑那州政府同意亚马逊只代征6.6%的州级销售税，并不代征地方政府的销售税，使得其可以少缴近乎三分之一的税款。

第二，亚马逊通过解除与代理机构的合作关系来规避纳税义务。2011

○ 亚马逊法：即使网络零售商在某州没有仓库、办公场所等传统意义上的实体存在，但只要该企业与本州内的居民或代理机构签有协议，拥有专用的服务器，并通过该服务器的网址从事实质性、经常性的交易而不是偶然性、辅助性的活动，则可认定该跨州纳税人与该州构成实质性经济联系，该州可以对跨州纳税人行使税收管辖权。当该网络零售商在该州内年销售额超过100万美元时，就有义务在该州缴纳销售税或替代性的使用税。

年,阿肯色州立法通过了"亚马逊法案",因亚马逊与该州的代理机构构成"关联"关系,要求其代收销售税。于是亚马逊于 2011 年 7 月 24 日终止了与该州联营机构签订的协议,关闭了其在阿肯色州的网站,以达到免缴税款的目的。因为相同的原因,亚马逊终止了与美国加利福尼亚、康涅狄格、北卡罗来纳、罗得岛、伊利诺伊和夏威夷等州联营企业的合作关系,以继续享受免税待遇。

第三,亚马逊通过充分利用税收政策来减轻税负。由于不同州和地方的税率和税收优惠政策不同,亚马逊可以选择在低税率甚至是免税州从事生产经营活动,如亚马逊最初选择将物流中心建于免征销售税的特拉华州。

10.8 腾讯公司税收筹划案例

10.8.1 腾讯公司概况

1. 公司简介

腾讯公司成立于 1998 年,是目前中国最大的互联网综合服务提供商之一,于 2004 年在香港联交所主板公开上市。

从腾讯的业务来看,其产品战略布局主要包括三类:面向用户、面向企业和创新科技业务。其中,面向用户的业务分为四类,第一类是通信与社交,如微信、QQ 等;第二类是数字内容,如腾讯游戏、微视等;第三类是金融科技服务,如微信支付、QQ 钱包等;第四类是工具,如腾讯手机管家、QQ 浏览器等。

2. 经营范围

根据腾讯公司披露的 2021 年半年报,其主要收入来源为增值服务,

表 10-21 是截至 2021 年 6 月 30 日腾讯公司的收入分布情况。

表 10-21 收入分布情况

(单位：亿元)

收入类型	金额	百分比
增值服务	72 013	52%
网络广告	22 833	17%
金融科技及企业服务	41 892	30%
其他	1 521	1%
收入总额	138 259	100%

3. 涉及税费情况

腾讯公司是一个多元化互联网业务公司，涉及很多税费，根据收入分布情况以及业务分析，负担较重的主要是增值税、企业所得税、文化事业建设费，如表 10-22 所示。这里通过腾讯公司相关业务，从其本身的经营状况和行业出发，以上述三个税费为主线，分析腾讯公司的税务筹划框架。

表 10-22 主要涉及的税费

税费	计税依据	税率
增值税	销项税减进项税	13%、9%、6%、5%、3%
企业所得税	应纳税所得额	25%、15%、12.5%
文化事业建设费	广告服务取得的销售额	3%

10.8.2 腾讯公司的税收筹划分析

1. 整体规划

腾讯控股有限公司是在开曼群岛注册的有限公司，且在中国香港上市，通过VIE架构达到了一定的节税目的。

其在境内的子公司的企业资质分别有一般企业、高新技术企业和软件企业，其法定代表人马化腾旗下投资有合伙企业等。按照现行优惠政策，高新技术企业可以享受15%的所得税税率；软件企业享受从获利年度起"两免三减半"的优惠政策；合伙企业的合伙人缴纳个人所得税，无须缴纳企业所得税，避免双重税赋。

同时在地理位置的选取上，一些子公司选址在高新科技园区。园区所在地会根据企业的情况给予一定幅度的扶持资金和财政补贴，同时一般地方园区为设立在园区的企业提供增值税留成比例为10%~50%的相关政策。腾讯公司将旗下主体设立在这些园区可以享受国家税收优惠的红利，从而实现节税。

下面从其在境内的子公司角度，结合腾讯公司具体的游戏业务、视频业务、支付业务以及其他活动分析的税收筹划方案。

2. 筹划方案

（1）游戏业务的税务筹划

腾讯的成功离不开旗下的游戏业务，目前最火爆的有英雄联盟、王者荣耀和绝地求生等。

1）增值税的税务筹划

从税基筹划角度分析，游戏业务中经常会涉及实物奖励比赛的形式以及策划市场活动的礼品等，可能会设立手机、化妆品以及生活用品等奖励。而根据规定，商业企业一般纳税人零售的非劳保专用的烟酒、食品、服装、化妆品等消费品不得开具专用发票，因此实物奖励不能获得有效的发票进行进项税抵扣。

针对此情况，在游戏业务所在公司设立专门统一采购部门，选择合适的采购渠道，对于经常性采购的电子类产品可以进行三方比较，选择可以提供增值税专用发票的一般纳税人作为供应商，对于化妆品、食品等礼品奖励可以替换为其他可以取得增值税专用发票的礼品。

此外，国家对于软件开发公司给予了极大的税收优惠，腾讯公司在开发游戏软件的过程中，销售自行开发的软件产品，增值税实际税负超过3%的部分可以享受即征即退优惠政策。同时将取得的税款再专项用于软件产品研发和再生产时，可以作为不征税收入，在计算企业所得税的应纳税所得额时从收入总额中减除。

2）企业所得税的税务筹划

目前税法中没有针对网上业务交易的时间、地点的明确界定，在实践中一般按照线下交易的规定，这就给腾讯公司提供了网上业务选择延迟纳税进行税务筹划的空间。客户从游戏商城中购买的道具，根据收入准则的规定属于无合同约定服务的收入，这种收入的确认方式是按照履约进度，这就造成了递延收入的存在。

腾讯下设的游戏公司可以根据游戏的收费性道具的特性来达到节税的目的。游戏商城中售卖一些长时限的游戏道具，如皮肤、套装等，短时间内可以增加公司资金且避免当期缴税，因此通过递延收入可以降低本期的应纳税额，由此来达到延迟纳税的目的，保障企业现金流，减少财务风险。

（2）视频业务的税务筹划

腾讯的视频业务主要包括腾讯视频，以及在短视频爆火后推出的短视频软件微视。

1）增值税的税务筹划

对于直播、短视频等劳务文化娱乐业，其人工成本占比巨大，但支付的劳务成本大多无法取得增值税专用发票，导致进项税抵扣存在严重不足。对此微视按照主播收入贡献的程度将其划分为不同级别，通过将高收入主播外包给MCN（内容制造商）机构或者劳务公司，或者通过和主播个人公司进行签约，就可以解决劳务成本无进项税抵扣的问题。

2）企业所得税的税务筹划

主要分析针对网络红包的企业所得税税务筹划，视频业务下的网络红包主要包括活动发放红包以及任务兑换红包。比如，腾讯视频和微视都推出了看视频兑换现金红包奖励。对于发放的微信红包，若作为广告费或者业务宣传费项目，则扣除时有15%的比例限制，超出部分无法得到扣除。

但随着国家税收征管的与时俱进，现在企业通过支付宝、微信支付发放的现金红包奖励已经不再以发票为唯一扣除凭证，企业可以通过当地税务主管机关认定的辅助材料和合法有效凭证证明红包支出为真实支出，从而进行税前扣除。根据规定，网络红包能够税前扣除的条件是提供企业为红包获取人代扣代缴的完税凭证。

针对这种情况，腾讯推出了用户实名制系统，登记用户信息，每月按照用户领取红包金额进行纳税申报，并且将银行转账凭证、微信支付凭证进行保留整理，将其一并作为企业所得税税前扣除凭证。预计可以在原有基础上不受扣除比例的限制，节约所得税支出。

（3）支付业务的税务筹划

微信支付是腾讯科技（深圳）有限公司旗下的业务，该公司被认定为小微企业和高新技术企业。微信支付主要提供支付连接和技术服务。

1）增值税的税务筹划

微信支付业务属于增值税中的现代服务项目，按照税法规定适用6%的税率，但可以享受税收优惠。根据财税〔2016〕36号文件规定，技术转让、技术开发和与之相关的技术咨询、技术服务免征增值税。

2）企业所得税的税务筹划

在税率适用上，高新技术企业适用15%的税率，同时在亏损弥补上，对于其发生的尚未弥补完的亏损可以在10年的期限内结转到以后年度进行弥补。小微企业适用20%的税率，在应纳税所得额的确认上，针对不同的年应纳税所得额享受减按25%或50%计入应纳税所得额。腾讯科技（深圳）有限公司可以根据自身应纳税所得额情况选取相关利益最大化的税收优惠。

（4）其他活动的税务筹划

1）文化事业建设费的税务筹划

文化事业建设费是国家为了促进文化产业进步，拓展文化事业资金而征收的一种税费，提供广告服务的广告媒介单位以及提供娱乐服务的单位和个人，应申报缴纳文化事业建设费。腾讯公司的广告收入占据了总收入的17%，文化事业建设费对企业税负的影响不能忽视。

如果将相关业务依然作为广告服务收入，可以变更公司在其他平台投放广告所收取发票的开票项目。财务部门通过加强对业务部门的税务要求，让投放单位以"广告发布费"为发票开具内容，则可以抵减公司交纳的文化事业建设费。虽然目前文化事业建设费还不是腾讯公司的大额支出税种，但广告服务是互联网企业商业变现的重要手段，前期的用户培育和流量补贴最终大都是通过广告收入来进行弥补，随着收入的不断增长，文化事业建设费对企业税负的影响也不能忽视。

或者考虑业务转换方法，利用技术服务、信息服务与广告服务的边缘差异进行税务筹划。腾讯公司的广告业务一部分是依赖自身的App向外提供，一部分是通过其大数据营销平台进行推广。如果将广告服务变换以平台资源或技术服务等为合同标的，则可以避免单纯地被认定为广告服务，而且配套可以开具信息服务或技术服务发票，以达到将该部分收入划归为非广告收入范畴的目的。按照合同标的转换或整合技术服务方式将该部分收入划到非广告收入，也可以节省文化事业建设费的支出。

2）公益捐赠

在汶川大地震期间，腾讯公司成立了腾讯公益慈善基金会。作为国内首个互联网企业公益基金组织，该基金会不接受外界捐赠，仅依靠企业内部利润投入运作。在年末出具企业社会责任报告，其中包括工作总结报告和具体的财务审核报告、资金流向报告等。

按照税法规定，腾讯公司在基金会投入的资金作为公益捐赠，可以在会计利润12%以内的范围内予以扣除。腾讯公司采取以"内部借款"的名义将捐赠资金划拨给慈善基金会，从而将不允许税前扣除的捐赠结转到以后年度扣除。腾讯公益慈善基金会搭建了一个公益性捐赠网络平台，充分发挥了企业公益性捐赠的优势，同时节省了企业税收支出。

3）互联网+税务

按照党中央、国务院推进"互联网+"行动的战略部署，充分运用互联网思维和云计算技术，依托"互联网+"力量促进税收改革。在税收征管方面，腾讯一直在探索助力"互联网+税务"实践，利用自身的互联网技术结合税收领域，创新税企共治模式，促进企业转型升级。通过税务台账，快速、准确、全面地掌握纳税结构和趋势来预测税负的变化，为税收筹划提供数据支持，从而迈向战略性税务管理。

3. 涉税风险

（1）风险识别

腾讯公司组织结构非常庞大，税收筹划的执行存在诸多不确定性因素,如内部信息交流不畅通,容易导致税收筹划面临诸多的难题以及风险。同时,腾讯公司经营业务涉及多种业务平台,由不同子公司分管经营,哪些子公司可以根据特定的经营业务以及组织形式享受政府给予的税收优惠,集团应该总揽全局,对企业的收入和成本进行统筹规划,以达到有效降低税负的目的。

从法律风险角度,对于我国的税收政策,由于税收法律法规的不断调整,每年都会进行有效的更新,这给企业税收筹划带来更多的法律风险。在使用某些优惠条件时,相关法律法规尚未健全,往往存在一些空白和模糊的规定,如果腾讯公司税收筹划出现了与立法意图相违背的情况,那么就会使得税务风险加大。

此外,腾讯公司注册于开曼群岛,位于避税地,一些子公司位于高新科技园区或享受国家税收优惠的地区,在这些地点设立的企业容易被税务机关怀疑为出于避税目的而设立的"空壳公司"。

(2) 风险应对

腾讯公司为了提高企业税收筹划的效率和水平,防止税收有关的重大风险,需要更加重视税收筹划队伍的建设。在实际工作中,需要选择专业人员来掌握法律法规和公司的税收筹划。

为了规避在涉税方面的风险,在实际工作中需要建立完善的管理制度以及运行机制,防止出现较为严重的风险。另外,还需要根据风险规避要求,建立相应的风险预警机制,以控制风险程度。需要做好信息的搜集工作,比如税务执法和政策变动方面的信息,从而及时地发现在税收筹划工作中所存在的风险隐患,通过完善的解决措施,规避后续工作中可能存在的风险。

同时,腾讯公司中位于税收优惠地区的公司,要注重注册地和实质业务发生地的匹配性，要存在实际的经济业务，以防止被认定为"空壳公司"。

10.8.3 税收筹划案例结论

本案例中通过对腾讯公司的经营过程进行分析，针对其主要业务结合主要税种分析了其税收筹划方案。由于互联网企业的特殊性，一些传统税收筹划有了新的应用模式。下面总结互联网企业应用税收筹划方法时应注重的原则。

首先，要注重风险管理。在互联网时代，税务管理部门利用大数据技术构建了现代化税务征管体系，产生了电子查账等新的征管方法。在进行税收筹划的过程中，企业需要更多地注重降低税务风险，而不是一味地追求低税负，防范纳税风险是税收筹划过程中必须注重的问题。作为互联网企业，其经营活动本身具有隐匿性、虚拟性的特点，更应该关注到税收筹划过程中涉及的风险，并注意防范。

其次，要注重事前筹划。互联网企业在税收筹划的过程中，应该注重结合企业未来的发展战略目标，在实际业务发生前进行合理的税收筹划。当涉税事项发生后，由于经营决定税收，企业需要依法缴纳税收，很难通过不违法的手段进行事后补救，这会影响税收筹划的有效性。

最后，要从全局考虑税收筹划。在筹划过程中，需要综合考虑筹划实施成本对企业整体利益的影响。由于互联网企业组织架构复杂，企业各部门应密切配合，不能只考虑局部利益，若各部门不能配合整体筹划目标，筹划效果将会大打折扣。企业应该提高 CFO 的地位，由财务部门全局考虑企业税收。在财务管控流程中融入税收筹划，使得互联网企业进一步降低经营成本，提高利润，加速发展。

10.9 快手税收筹划案例

10.9.1 快手简介

快手成立于 2011 年,快手的前身叫"GIF 快手",是一款用于制作分享 GIF 图片的手机应用,供用户制作并分享 GIF 动图,系短视频的雏形。2012 年,快手从纯粹的工具应用转型为短视频社区,帮助用户在移动设备上制作、上传及观看短视频。随着移动互联网的发展、智能手机的普及和移动流量成本的下降,快手迎来了市场。2013 年,快手推出短视频社交平台。2016 年,快手推出直播功能,作为平台的自然延伸。2017 年第四季度,以虚拟打赏所得收入统计,快手主站成为全球最大单一直播平台。2018 年 1 月,快手主站的平均日活跃用户数突破 1 亿,开始发展电商业务。2019 年 8 月,正式推出快手极速版,以商品交易总额统计,快手成为世界第二大直播电商平台。2020 年上半年,快手的中国应用程序及小程序的平均日活跃用户数突破 3 亿。快手不断与时俱进,成为全球领先的短视频内容社区。以移动端时长计,截至 2020 年 12 月,快手是国内第三大时长互联网公司,约占全网移动端时长的 9.1%,仅次于腾讯(36.2%)、字节跳动(15.8%),高于老牌互联网巨头百度(8.0%)、阿里巴巴(6.6%)。

快手以直播、广告和电商作为主要变现模式,目前正处于商业化加速阶段。以日活用户统计,快手是国内最大的直播平台。以广告收入统计,2021 年第一季度,快手是国内第五大广告平台,仅次于阿里巴巴、字节跳动、腾讯和百度。以直播带货 GMV 统计,快手是国内第二大直播电商平台,仅次于淘宝。

10.9.2 公司业务分析

1. 业务结构

快手的商业化收入主要来源于三个方面：广告业务收入、直播（打赏）业务收入以及电商业务收入。2020年，快手实现营业收入588亿元。其中，直播（打赏）业务是公司的基石和现金牛业务，占比56.5%；广告业务是公司未来的增长引擎，长期受益于广告加载率提升（公私域结合）、数据优化能力提升和品牌主认可度提高，占比37.2%；电商及其他业务同样是高增长业务，随着GMV和货币化率稳步提升，占比6.3%。

表10-23 快手2020年的营业收入结构

	营业收入（千元）	占比（%）
直播	33 209 115	56.5
线上营销服务（广告）	21 854 539	37.2
其他服务（电商）	3 712 443	6.3
总计	58 776 097	100

（1）直播（打赏）业务收入

直播业务是快手蓬勃发展的基石和现金牛业务。快手通过运营维护移动平台，让用户可在平台上免费观看主播的直播表演，进行实时互动。同时，快手运营虚拟物品系统，观众可以购买虚拟物品并作为礼物赠送给主播以示支持及赞赏。

因此，在直播业务中，快手的收入主要来源于平台销售虚拟物品产生的收入。快手生产虚拟物品，在转让给客户前控制虚拟物品。一旦观众将虚拟物品赠送给主播，快手就不再有与虚拟物品相关的义务，故虚拟物品销售收入在用户将其赠送给主播时确认。观众将虚拟物品赠送给主播前，虚拟物品销售所得款项以客户预付款列账。主播在积累一定的礼物后，可以将礼物兑换成货币，也就是根据快手与主播签订的分享收入协议中的预先厘定比例支付给主播礼物的收入分成，然后通过软件合作的第三方支付平台进行提现。这部分支出快手在合并损益表内确认为销售成本。2020年，快手直播打赏业务营业收入为332.09亿元，同比上升5.6%；主播的收入分成及相关税项比例在55%左右。

（2）广告业务收入

快手为客户提供多元化的在线营销解决方案，包括广告服务、快手粉条及其他营销服务。广告是快手平台与电商、广告商平台之间的协议，广告的投播量是直接决定快手盈利的重要因素之一。从广告业务结构上看，品牌、信息流等广告约占50%左右，电商（小店通等）占30%左右，广告联盟占20%左右。

快手提供基于效果的广告服务，允许广告客户在快手的移动平台及第三方互联网产品上放置链接。基于效果的广告服务的呈列及交付方式主要为显示可点击缩略图的短视频与其他推荐短视频，或以不同频率在其他短视频之间显示。快手根据主动点击向广告客户收费。快手厘定点击一次链接即达成履约责任一次。在该模式下，收入在用户点击客户提供的链接时确认。而基于展示的广告服务，如开屏启动广告以首页弹出广告、传统横幅广告、标志及魔法表情植入等形式在平台的多个页面投放。由于展示类广告均为短期，收入在广告展示期间按比例确认。

（3）电商业务收入

快手为入驻的商家提供销售产品的多种渠道，给快手的用户提供了一种无缝的在线购物体验。通过快手提供的平台，用户可在直播、短视频或用户资料页面中点击主播及短视频创作者提供的链接，获得第三方电商平台的产品及服务。2021年上半年,电商等其他业务营业收入31.9亿元,实现GMV 2 640亿元,货币化率1.2%。快手小店构建电商业务闭环,截至2021年第二季度占GMV的90.7%。

快手允许商家在其平台促销及出售商品并根据协定的佣金比率就通过其平台完成的商品出售收取佣金。快手并无控制通过其平台出售的商品。电商业务有关的佣金收入在商品出售交易完成时确认。

2. 企业资质

快手已经在数据和科技基础设施上投入大量资源,公司有超过5 000名研发员工组成的团队,开发了业界领先的人工智能、大数据分析等技术。快手在个性化推荐、内容及数据分析等多个领域不断加强技术能力,招聘行业内的顶尖人才,包括研究人员、经验丰富的工程师和世界知名院校的毕业生。快手上市时,在中国境内就已经注册了967项专利、864个软件及其他版权、3 395个商标及928个主要域名;在海外注册了455个商标。并且在中国递交了2 711项专利、1 193个商标申请,在海外递交了333个商标申请。应该说,快手不仅仅是一家短视频平台公司,还是一家高科技公司。

同时,快手子公司北京达佳已被认定为高新技术企业、"软件企业"资格,并于2020年取得"国家重点软件企业"资格。

3. 期权计划

快手目前存在一个员工持股平台,员工持股计划可能授出的期权及受限制股份的相关股份总数为711 946 697股。员工持股计划的目的是通过以授出快手股份激励的方式激励员工,促进公司的成功,并提高股东的利益。截至2021年1月7日,快手已根据员工持股计划向7 020名

第 10 章 数字时代企业税收筹划综合案例

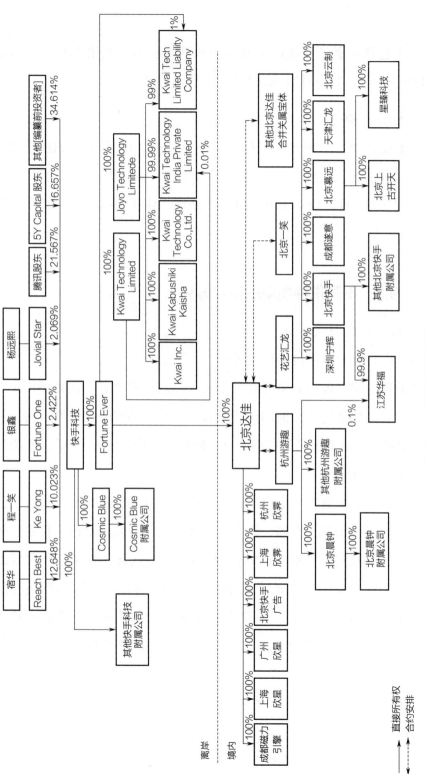

图 10-22 快手的股权结构

承授人（包括董事、高级职员及本公司其他雇员）授出期权，可认购共626 184 514 股，其中对应 363 146 799 股已行使。

4．VIE架构

快手像百度、阿里巴巴那样，在境外上市时也采取了 VIE 模式（如图 10-22 所示）。这种模式使公司的境外上市、境外资本的流动更加便利。2014 年 2 月 11 日，快手于开曼群岛注册成立快手科技，作为快手集团的控股公司。

10.9.3　不同税种视角的税收筹划

1．增值税的税收筹划

（1）广告业务增值税的税收筹划

快手目前的广告投放主要有三个地方：用户发现页、视频播放页和跳转落地页等。快手广告目前的计费方式有三种：CPC（按照点击的次数收费）、CPM（按照千次曝光收费）、OCPO（按照优化点击收费，本质还是按照 CPC 进行收费）。

在激烈的市场竞争环境中，快手对广告投放业务定价会随着客户消费量的增加而有所降低。比如，快手在和客户签订合同的时候，按照广告的点击次数进行收费，安卓点击的收费是 0.1 元 / 次起，如果客户需要的点击量较大，快手就会相应地降低单次点击的收费。客户因为购买的点击量的增多，获得了较大的价格优惠，价格优惠会进一步促进客户购买次数的增加，帮助快手留住客户。这一业务在发票的开具方面存在着税收筹划的空间。

假定快手与客户签订价值 50 万元的广告合同，给予客户 9 折优惠，实际收取的金额为45万元。如果在开票的时候，将销售额和折扣额放在两张发票上或者未在发票中将两者区分开来，这时候折扣额是无法进行扣除的。运用税收筹划的手段，快手在进行开票的时候将合同价格、客户享受的折扣额在同一张发票上进行标明，这个时候计税基础即为45万元而不是50万元，为企业节省增值税3 000元。

（2）电商业务增值税的税收筹划

在2017年中国人民银行办公厅发布的文件中规定，在网络支付业务中，采用平台对接模式，即客户资金划拨平台再由平台转给商户的行为，是属于无证经营支付的行为，需要进行整治。快手目前的电商业务实际上是向着京东、淘宝这类头部电商靠拢的，即将消费者引向商家，存发货均由商家负责，是属于中介平台性质。但是，目前在快手上进行交易，消费者的钱是由快手暂为保管，再由商家进行提现。如果按照自营的方式运营，须按照全额交易款的13%征收增值税。若快手寻找有资质的第三方支付机构或者金融机构的托管业务，在进行计税的时候就可以将快手完全视作电商平台，只是通过收取商家交易佣金的形式获利。通过该种筹划，快手在销售应税商品时适用的税率就从13%变为了服务业的6%。

（3）直播业务增值税的税收筹划

快手这类互联网短视频、直播企业主要是以提供服务为主，很多无法取得增值税专票，进项不能抵扣。人工成本开支大，可抵扣税费少，造成了企业在增值税上存在着较大的负担。这个时候，我们可以借鉴建筑企业在面对大量人工成本时使用的方式，即采用劳务派遣和外包来降低人工成本。快手在进行主播选择的时候，可以选择进项部分能够抵扣的渠道，比如将部分高成本主播外包给劳务公司或者其他的内容制造商；

不与主播个人直接对接，与主播的公司进行签约。快手通过外包或者与主播公司签约的方式，可以取得进项税抵扣发票，减少增值税的纳税负担。

2. 个人所得税的税收筹划

（1）雇员个人所得税的税收筹划

筹划企业员工个人所得税常用的手段是工资收入福利化。快手每月为员工提供2 000元的现金住房补贴，该部分补贴实际上是要缴纳个人所得税的。如果将该部分补贴改变形式，不以现金的形式发放，将其转化为公司的福利支出，比如提供员工福利住房、设置上下班定点班车等，该部分支出还可以作为企业的经营费用列示，每位员工可以减少应纳税所得额2 000元。

（2）主播个人所得税的税收筹划

2021年12月12日，拥有千万粉丝的雪梨、林珊珊的淘宝店铺被平台封禁，两人11月份因偷逃税款合计被罚超过9 300万元。近年来，电商直播的风头扶摇直上，网红纷纷走进直播间开始进行带货，主播年入千百万元早已屡见不鲜。随着越来越多网红偷税漏税情况被查处，中宣部《关于开展文娱领域综合治理工作的通知》明确规定，将对网络主播和明星艺人的税收情况进行严厉核查，要严格禁止扩大税收优惠政策的执行范围。2020年，快手支付的主播收入分成及相关税费达到118.4亿元，占整个销售成本开支的60%左右。可见，对于主播人群的个人所得税进行合理合法筹划可以为企业节省大笔的成本开支。

1）利用企业形式的不同转移税负

主播应就其获得的收入缴纳个人所得税，但是随着主播个人身份、计算规则的不同，计算出的结果也有着较大的差异。第一种是主播和快手进行签约，签订劳务合同，两者形成雇佣关系。这是快手目前与多数主播的合作方式。快手按照工资薪金预扣预缴个税，采用综合所得，按3%~45%的超额累进税率进行计算。第二种是主播成立个人工作室或者个人独资企业，以该种形式与快手签约，取得的收入即为工作室的经营所得，缴纳的税种为增值税和个人所得税。个人工作室不需要缴纳企业所得税，直播收入所得按照经营所得5%~35%的五级累进税率缴纳个人所得税。

根据税法规定，全年收入超过96万元，就要按照最高档次进行个税的缴纳，而多数直播的明星和火爆的主播年收入远远高于96万元。通过工作室缴纳个税最高线变为35%，可以减少10%的税额。使用该种筹划方式，可以大幅度地减少快手为主播支付的各项税费。

2）利用税收洼地降低税负

虽然我国目前加强了对税收洼地的监管，但是利用全国各地在税收上的优惠政策减少企业税负仍然是可行的。以江苏新沂为例，2021年这里陆续注册了1 200多家影视文化类公司。目前江苏像这样的地区还有很多，为了促进当地GDP的发展，针对直播销售行业设定扶持政策，在核定资质后，可享受增值税和个人所得税征收率为0.5%~5%。经过主播在税收洼地注册企业这种筹划之后，主播的个人所得税的税负在之前35%的基础之上又可以下降到5%以下。

3. 企业所得税的税收筹划

（1）研发活动的税收筹划

快手作为大型短视频直播平台，在研发方面进行了大量的投入，研发成本从2017年的5亿元到现在已经达到了65亿元，成为快手的主要开支之一。目前，我国针对研发型的科技企业具有加计扣除、税率降低等各种优惠。快手可以通过设立全资的独立子公司，专门进行研发设计工作，实现税费的节约。比如，快手旗下的子公司北京达佳已经被认定为高新技术企业，享受优惠税率。快手成立全资子公司剥离研发业务的初期肯定会增加相应的成本支出，但是高新技术企业可以享受更多的研发费用的加计扣除和更低的企业所得税的优惠税率。从长远发展的角度来看，可以拓宽盈利的空间，节约一笔可观的资金。

（2）网络红包的税收筹划

网络红包补贴，比如看视频红包补贴、看广告红包补贴等已经成为平台吸引客户、进行宣传的重要手段。快手在平台中发放的网络红包，根据现行的企业所得税法规定，该部分如果作为业务宣传或者广告费用进行列支，只能在收入的15%内扣除。根据国家出台的个人红包征收管理规定，个人取得的网络红包，如果是出于商业目的发放的，应该由派发企业按照20%的税率代扣代缴对偶然所得征收的个人所得税。也就是说，扣除的红包支出中，有部分代扣代缴的个人所得税也是可以税前扣除的。但是，快手进行代扣代缴个人所得税需要红包领取人实名的身份信息，目前尚不能完全实现该项信息的全面获取。因此，在税收筹划环节建议快手科技加强用户实名系统的完善，每月纳税申报，并保留申报的凭证，进行企业所得税税前项目的扣减。

4. 文化事业建设费的税收筹划

文化事业建设费旨在促进文化产业的发展，丰盈文化事业基金，针对户外广告单位和广告媒介单位在境内提供的广告应税服务征收的一种税费。征收税率为3%，计费基数为广告服务取得的销售额。

利用服务差异进行税务规划。文化事业建设费于1999年开始实施，开展的时间比较早,因此该税费中的很多规定针对的是传统的广告服务,对互联网广告中的相关规定并未做详尽规定。快手科技的广告服务主要是为客户提供广告推广的平台,在签订合同的时候可以将平台的技术或者平台的资源作为标的,以技术服务或者信息服务的项目进行开票,将其划入非广告收入的范畴,减少文化事业建设费的征收。

就快手科技的情况来看,广告服务是该企业针对个人消费者和商业消费者变现的重要手段,广告业务在近年来也已经成为快手的三大业务之一。快手目前仍然处在用户培育稳固和流量补贴的重要阶段,广告收入是其关键收入来源,因此文化事业建设税的征收对企业税负的影响应该得到更多的关注。

在使用上述方式进行快手科技的税收筹划之后,筹划前后的对比结果如表10-24所示,可见在很大程度上可以帮助快手科技减轻税收负担。

表10-24 税收筹划前后对比表

筹划税费	筹划方向	筹划方式	筹划效果
增值税的税收筹划	广告业务增值税筹划	在折扣销售中,将销售额和折扣额在一张发票中分别列示	折扣部分从应税收入中进行扣除
	电商业务增值税筹划	设置可信的第三方机构暂存客户资金	快手在销售应税商品时适用的税率从13%变为了服务业的6%
	直播业务增值税筹划	采用劳务派遣或者多与主播公司签订合同	快手科技取得了更多的进项税抵扣发票,减少了增值税的纳税负担
个人所得税的税收筹划	员工个人所得税筹划	现金补贴转化为员工福利	原本的住房补贴可以作为快手的经营费用列示,每位员工可以减少应纳税所得额2 000元
	主播个人所得税筹划	主播成立个人工作室或者个人独资企业,以企业名义与平台签订合同;利用税收洼地	主播工作室缴纳个税最高线由45%变为35%,减少了10%的税率

(续)

筹划税费	筹划方向	筹划方式	筹划效果
企业所得税的税收筹划	研发活动税收筹划	成立全资科技研发型子公司	被认定为高新科技企业的全资子公司,从2017年起享受企业所得税15%的优惠税率
	网络红包税收筹划	整理代扣代缴的个人所得税部分的信息,作为企业所得税的税前项目扣除	在原有基础上,增加企业所得税的税前扣除项目
文化事业建设费的税收筹划	广告服务税收筹划	利用服务差异,将广告服务转化为技术服务或者信息服务项目并开具发票	减少费率为3%的文化事业建设费的缴纳

10.9.4　市场主体视角的税收筹划

税收筹划是一项事先筹划的工作,所以公司可以依据目前施行的税收法律规定,在经营业务未发生前事先安排,调整自身的业务,选择最佳纳税方案,争取最大利润。但假如公司的业务已经发生,应税收入已经确定,再开展税务筹划就是逃避税收。常见的避税方式即通过交易将企业从税赋高的地方转移至税赋低的地方,其实现方式包括企业注册地的选择、注册企业类型的选择、注册企业所属行业的选择、谁作为投资人与出资人进而获得收益的选择等。

1. 直播业务的税收筹划

(1) 直播行业纳税的现实情况

其实,纳税合规是税务筹划的基础。那么,要做到纳税合规,最基础的就是先要清晰地了解涉税财务核算的特点。直播行业经历了多个不同的发展阶段,也诞生了"经销团队网络化""外包服务集成化"以及"代运营团队规模化"的产业发展特点，在不同时期，劳动所得、劳务所得、自营情况下的生产经营所得几乎同时不同程度地并存。直播从业人员的收入又兼具有日薪周薪结算、普通营销劳务、流量商誉赋能、IP价值打造、商品价差提成、平台股权激励等多重性质；其成本也因外化为无法准确计量的"形象支出""展业成本""团队运营成本"或其他无票支出等而最终未实际入账；项目实施中，还普遍存在"直播从业人员自营收入垫资""内部承包或代运营包税制""平台转售或寄卖"等多层次核算体系。直播行业的这些核算特点复杂且变化速度快，要进行合理的税收筹划难度较大。

  直播带货的人员越来越多，门槛也较低，但这当中很多直播带货人员的税务意识不强，因此时常有主播偷税漏税的情况发生。纳税是每个公民应尽的义务，切不可通过隐瞒收入等不正当的方式来进行避税。作为主播人员或者直播平台需要提高税务意识，通过税收筹划以合规合法的方式来进行避税。从2018年10月的影视行业高收入群体的补税事件起，网红直播行业频频爆发各种查税、补税及罚款风波，其实体现了税务部门要求网络主播等新兴业态从业人员在行业高速发展的同时，需要提升税法遵从度，承担与收入相匹配的社会责任。

  2021年4月23日，《网络直播营销管理办法（试行）》中规定直播平台应当提示直播间运营者依法履行纳税义务，并依法享受税收优惠。直播平台及直播营销人员服务机构应当依法履行代扣代缴义务。相关政策的出台强化了直播平台经营者的义务，即对那些既没有经营主体，又无挂靠机构的主播个人，平台需践行谁扣缴谁核查的义务。因此，对于快手这样的直播平台而言，不仅仅要关注自身纳税的问题，同时也要监督主播依法纳税。

（2）快手方业务税筹划

对于快手来说，其从主播收入中抽取了一定比例的服务费，应该缴纳增值税和企业所得税。目前我国税法对于网络直播行业的界定并不十分清晰明朗，对平台和主播应该缴纳的税费没有出台较为明确的规定。因此，为了争取最佳的纳税筹划的效果，在规划开展直播业务前，快手应该对自身的商业模式有明确的定义。对于快手而言，在快手上开展网络直播，快手提供的仅仅是直播平台，为了争取最佳的纳税筹划效果，快手在申报增值税时，应该将公司的业务定位于服务业，使用税法中规定的 6% 的增值税税率。

（3）主播方税收筹划

在对主播履行代扣代缴义务时，本着对主播开展直播业务积极性的考量，同时保护主播的合法收入，快手也可以本着最佳纳税筹划的原则，在法律允许的范围内，通过各种可能的方式为平台主播提供纳税筹划的帮助，使主播也能在最大程度上享受税收优惠的好处。对于主播来说，应该依法缴纳个人所得税。问题的关键在于主播与直播平台是否签订了劳动合同、是否存在雇佣关系。按照主播提供服务的方式不同，其需要缴纳的税项也不相同，具体如下：

劳动合同：如果主播与网播平台签订劳动合同，与其员工平等，则需要根据"工资薪金"缴纳个人所得税才能获得收入。

劳动关系：如果主播未与直播平台签订劳动合同，仅确定劳动关系，相当于"弹性工作"，则该收入按"劳动报酬所得"缴纳个人所得税。

个人独资企业：如果服务提供商不是个人，而是主播与直播平台合作成立的独资公司，这与许多企业家采用的方式类似，获得的收入是个体工商户的营业收入。

因此，对于主播而言，税收筹划方法有以下几类：

一是利用个人独资企业形式或合伙制企业来降低税负。主播收入属于个人所得税应纳税所得，但是根据不同的情况则计算方式有所不同。如果直播平台和主播个人签订了劳动合同，那么主播为直播平台提供的服务就属于工作范畴以内的事情，平台与主播之间则是雇佣关系，因此，主播取得的收入就属于劳务报酬所得，适用于3%~45%的超额累进税率。但这样，主播承担的税负是比较大的，特别是一些知名的主播。本着鼓励主播积极性以及保护主播合法收入的目的，直播平台可以在主播提供服务前做好两者关系的规划，比如可以由主播以个人成立的独资企业或者合伙企业与直播平台公司签约。

二是利用招商引资等税收洼地来降低税负。主播可以在有国家税收优惠政策的地方成立工作室，享受国家对当地的税收扶持政策优惠。比如几年前的霍尔果斯经济特区，几乎是影视公司的聚集地。众多影视公司和明星在当地开设公司，主要就是为了能享受到当地的税收优惠，比如企业所得税"五免"优惠，以及之后的众多税收优惠条件。因此，主播注册公司也可以采取类似的思路，目前根据江苏徐州、淮安等一些地区对主播网络直播行业的扶持政策，在经济开发区、产业园区注册的直播行业个人独资企业可以申请核定征收，申请后享受增值税和个人所得税的综合征收税率为0.5%~5%。

2. 利用高新技术企业认定进行税收筹划

快手子公司北京达佳已认定为高新技术企业，按规定可自2017年起享受15%的优惠税率。此外，北京达佳获授"软件企业"资格，自首个盈利年度起两年内可免征所得税，其后三年可享受50%的减免，按12.5%的税率纳税。北京达佳于2018年5月作为"软件企业"获得免税，自2017年起追溯适用。北京达佳于2020年取得"国家重点软件企业"资格，自2019年起视乎相关机构的年度评估，享受的优惠所得税税率可以进一步降至10%。由于取得资格的不确定性，北京达佳于2019年采用12.5%的优惠税率计提所得税开支，并于2020年第二季度消除了不确定性，因此就法定税率的转变而进行拨回。北京达佳于2020年采用12.5%的优惠税率缴纳所得税。

除了利用好高新技术企业认定的税收优惠进行筹划外，快手由于大量的技术研发投入，花费了大量的研发费用，这些都是可以进行税收规划的。快手于2017年、2018年、2019年及2020年6月30日止六个月的研发开支分别为4.766亿元、18亿元、29亿元、13亿元，分别占同期总收入的5.6%、8.6%、7.5%及8.9%。依据中国国家税务总局颁布的相关法律法规，自2008年起，从事研发活动的企业于厘定年度应课税利润时，有权要求将其产生的研发开支的150%列作可扣减税项开支。中国国家税务总局于2018年9月宣布，从事研发活动的企业有权自2018年1月1日起将其产生的研发开支的175%作为加计扣除。

快手确定集团实体的年度应课税利润时，要用好政策，就集团实体符合要求的加计扣除做出最佳估计，做好纳税规划。

3. 期权的税收筹划

快手的期权计划作为员工薪资结构的一部分，不仅可以起到激励的作用，在税务筹划方面也可以发挥一定作用。根据我国税法的相关规定，员工在获得股票期权时是不用交税的，当他行权时，行权价低于市场价的差额要按工资、薪金所得缴纳个人所得税。对于行权后的股票在证券市场上进行买卖时，转让价高于行权时市场价的差额暂不征收个人所得税。

由于股票期权和工资、薪金所得、年终奖一样，可以分开独立计税，因此，对于股票期权的处理，可以和年终奖一样，与工资、薪金所得结合起来发放，使每一元都享受最低的税率，最大限度地减少税收负担。同时，上市公司可以向主管税务机关申请备案，自员工股票期权行权之日起，在不超过12个月的期限内缴纳个人所得税。这一规定延长了员工的纳税期限，由原来的6个月延长至12个月，给纳税人进行税收筹划留下了一定空间，可以结合当年的工资薪金选取最佳的纳税期限，争取最大限度地享受税收优惠。

同时，在行权与卖出股票的时机选择上，也可以充分规划使得享受最大的税收优惠。由于行权时行权价低于市场价的差额要按工资、薪金所得缴纳个人所得税，而行权后的股票在证券市场上进行买卖时，转让价高于行权时市场价的差额暂不征收个人所得税，因此，员工应尽量选择在公司股价较低时行权，在公司股价较高时卖出，以充分享受税收政策带来的税收优惠。

因此，公司选择股票期权作为员工工资薪金的组成，不仅可以激励员工与公司一起长期发展，还可以让员工享受一定的税收优惠。

4. VIE架构税收筹划

协议控制境外上市除了融资方便等因素外，税务上的节税效应也是企业的重要考量因素。从快手的招股说明书及年报中披露的所得税的相关信息，我们对其所得税负担进行分析，就可以看出快手设立VIE架构本身就有纳税筹划的意图在里面。具体分析各环节可以享受到的税收利益如下：

（1）经营实体公司的税收利益

经营实体企业北京达佳利用WFOE公司进行关联交易，可以通过向WFOE公司支付特许权使用费、顾问费、技术转让费等方式实现利润转移，进而在WFOE公司享受相应的所得税优惠，降低了整体所得税税负。

（2）开曼公司的税收利益

快手根据开曼群岛公司法注册成立为一家豁免有限公司，无须就收入或资本收益纳税。此外，开曼群岛并无就向股东支付股息征收预扣税。开曼群岛并无参与订立适用于由快手做出或向快手做出的任何付款的双重征税协定。开曼公司的主要功能为上市融资功能，快手设立在开曼，本身没有税收负担亦没有税收利益。

（3）维尔京群岛公司的税收利益

同时，根据英属维尔京群岛国际商业公司法成立的快手实体，获豁免缴纳英属维尔京群岛所得税。维尔京群岛公司出让股权或股票以及所分得的红利（资本利得）可直接归于维尔京群岛公司，无须缴纳资本利得税。同时，对于维尔京群岛公司的股东而言，如果红利留在维尔京群岛公司内就不需要缴纳个人所得税，因此可以达到免除缴纳个人所得税之目的。

因此，快手就可以通过向境外注册成立的直接控股公司分配利润来减少税负。即使根据所得税法中国内地公司向在境外注册成立的直接控股公司分配利润时，向该外国投资者分配的利润须按5%或10%（视乎外国投资者注册成立所在国家而定）的税率缴纳预扣税，税收筹划后的税负也会相对降低。

10.10 蚂蚁集团税收筹划案例

10.10.1 公司简介

蚂蚁集团于2004年成立，2011年脱离阿里巴巴独立运营，秉承"让信用等于财富"的愿景，旗下的支付宝平台所提供的既安全又便捷的支付渠道，为买家和卖家之间搭建了信任的桥梁，改变了人们的消费习惯，也使中国的电子商务往前迈了一大步。

经过十几年的发展，支付宝平台功能越来越丰富，从最初的数字支付与生活服务拓展到数字金融服务，先后推出了余额宝、花呗、借呗、相互宝等创新金融产品，涵盖信贷、基金、保险等业务，同时公司进一步加强与政府的深度合作，通过开发区块链、云计算技术向政府机构贡献力量。不变的是蚂蚁集团始终保持着服务小微经营者的理念，用科技和创新实现金融普惠。

目前，蚂蚁集团旗下各类App活跃用户超过10亿人，其中金融业务活跃用户达7.30亿人，并与2 000多家金融机构合作，是互联网金融企业的典型代表。蚂蚁集团发展的里程碑如图10-23所示。

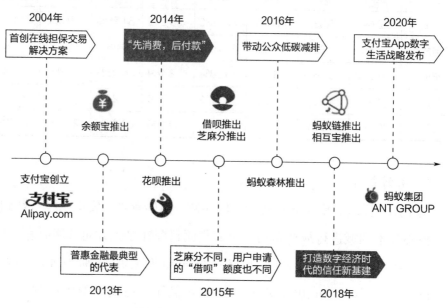

图 10-23　蚂蚁集团发展的里程碑

10.10.2 经营特点

1. 高投入性

从 2017 年到 2019 年,公司营业成本从 237.26 亿元逐渐上涨到 605.15 亿元,2020 年上半年为 300.44 亿元[一],营业成本的逐年攀升体现了高投入性的特点。

公司的营业成本主要由交易成本、运维成本、服务成本三部分构成。其中,交易成本在营业成本中占比最大,平均占比 78.89%。如表 10-25 所示。

表 10-25 蚂蚁集团营业成本主要构成占比

(单位:百万元)

项目	2020 年上半年		2019 年		2018 年		2017 年	
	金额	占比	金额	占比	金额	占比	金额	占比
交易成本	22 691	75.53%	46 710	77.19%	33 243	81.26%	19 356	81.58%
服务成本	4 452	14.82%	8 329	13.76%	3 838	9.38%	1 419	5.98%
运维成本	1 640	5.46%	3 195	5.28%	2 489	6.08%	1 952	8.23%
其他	1 261	4.20%	2 281	3.77%	1 339	3.27%	999	4.21%
合计	30 044	100.00%	60 515	100.00%	40 909	100.00%	23 726	100.00%

2. 高创新性

基于用户需求,围绕人工智能、区块链、风险管理、安全及技术基础设施等核心技术领域进行战略布局,蚂蚁集团目前在多个方向开展研发工作。从 2017 年到 2020 年上半年,公司研发费用分别为 47.892 亿元、69.031 亿元、106.053 亿元、57.204 亿元,占期间费用比例分别为

[一] 相关数据来源:《蚂蚁科技集团股份有限公司首次公开发行股票并在科创板上市招股说明书》。

16.98%、11.77%、27.94%、39.49%，整体呈上升趋势。2019 年比 2018 年的研发费用支出增长了 53.6%，主要原因是职工薪酬的提高。技术人员方面，公司拥有约 16 700 名员工，其中技术人员占总数的 64%，是公司研发创新的坚实后盾，如表 10-26 所示。

表 10-26　2017—2020 年上半年研发费用占比分析

（单位：百万元）

项目	2020 年上半年		2019 年		2018 年		2017 年	
	金额	占比	金额	占比	金额	占比	金额	占比
研发费用	5 720	39.49%	10 605	27.94%	6 903	11.77%	4 789	16.98%
其他期间费用	8 766	60.51%	27 353	72.06%	51 770	88.23%	23 422	83.02%
合计	14 486	100.00%	37 958	100.00%	58 673	100.00%	28 211	100.00%

蚂蚁集团拥有专利共计 26 279 项，据 IPR Daily 报道，过去四年全球区块链企业专利排行榜中，其所属母公司阿里巴巴集团稳居首位。

3. 高收益性

蚂蚁集团的高创新性带来了高收益性。仅 2020 年上半年其营业利润就达到了 2017 年的 2.22 倍，营业利润率达到了 34.11%，同比提高了 83.68%，如表 10-27 所示。

表 10-27　2017—2020 年上半年营业利润（率）与净利润（率）

项目	2020 年上半年	2019 年	2018 年	2017 年
营业利润	24 741	22 401	3 526	11 101
营业利润率	34.11%	18.57%	4.11%	16.98%
净利润	21 923	18 072	2 156	8 205
净利润率	30.23%	14.98%	2.52%	12.55%

10.10.3 涉税情况

1. 公司适用的主要税种和税率

表 10-28　蚂蚁集团各税种计税依据及税率

税费	计税依据及税率
增值税	• 纳税人为一般纳税人的，提供服务应税收入按 6% 的税率计算销项税 • 纳税人为增值税一般纳税人的，2018 年 5 月 1 日之前销售货物应税收入按 17% 的税率计算销项税，2018 年 5 月 1 日起至 2019 年 4 月 1 日之前销售货物应税收入按 16% 的税率计算销项税，2019 年 4 月 1 日起应税收入按 13% 的税率计算销项税，增值税按销项税扣除当期允许抵扣的进项税额后的差额缴纳
城市维护建设税	• 被认定为小规模纳税人的，应税收入按法定征收率计缴增值税。按实际缴纳的流转税的 7%/5%/1% 计缴
教育费附加	• 按实际缴纳的流转税的 3% 计缴
地方教育费附加	• 按实际缴纳的流转税的 2%/1% 计缴
企业所得税	• 除部分于境内设立的子公司享受税收优惠外，企业所得税按应纳税所得额的 25% 计缴

2. 税收负担分析

表 10-29　蚂蚁集团 2017—2020 年上半年主要税种的缴纳情况

（单位：百万元）

项目	2017 年		2018 年		2019 年		2020 年上半年		合计	
	金额	占比	金额	占比	金额	占比	金额	占比	金额	占比
企业所得税	2 437	59.37%	2 784	47.44%	1 441	23.97%	1 437	28.81%	8 099	38.62%
增值税	1 668	40.63%	3 084	52.56%	4 570	76.03%	3 551	71.19%	12 872	61.38%

根据表 10-29 和图 10-24 可知，蚂蚁集团的税收结构从 2017 年到 2020 年上半年发生了较大的转变，2017 年以企业所得税为主，企业所得税占比达 59.37%；2018 年以后，以增值税为主；2019 年增值税占比达到 76.03%。企业所得税下降的原因之一是国家对企业所得税采取的减费降

税政策力度强，且蚂蚁集团身为高新技术企业，本身是政府积极扶持鼓励的对象，能够享受的税收优惠范围较大。

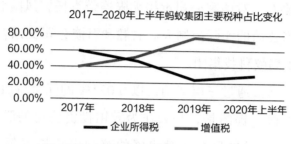

图 10-24　蚂蚁集团主要税种占比变化图

10.10.4　税收筹划方案

1. 创立时期：

（1）公司架构

1）股权架构

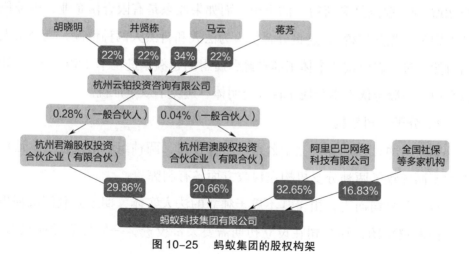

图 10-25　蚂蚁集团的股权构架

数据来源：蚂蚁集团招股说明书。

从蚂蚁集团的股权架构来看，马云以 34% 的股权直接控制了云铂投资公司,而云铂投资公司虽然分别对君瀚、君澳公司仅持有0.28%、0.04%的股权,但是由于君瀚、君澳公司都是有限合伙企业,云铂投资公司作为唯一的一般合伙人,对两家公司承担无限连带责任,风险和收益成正比,云铂也是这两家公司的实际控制人。君瀚和君澳公司又以合计50.52%的股权实际控制了蚂蚁科技集团。

综上所述,马云通过三层架构,以0.031%的间接持股比例实际控制了蚂蚁集团。值得一提的是,马云作为云铂投资公司的股东,即使今后蚂蚁集团亏损,马云也只在认缴出资的范围内承担责任,给自己上了一圈"保险栓"。

成立君瀚和君澳两个有限合伙企业而不是有限责任公司,这样的安排不仅使马云能够"四两拨千斤",还体现了税收筹划的思想。当蚂蚁集团进行分红时,如果股东是法人,需要将已经纳过企业所得税(25%)的税后收益分配给法人股东,法人股东再分配给个人股东,此时个人股东还要交20%的"股息红利所得"的个税。而如果股东是有限合伙企业,则征税的准则为"先分后税",这也分合伙人为法人和自然人两种情况,当合伙人为自然人时,需要按照个体工商户经营所得的超额累进税率(5%~35%)计算个税,一般合伙人本身属于税收透明体,避免了双重征税。

2)分子公司架构

蚂蚁集团可以选择设立子公司或者分公司,两种组织形式在法律地位上的不同导致了两种分支机构在税收方面各有利弊。

对于分公司而言,由于其不属于独立的法人实体,期末其利润或损失会汇回蚂蚁集团,而公司在设立初期需要大量投资,一般处于亏损状态,因此可以降低蚂蚁集团的整体税负。

对于子公司而言,是独立的法人实体,独立核算并纳税,如果蚂蚁集团所适用的税率高于子公司,则选择子公司的形式较为有利。考虑到蚂蚁集团本身属于高新技术企业，适用优惠税率，故建议将部分业务独立出来，设立符合小微企业条件的子公司，年收入低于100万元的部分享受2.5%的实际税率，大于100万元小于300万元的部分享受10%的实际税率。

从整体上看，可以在初期设立分公司，其亏损抵消蚂蚁集团应纳税所得额，待分公司渐入佳境后，则改设为子公司，能认定为小微企业的认定为小微企业，以享受优惠税率。

（2）公司类型的认定

1）投资方：可认定为创投企业

首先，在蚂蚁集团成立初期，从投资方来说，君瀚和君澳两家企业具备成为创投企业的条件，可享受财税〔2007〕31号文所公布的有关税收优惠政策，来减少缴纳所得税。

此外，当君瀚和君澳两家企业给持股人分红时，持股人要按税法缴纳个税，依据财税〔2019〕8号文，创投企业可以选择按单一投资基金进行核算，按照"股权转让、股息红利所得"，以20%税率计算缴纳个人所得税，也可以选择整体核算，按照"经营所得"项目，以5%~35%的超额累进税率计算缴纳个人所得税。如表10-30所示。

表10-30 创投企业的税收优惠政策

政策文号	前提条件	税收优惠具体内容
财税〔2007〕31号	投资于未上市中小高新技术企业2年及以上	可按其对中小高新技术企业投资额的70%抵扣该创业投资企业的应纳税所得额，符合抵扣条件并在当年不足抵扣的，可在以后纳税年度逐年延续抵扣
财税〔2019〕8号	合伙制创业投资企业（基金）	创投企业可以选择按单一投资基金核算或企业年度所得整体核算两种方式之一，对其个人合伙人来源于创投企业的所得计算个人所得税应纳税额

选择哪种方式缴纳个税，我们要考虑个人合伙人的具体收入情况，从收益和成本两个方面考量，单一投资基金核算时只与收益相关，而采用整体核

算时，要考虑成本的扣除。举例来说，如果收益为100万元，成本为10万元，选择单一投资基金核算的税负为100×20%=20万元，选择整体核算，适用35%的税率，税负为（100-10）×35%-6.55=24.95万元，此时选择单一投资基金核算税负较轻；如果收益为100万元，成本为40万元，选择单一投资基金核算的税负为100×20%=20万元，选择整体核算，适用35%税率，税负为（100-40）×35%-6.55=14.45万元，此时选择整体核算税负较轻。6.55是5%~35%的超额累进税率计算缴纳个人所得税的速算扣除数。

2）蚂蚁集团及其子公司：可认定为高新技术企业

蚂蚁集团符合高新企业认定的重要条件（如表10-31所示）。据此可以享受高新企业税收优惠政策，具体政策如图10-26所示。

表10-31 高新技术企业的认定条件（节选）

近三个会计年度销售收入	研究开发费/销售收入
≤5 000万元	≥5%
5 000万元~2亿元	≥4%
≥2亿元	≥3%

此外，蚂蚁金服及其子公司蚂蚁智信不仅可以认定为高新技术企业，还可以认定为软件和集成电路企业，减按10%的税率缴纳企业所得税。

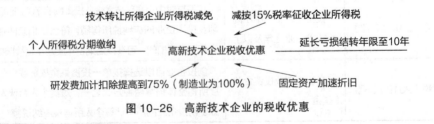

图10-26 高新技术企业的税收优惠

（3）税收洼地的选择

蚂蚁集团总部设立在杭州西湖区，可享受杭州对高新技术企业的一系列补贴政策。考虑到蚂蚁集团的庞大性，在设立子公司的时候，结合交通、市场、经济、环境等因素可设立在靠近长江三角洲的税收洼地，实现税负的减轻，如上海市浦东新区、临港新片区，其税收优惠政策如表10-32所示。

表10-32 临港新片区、浦东新区税收优惠政策

地区	优惠政策
临港新片区	①从2020年7月起，对新片区内从事集成电路、人工智能等关键领域核心环节生产研发的企业，自设立之日起五年内减按15%的税率征收企业所得税 ②上述类型的企业增值税返税40%以上，企业所得税返税50%以上
浦东新区	对经济特区和上海浦东新区内完成登记注册的国家重点扶持的高新技术企业，在上述区域的所得，第一年至第二年免征企业所得税，第三年至第五年按照25%的法定税率减半征收企业所得税

蚂蚁集团还积极响应国家对西部发展的号召，在重庆、成都分别设立蚂蚁蓉信等国家鼓励类产业的子公司，并享受减按15%的税率征收企业所得税。

2. 成长期

（1）从收入出发的税收筹划

蚂蚁集团提供中国领先的数字支付与商家服务、数字金融科技平台和创新业务，三者相得益彰，促进企业发展的良性循环（如表10-33所示）。

表10-33 蚂蚁集团主要业务的占比

（单位：百万元）

项目	2020年上半年		2019年		2018年		2017年	
	金额	占比	金额	占比	金额	占比	金额	占比
数字支付与商家服务	26 011	35.86%	51 905	43.03%	44 361	51.75%	35 890	54.99%
数字金融科技平台	45 972	63.39%	67 784	56.20%	40 616	47.38%	28 993	44.33%
创新业务及其他	544	0.75%	930	0.77%	745	0.87%	514	0.79%
合计	72 528	100.00%	120 618	100.00%	85 722	100.00%	65 396	100.00%

1）数字支付服务

数字支付服务是在商家与用户之间提供支付方式，从而解决双方的交易信任问题，商家按照使用支付宝平台产生的销售收入的一定比例交取服务费，是蚂蚁集团成立初期收入的主要来源，也是最基础的业务。这项业务在创造盈利的同时，也吸引了大量用户，使得其成为流量入口。数字支付服务的流程如图10-27所示。

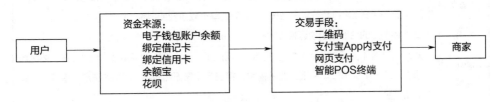

图10-27　数字支付服务的流程

数字支付的收入主要体现在收取的手续费上，针对个人对超出免费提现额的部分收取0.1%的服务费；针对企业的业务主要有收款、对账及退款等资金结算辅助服务，具体费率为0.6%。不管是对个人还是企业，该类服务都属于金融服务——直接收费金融服务，适用增值税税率为6%。

在收取手续费的同时，还会对商家销售或者赠送POS机等终端设备。由于第三方支付机构对接上千万的商户，设备销售的收入不菲，其"无偿赠送"部分也应视同销售，且适用销售货物13%的税率。但是，从整体上看，智能POS终端是用户与商家交易的手段之一，提高了收取手续费的效率。这项销售行为既涉及货物又涉及服务，POS机是收款的手段，而商家收到货款是支付宝平台收取手续费的前提，两者具有从属关系，且手续费是主要收入来源。我们应把收取手续费和销售POS机视作"混合销售"，以主营业务，即直接收费的金融服务的适用税率6%缴纳增值税，这减少了单独核算销售 POS 机所适用的 13% 的税率，达到了税收筹划的效果。

2）数字生活服务

数字生活服务业务主要是为用户提供生活便捷服务，包括由蚂蚁集团自己开发的校园服务、蚂蚁森林项目、生活缴费便民服务以及与第三方合作提供的出行、外卖、电影演出娱乐等服务，涵盖用户生活的方方面面，提高用户的留存度。该类业务应归于经纪代理服务，征收 6% 的增值税。

此外，支付宝平台有较大的客户流量，本身就具有较高的商业价值，可以向商户收取广告费用或平台使用费，该类服务属于现代服务——广告服务，适用的增值税率为 6%。在提供广告服务的时候，支付宝会采用加时折扣的方式进行浮窗广告的低价促销，也就是向客户无偿赠送广告时长，这些赠送的时长按照税法要求应该视同销售处理，但如果通过折扣销售的方式，在一开始的合同中就进行"加量不加价"的处理，可以达到节税的目的。

3）数字金融服务

数字支付业务与数字生活服务业务带来的庞大的用户基础为蚂蚁集团开展数字金融科技服务打下了基础。蚂蚁集团一方面与金融机构合作，一方面面向自身用户，作为平台渠道向用户提供消费信贷、小微企业信贷、保险、理财等金融产品，并向金融机构收取技术服务费。

从 2017 年到 2020 年上半年，蚂蚁集团的主要业务占比发生了较大的变化——数字金融服务后来居上，2020 年上半年占比超过 60%（如图 10-28 所示），活跃用户达到 7.3 亿，与 2017 年相比规模扩大了将近一倍。

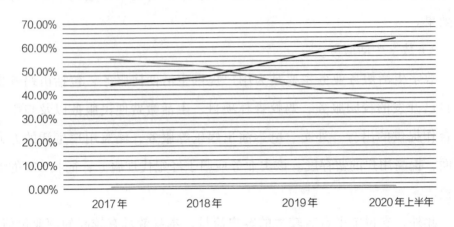

图 10-28 蚂蚁集团主要业务占比变化折线图

蚂蚁集团可以利用自身拥有的数据驱动技术，识别并匹配小微经营者的融资需求，更加方便快捷地让资金需求者获得服务。数据识别包括企业经营流水状况、线上交易活动情况、线下资金需求等，通过多方面分析来更加深入地洞察和衡量小微经营者的经营情况以及信誉状况。服务对象类别广泛，如淘宝、天猫商家，注册使用客户端进行线上支付的线下商家，还有三农用户群体。

以借呗为例，借呗最低信用额度为 1 000 元，可分期 3~12 个月，无免息期。有了数据驱动的基础，借呗平台可以充分利用财税〔2016〕36 号文的规定，对贷款进行精准化的贷后管理，对于超过 90 天逾期未收利息产生的税额及时扣除，待最后实际收到利息时再转回，获得资金的时间价值。

蚂蚁集团 2020 年上半年贷款余额逾期率如图 10-29 所示，六个月平均 90 天以上逾期率为 1.65%。2020 年上半年，蚂蚁集团微贷平台收入增长至 286 亿元，可扣除增值税销项税额约为 2 877 万元，起到了递延纳税的作用。

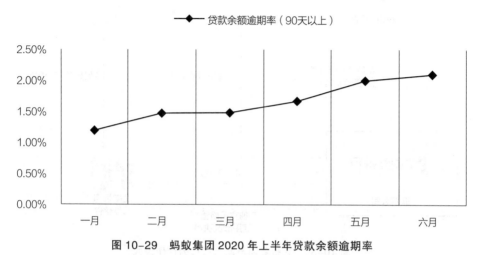

图 10-29 蚂蚁集团 2020 年上半年贷款余额逾期率

此外，由于蚂蚁平台的主要客户为小微企业、个体工商户等，借款合同的印花税也是可以免除的，具体参照财税〔2017〕77 号公告。

网商银行是中国第一家将核心系统架构在金融云上的银行，主要向创业者和农户提供贷款服务，助力实现国家"普惠金融"的战略，也是蚂蚁集团重要的合作伙伴、联营公司。小微经营者不再直接面向金融机构，而是通过蚂蚁集团和网商银行申请贷款，兼具便捷性、安全性与及时性，具体流程如图 10-30 所示。

网商银行 2020 年的利息收入为 1 146 894.77 万元，免征的增值税额为 64 918 万元，免征的印花税为 630 万元。蚂蚁集团是网商银行的联营公司，占 30% 的股份，在年末通过权益法核算，相当于间接享受了普惠金融的税收优惠政策。

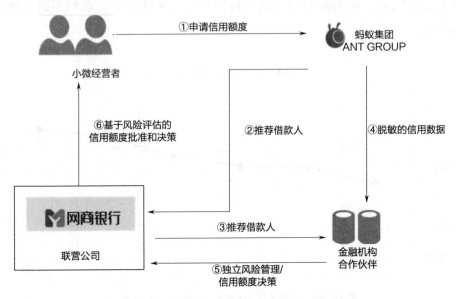

图 10-30　蚂蚁集团与网商银行的合作模式

（2）从成本出发的税收筹划

1）固定资产

从 2017 年到 2019 年，蚂蚁集团固定资产账面价值从 12.744 亿元上涨到了 58.362 亿元，2020 年增长更为迅速，仅上半年就达到了 55.763 亿元，在非流动资产中的占比也逐年上升。

蚂蚁集团采用直线法折旧，将固定资产分为三大类，分别适用不同的使用寿命、预计净残值率，具体规定如表 10-34 所示。

表 10-34　不同类型固定资产的折旧属性规定

项目	使用寿命	预计净残值率	年折旧率
房屋建筑物	30 年	3%	3.23%
电子设备	3~5 年	0~3%	19.40%~33.33%
办公及运输设备	3~10 年	0~3%	10.00%~33.33%

2020年6月，电子设备总金额为63.38亿元，在固定资产中占比为63.56%。考虑到电子设备更新换代快，按照配比原则，蚂蚁集团可考虑对电子设备适用加速折旧法以增加前期可抵扣税款，达到递延纳税的效果。

此外，公司还可以考虑通过融资租赁、分期付款以减少现金流压力的同时，把设备放入税率为25%的子公司，再通过经营租赁获得设备的使用权，实现税前抵扣的最大化。

2）无形资产

新技术、新专利等无形资产的开发和促使无形资产变现是蚂蚁集团及其旗下科技型子公司无形资产投资活动中的重点，从2017年到2019年，蚂蚁集团无形资产从最初的13.66亿元增长到了150.42亿元，增长了10倍不止。这体现了蚂蚁集团的高创新性与高投入性的特点，"琳琅满目"的专利技术是其发展的底气。2020年更是加快了研发的步伐，仅上半年无形资产就达到了148.73亿元，占非流动资产比例从3.24%上升达10.52%，逐年上升的比重凸显出对无形资产进行税收筹划的必要性。

目前，科技成果投资一般有两种方式：直接转让或技术入股。如果是直接转让，主要是注意转让所得500万元这一临界点的运用，低于临界点的部分免税，高于临界点的部分减半征收。如果是技术入股，符合税务机关规定条件的可以递延缴纳企业所得税，转让时再按规定用收入减去原值和相关税费的差额作为计税基础。

这就需要我们具体问题具体分析。例如，用一项技术成果对外投资，开发成本为388万元，转让时的公允价值为800万元。如果蚂蚁集团采用直接转让的方式，其应纳税所得额为800−388=412（万元），由于小于 500 万元，企业所得税可以进行免税处理，以后转让股权时，可以扣除 412 万元的成本；如果蚂蚁集团选择技术入股的方式实现无形资产的收益，虽然暂时不用缴纳企业所得税，但以后转让股权时，仍然需要按规定缴纳所得税，与直接转让不同的是，能扣除的成本仅为 388 万元。综上所述，选择直接转让税收收益较高。然而，我们不能"一刀切"，也要结合公司的现金流情况进行讨论：如果现金流充足，则通过直接转让来享受免税或减半征收是再好不过的；如果现金流相对不充足，通过技术入股可以暂缓交税，以获得资金的时间价值；但如果资金流已经短缺到无法周转，出现经营困难的时候，则我们的考虑不应局限于税收筹划，而应站在公司的整体运营之上考虑，此时直接转让为权宜之举。

3）员工激励计划

蚂蚁集团秉承着"有人才，才有未来"的信念，从公司成立初期就设立了员工激励计划，拟配置 9 亿股股份，通过增发或回购股票回馈员工。

基于财税〔2016〕101 号文，员工在获得股权激励的时候可以选择是否享受递延纳税政策，具体比较如图 10-31 所示。

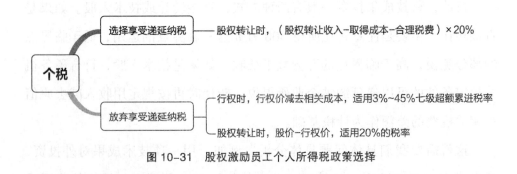

图 10-31　股权激励员工个人所得税政策选择

举例来说，员工金某在蚂蚁集团工作六年了，于四年前被授予股票期权数量 20 000 股,施权价为 10 元/股,计划行权当日为 20 元/股,在股价为 30 元/股时转让出去。若不享受递延纳税政策,行权时的应纳税额为 20 000×(20-10)×20%-16 920=23 080 元;转让时的应纳税额=20 000×(30-20)×20%=40 000 元,合计应交个人所得税 23 080+40 000=63 080 元。假设他享受递延纳税政策,应纳税额为 20 000×(30-10)×20%=80 000 元,反而比不享受递延纳税时多交了 16 920 元,原因在于行权时该员工适用的超额累进税率为 20%,与股权转让税率一样,但在收入不超过 144 000 的部分适用 10% 的超额累进税率,最后还要扣除速算扣除数。而如果行权价与施权价相差较大,适用累进税率达到 25% 及以上,则选择递延纳税政策的税负更低。表 10-35 计算了不同工作月份行权价与施权价差额对递延纳税政策的临界值。

表 10-35 不同工作月份行权价与施权价差额对递延纳税政策的临界值

(单位:元)

工作月份数	1	2	3	4	5	6
临界值	20 100	40 200	50 300	80 400	100 500	120 600
工作月份数	7	8	9	10	11	12
临界值	140 700	160 800	180 900	201 000	221 100	241 200

例如,若蚂蚁集团员工郑某工作获得股权激励,当行权日市价与施权价的差价所得达到 241 200 元时,两种选择无差异;小于 241 200 元,则选择不享受递延纳税政策,反之则选择享受递延纳税政策。

3. 案例总结

基于蚂蚁集团作为互联网金融企业的特点及其高投入性、高创新性、高收益的基本状况,从初创期到成长期的多个方面进行纳税筹划,总体框架如图 10-32 所示。

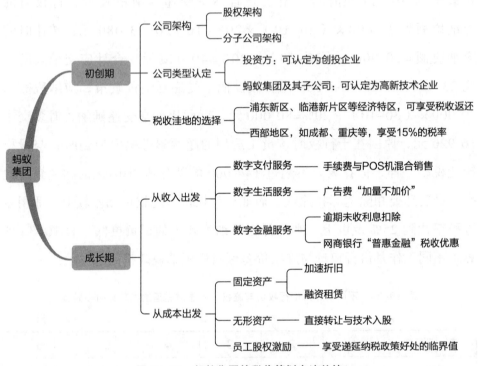

图 10-32　蚂蚁集团的税收筹划方法总结

10.10.5　税收风险提示

1. 客户备付金

消费者在通过第三方支付平台进行交易时，是先将完成支付所需的金额存入平台，待交易完成后，平台再转而支付给实际收款方，客户备付金即暂存交易金额。2017 年以前，支付宝平台通常将客户备付金存到平台银行账户以赚取利息，即备付金收益（如图 10-33 所示）。

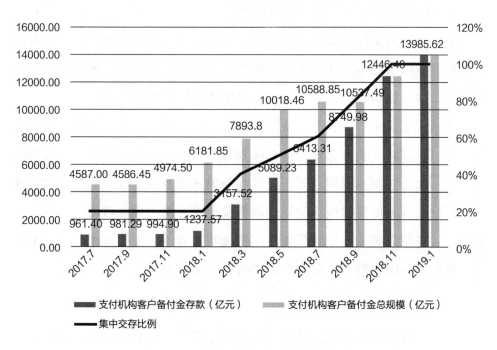

图 10-33　支付机构客户备付金存款规模变化

财税〔2016〕36 号文将存款利息列为不征增值税项目，对于企业所得税而言，则作为主营业务收入依法缴纳。2017 年，央行发布的《中国人民银行办公厅关于支付机构客户备付金全部集中交存有关事宜的通知》指出，所有第三方支付平台不允许挪用客户备付金，应逐步集中存管至央行客户备付金专用无息账户；2021 年央行发布《非银行支付机构客户备付金存管办法》，明确备付金全额集中存入中国人民银行或符合要求的商业银行，增加了对违规行为的惩罚措施。

在强监管态势下，蚂蚁集团应将客户备付金单独监管、定期检查，关注纳税义务实现时间，避免产生税务风险，需按时向税务机关汇报客户备付金的最新动向，发生投资变化等也应及时通知税务机关并做好相应备案。

2. 线上业务纳税地点、时间问题

蚂蚁集团需关注账款的实际收支、入账、纳税时间的差异性，及时以取得的利息收入缴纳应缴纳的增值税款，特别要注意纳税义务实现时间的准确性，如果隐瞒收入或推迟纳税，可能会产生税务风险。

从纳税地点来看，线上交易没有地域上的边界，交易地点存在极大的流动性，难以将互联网金融企业具体划分到某一个税收管辖区。在我国税法中，一般是按照互联网金融企业的注册地或服务器所在地确定税收管辖区，但这就容易使互联网企业通过在低税地选址的方式来避税。在进行纳税地点税务规划时需要注意尽量使注册地与实质业务发生地相一致，避免被税务机关认定为是为了避税而设立的"空壳公司"。

3. 税收政策变化导致的风险

当前，我国财政政策的基本方向是减税降费，因此国家陆续出台了一些税收减免政策。但是，由于税收政策的变化速度较快，税务部门在推行实施新的政策时，新旧政策之间可能会存在内容上的交叉、重复或者矛盾的情况，而且对于企业来说也无法提前掌握新政策的变化方向，这就可能会使一个税收筹划方案在当下是合理合规的，但是可能在下一个经营周期就不再适用。特别是对于蚂蚁集团，涉及的税收优惠纷繁复杂，公司内税务人员应该时刻关注政策变动情况，因为政策的变动以及对政策应用不当，会给企业带来一定的税收筹划风险。

参考文献

[1] 蔡昌，李艳红. 共享经济的税收治理难点与治理方略研究 [J]. 商业会计，2020（5）：4-9.

[2] 蔡昌，马刘丁，蔡一炜. 云计算推进税务管理创新研究 [J]. 财政研究，2021（9）：113-125.

[3] 蔡昌，马燕妮，刘万敏. 平台经济的税收治理难点与治理方略 [J]. 财会月刊，2020（21）：120-127.

[4] 蔡昌，王道庆. 业财法税融合：理论框架与行动指南 [J]. 税务研究，2020（12）：122-128.

[5] 蔡昌，赵艳艳. 数字经济发展带来的税收难题 [J]. 中国财政，2019（18）：34-35.

[6] 蔡昌. 电商税收流失测算与治理研究 [J]. 会计之友，2017（8）：2-13.

[7] 蔡昌，马燕妮. 数字经济征税规则的变革趋势与中国应对举措——基于美国电商Wayfair税案的研究 [J]. 创新，2020，14（4）：88-99.

[8] 蔡昌，张赛，王思月. 中联重科组织架构的涉税分析与筹划 [J]. 新理财，2018（4）：58-60.

[9] 陈宇，李锐. 我国分享经济税收问题研究 [J]. 中央财经大学学报，2017（8）：3-12.

[10] 刘峰. 数字时代税收治理的机理、要素与优化路径 [J]. 税收经济研究，2020，25（5）：39-44.

[11] 蒋永穆. 数据作为生产要素参与分配的现实路径 [J]. 国家治理，2020（31）：43-45.

[12] 励贺林，姜丹. 新征税权对亚马逊公司在线商城商业模式的适用性探讨 [J]. 国际税收，2020（8）：37-43.

[13] 励贺林.对数字经济商业模式下收益归属国际税收规则的思考[J].税务研究，2018（7）：76-83.

[14] 李建军，冯黎明，尧艳.论健全税收再分配调节机制[J].税务研究，2020（3）：29-36.

[15] 李卫东.数据要素参与分配需要处理好哪些关键问题[J].国家治理，2020（16）：46-48.

[16] 刘奇超，曹明星，王笑笑，等.数字化、商业模式与价值创造：OECD观点的发展[J].国际税收，2018（8）：20-29.

[17] 龙卫球.数据新型财产权构建及其体系研究[J].政法论坛，2017，35（4）：63-77.

[18] 陈珊，王婷婷，罗振策.跨境数字交易增值税制度之国际经验借鉴[J].国际税收，2019（2）：31-35.

[19] 芦俊成，王思月.关于京津冀协同发展中税收分享机制的探讨[J].税收经济研究，2019，24（4）：86-95.

[20] 陆岷峰，王婷婷.数字化管理与要素市场化：数字资产基本理论与创新研究[J].南方金融，2020（8）：1-10.

[21] 马涛.健全数据作为生产要素参与收益分配机制[N].学习时报，2019-11-27（1）.

[22] 乔安娜·海伊，陈新."在价值创造地征税"与OECD/G20税基侵蚀与利润转移项目[J].国际税收，2018（6）：31-37.

[23] 孔庆凯.数字经济对跨境服务贸易增值税征管的挑战与应对[J].国际税收，2018（9）：75-80.

[24] 石丹.大数据时代数据权属及其保护路径研究[J].西安交通大学学报（社会科学版），2018，38（3）：78-85.

[25] 孙宇娜.京津冀协同发展背景下的税收分享机制研究[J].现代经济信息，2018（4）：230.

[26] 孙兆东. 强化数据和数字资产的价值创造 [N]. 中国银行保险报，2020-09-07（2）.

[27] 王建伯. 数据资产价值评价方法研究 [J]. 时代金融，2016（12）：292-293.

[28] 王建冬，童楠楠. 数字经济背景下数据与其他生产要素的协同联动机制研究 [J]. 电子政务，2020（3）：22-31.

[29] 韦安明，何亚维，王晓茹. 大数据视角下的互联网视频用户行为 [J]. 广播与电视技术，2016，43（3）：46-54.

[30] 吴沈括. 数据治理的全球态势及中国应对策略 [J]. 电子政务，2019（1）：2-10.

[31] 徐凯舟. 数据要素参与收入分配应重视权属分离和数据保护问题 [J]. 网络安全和信息化，2020（1）：25.

[32] 杨晓雯，韩霖. 数字经济背景下对税收管辖权划分的思考——基于价值创造视角 [J]. 税务研究，2017（12）：53-56.

[33] 殷利梅. 数据驱动价值创造的模式分析 [EB/OL]. http：//www.etiri.com.cn/web_root/webpage/articlecontent_101006_3188.html.

[34] 贝克尔，恩利施，尚茨，等. 如何（不）对数据进行征税 [J]. 海关与经贸研究，2020，41（1）：84-97.

[35] 臧国全，张凯亮，闫励. 个人数据价值计量研究——基于改造的 BDM 机制 [J]. 图书情报工作，2020，64（7）：103-109.

[36] 张鹏，蒋余浩. 政务数据资产化管理的基础理论研究：资产属性、数据权属及定价方法 [J]. 电子政务，2020（9）：61-73.

[37] 朱扬勇，叶雅珍. 从数据的属性看数据资产 [J]. 大数据，2018，4（6）：65-76.

[38] 庄子银. 数据的经济价值及其合理参与分配的建议 [J]. 国家治理，2020（16）：41-45.

[39] 李政，周希禛. 数据作为生产要素参与分配的政治经济学分析 [J]. 学习与探索，2020（1）：109-115.

[40] 刘蕾. 互联网企业跨国并购财务风险控制研究 [D]. 济南：山东大学，2018.

[41] 蔡凌峰. 腾讯控股并购 Supercell Oy 案例分析 [D]. 深圳：深圳大学，2018.

[42] 高超. 腾讯跨国并购 SUPERCELL 的绩效研究 [D]. 长沙：湖南大学，2018.

[43] 龚小芸，张树培. 我国企业并购的财务风险管理研究——以腾讯并购 Supercell 为例 [J]. 现代商贸工业，2017（24）：84-85.

[44] 李淼. 腾讯缔造新纪录：收购全球最赚钱手游商 [J]. 中国战略新兴产业，2016（14）：54-55.

[45] 李文晋. "腾讯控股"并购"SUPERCELL"案例研究 [D]. 广州：华南理工大学，2018.

[46] 李晓. 腾讯并购芬兰 Supercell 公司的动因分析 [J]. 中国乡镇企业会计，2018（1）：70-71.

[47] 刘蕾. 互联网企业跨国并购财务风险控制研究 [D]. 济南：山东大学，2018.

[48] 刘俞宏. 企业跨国并购中的财务风险分析及防范——基于腾讯收购 Supercell 的案例分析 [J]. 中国商论，2019（16）：85-87.

[49] 戎珂，肖飞，王勇，等. 互联网创新生态系统的扩张：基于并购视角 [J]. 研究与发展管理，2018，30（4）：14-23.

[50] 夏绍群. 互联网企业并购的动因及绩效分析 [D]. 天津：天津财经大学，2017.

[51] 张佳琦. 我国 TMT 行业海外并购动因与绩效分析 [D]. 呼和浩特：内蒙古财经大学，2018.

[52] 张可馨. 腾讯并购 Supercell 绩效研究 [J]. 商业会计，2019（17）：68-70.

[53] 周越. 腾讯收购案例分析 [J]. 经贸实践，2017（20）：1-3.

[54] 纪晓寒. 手游行业并购绩效评价体系研究 [D]. 杭州：杭州电子科技大学，2018.

[55] 李俊良，洪创洲. 从多阶段财务绩效看互联网企业并购事件——以腾讯并购 Supercell 为例 [J]. 现代经济信息，2019（3）：205-206.

[56] 巴恩斯，罗森布鲁姆，陈新. 数字税：我们如何陷入这一迷局，又应如何摆

脱困境？[J]. 国际税收，2020（8）：8-13.

[57] 刘丽，陈高桦. OECD"双支柱"改革方案研究及其对中国的影响分析[J]. 国际税收，2020（8）：14-23.

[58] 张瑶. 税务视角下的中国企业海外并购架构设计研究[D]. 上海：上海国家会计学院，2018.

[59] 杨薇. 关于股票期权纳税筹划的探讨[J]. 纳税，2019，13（3）：43-44.

[60] 张婕. 协议控制模式下的避税与反避税行为研究[D]. 北京：中国政法大学，2018.

[61] 田凤欢. 限制性股票期权激励的会税处理分析[J]. 财会通讯，2021（5）：97-101.

[62] 杨慧辉，潘飞，梅丽珍. 节税驱动下的期权行权日操纵行为及其经济后果研究[J]. 中国软科学，2016（1）：121-137.

[63] 鄢琳. 关于网络主播个人所得税征收问题探析[J]. 纳税，2017（12）：12.

[64] 张樱. 新个税下"网络主播"收入征税计算方法的探究[J]. 中国管理信息化，2020，23（10）：148-149.

[65] Fama. Agency problems and the theory of the firm [J]. Journal of political economy，1980，88（2）：288-307.

[66] Becker, Englisch. Taxing where value is created: what's 'user involvement' got to do with it? [J]. Intertax，2019（2）.

[67] Jensen, Meckling. Theory of the firm: managerial behavior, agency costs and ownership structure [J]. Journal of financial economics，1976，3（4）：305-360.

[68] Mohbey K K, Thakur G S. Interesting user behavior prediction in mobile e-commmerce enviorment using constraints[J]. IETE technical review，2015（1）：15-18.

[69] Petruzzi& S.Buriak. Addressing the tax challenges of the digitalization of the economy: a possible answer in the proper application of the transfer pricing

rules? [J].72（4a）Bulletin for international taxation（2018）.

[70] Chen W, Wally. Electronic data auditing in big data environment: opportunities, challenges warand methods[J]. Computer science, 2016（1）: 8-13+34.

[71] Chen L. "Business to increase" the scope of re-expansion of the SMEs impact analysis[J]. Business accounting, 2013（11）: 112-113.